싱가포르 시각에서 바라본

미국

★ ★ ★ ★ ★

토미 코(Tommy Koh) · **달지트 싱**(Daljit Singh) 편
안영집 역

박영story

역자 머리말

미국은 우리에게나 싱가포르에게 매우 친숙한 국가이다. 우리는 한국전쟁 직후부터 미국과 동맹관계를 유지해 왔고 싱가포르는 2005년의 전략기본협정을 통해 동맹국이 아니면서도 미국과 안보 분야에서 긴밀한 협력관계를 유지하고 있다. 싱가포르는 아시아 국가 중 미국과 최초로 자유무역협정을 체결했으며 뒤이어 한국이 아시아에서 두 번째로 미국과 자유무역협정을 체결했다. 양국은 경제, 사회, 문화, 교육 등 전 분야에서 미국과 긴밀한 관계를 유지하고 있으며 인적 교류 역시 매우 활발하다.

최근 미·중 경쟁이 심화됨에 따라 한국과 싱가포르 양국은 두 강대국의 줄세우기와 같은 복잡한 역내 환경에 직면해 있다. 양국 모두 두 강대국과 복합적이고 다층적인 이해관계로 얽혀 있기에 자신의 위치를 잘 잡고 국익을 어떻게 확보할 것인가가 대외관계에 있어 최우선적인 관심사가 되었다.

미국에서 20여 년 이상을 생활했고 미국 조야에 수많은 친구를 가진 싱가포르 사회의 최고 원로인 토미 코 교수가 달지트 싱 선임연구원과 이 책을 펴낸 것도 새로운 국제환경 속에서 미국을 좀 더 정확히 이해하자는 차원에서 계획한 것이다. 그가 이 책의 서문에 미국에서 수학까지 한 싱가포르 사람 중에서도 미국을 정확히 이해하는 사람들은 드물다고 지적한 것은 우리에게도 많은 시사점을 준다.

이 책은 우리가 그냥 지나쳤던 미국의 여러 측면, 특히 최근 미국 사회의 여러 측면을 통해 미국의 대내외 정책을 좀 더 잘 이해할 수 있게 해준다. 아울러 여러 면에서 우리와 유사한 환경에 처해있는 싱가포르가 미국을 어떻게 바라보며 어떻게 접근하고자 하는지를 잘 알 수 있게 해준다. 책에 붙인 여러 각주는 본 번역자가 독자들의 이해 증진을 위해 추가한 것이다.

출판과정에서 우리말 번역본 전체를 점검해주신 소설가 안영 선생과 이 책의 출판을 위해 적극적으로 지원해 주신 박영스토리의 노현 대표께 깊은 감사를 드린다. 아울러 미국 현지에서 쓰는 표현의 우리말 번역에 많은 도움을 준 승주와 꼼꼼하고 세심하게 편집 작업을 해주신 박영스토리 배근하 과장께도 깊은 감사를 표한다.

안영집

한국인 독자를 위한 편저자 서문

본인은 이 책을 한국어로 번역해 준 친구 안영집 대사에게 감사를 표한다.

미국은 한국에게 매우 중요한 나라이다. 조약을 기반으로 한 동맹국이며 주요 경제 파트너이다. 미국은 여러 일류 대학에서 여러 세대에 걸쳐 한국인 학생들을 교육시켜왔다.

미국은 또한 매우 복잡한 나라이다. 외국인들에게는 미국이라는 나라와 그 국민들을 깊이 이해하는 것이 어려운 것이 사실이다.

본인은 이 책이 한국인 독자들이 미국을 좀 더 잘 이해하는데 도움을 주기를 기대한다.

토미 코(Tommy Koh)

서 문

제2차 세계 대전의 종전 이후부터 21세기의 첫 10년까지 지난 70여 년간 미국은 아태지역에서 패권국이었다. 미국의 존재 자체는 통상 긍정적인 것으로 받아들여졌으며 역내 국가들이 평화와 안보를 향유하고, 제도를 만들며, 번영을 증진할 여건을 만들어냈다. 아시아 및 나머지 세계에 있어 미국은 가장 오랫동안 엄청난 부와 무한한 가능성과 창조적인 역동성을 가진 나라였다. 민주주의, 인권, 자유 무역에 대해서도 미국은 가장 적극적인 옹호자였다.

미국인들은 자국이 예외적인 국가라는 것을 믿었다. 즉, 자유주의적 국제질서를 창출하고 유지하는 데 있어 미국이 핵심적인 역할을 수행했다는 믿음이다. 오늘날에도 미국은 명목 가격 기준으로 세계 제일의 경제대국이며 가장 강력한 군사력을 보유하고 있고 다른 모든 경쟁국들에 앞선 기술 선도국이다.

그러나 세계는 커다란 변혁을 겪고 있으며 미국 자신도 많은 변화를 겪었고 현재에도 겪는 중이다. 세계화, 급격한 기술적 파괴, 사회관계망의 확산, 중국의 부상 등과 관련하여 다른 모든 나라와 마찬가지로 미국이 처리해야 할 몇 가지 핵심 도전들이 있다.

2021년 1월 6일 도널드 트럼프 대통령의 지지자들이 2020년 대통령 선거결과를 뒤집기 위해 미 국회의사당을 공격한 것은 외국의 관찰자나 미국의 친구들에게는 엄청난 충격으로 다가왔다. 그것은 미국을 바꾸고 변화시키는 정치적 언어나 정치적 가치라는 면에서 상전벽해와 같은 변화였다. 내가 임기를 마치고 워싱턴 D.C.를 떠날 즈음이던 2012년에 정계인사이던 미국인 친구는 나에게 다음과 같이 이야기했다. "대사님, 오늘날의 공화당 사람들은 당신 할아버지 시대의 공화당 사람들이 아닙니다." 나는 누군가가 "오늘날 민주당 사람들도 당신 할아버지 시대의 민주당 사람들이 아닙니다"라고 이야기 할 것으로 생각한다.

이제 세계는 "미국 우선주의"라는 새로운 비전과 마주치게 되었다. 더 이상 자유 무역을 열렬히 지지하지 않는 미국, 그리고 세계의 지도자로서의 자신의 역할에 대해 분열되어 있는 미국이다. 이러한 시각은 지금도 계속 진행 중이다. 정체성의 정치가 정치의 중심의제가 되었다. 이를 두고 뉴욕타임스지의 유명 컬럼니스트인 토마스 프리드만은 "맹렬한 부족주의"가 미국의 "전통적 다원주의"를 대체했다며 한탄한다. 그는 민주주의가 기능하기 위해서는 다원주의를 인정하는 것이 필수적임을 강조한다.

그렇다면 사람들은 현재 미국에서 무엇이 진행 중에 있으며 왜 이런 일이 일어났는가를 어떻게 이해하고 있는가? 미국이라는 나라는 무엇을 의미하는가? 이것이야말로 싱가포르 사람들이 정확히 알아야 할 질문들이다. 29명의 싱가포르 분석가들이 쓰고 토미 코와 달지트 싱이 편집한 이 글 모음은 독자들이 오늘날의 커다란 수수께끼인 미국이라는 나라를 이해하는 데 도움을 주려는 목적에서 고안되었다.

찬헹치(Chan Heng Chee)

찬헹치(Chan Heng Chee) 대사는 싱가포르 외교부의 본부 대사이자 싱가포르 기술 디자인 대학 내 리콴유 혁신도시센터의 교수이다. 그녀는 소수자 권리를 위한 대통령위원회의 위원이며 유소프 이샥 동남아 연구소(ISEAS)의 이사회 의장이다. 그녀는 또한 아시아 소사이어티의 국제 공동의장이기도 하다. 그녀는 싱가포르의 주미국대사, 주유엔대사를 역임했으며 주캐나다대사와 주멕시코대사를 겸임했다.

편저자 서문

왜 우리 두 사람은 이 책을 만들기로 결심했는가? 그 이유는 정부뿐만이 아니라 싱가포르 일반인들이 미국을 이해하는 것이 중요하다고 생각했기 때문이다. 왜 그런가?

첫 번째 이유는 미국이 세계 유일의 초강대국이기 때문이다. 우리는 미국이 손쓸 수 없는 사양길에 접어들었고 곧 신진세력에 추월당할 것이라는 시각을 가진 친구들에게 동의하지 않는다. 그들은 미국의 힘, 복원력 그리고 정치적 의지를 과소평가한다. 우리는 미국이 세계의 선도 국가 자리를 계속 유지할 것이라고 믿는다.

두 번째 이유는 미국이 안보, 경제, 교육 그리고 문화 분야에 있어 싱가포르에게 매우 중요한 파트너이기 때문이다. 미국은 싱가포르에 대한 최대 투자국이자 싱가포르의 국방수요에 대한 최대 공급자이다. 미국은 대학과 연구소에 많은 싱가포르 학생들을 수용하고 있다. 양국은 공통의 세계관과 함께 여러 가지로 많은 공통점을 지니고 있다. 미국은 또한 동남아, 아시아 ─ 태평양, 그리고 인도 ─ 태평양 지역의 안보와 경제적 복지에 있어 매우 중요하다.

세 번째 이유는 미국이 복잡한 나라이기 때문이다. 우리는 심지어 미국에서 공부했던 사람들까지 포함하여 매우 소수의 싱가포르 사람들만이 미국을 이해하고 있다는 인상을 갖는다.

이 책은 미국을 잘 이해하고 있는 싱가포르인들이 쓴 글을 모아 편찬되었다. 우리는 글쓴이들의 탁월한 기여에 감사한다. 이 책은 모든 연령대의 사람들과 싱가포르 인과 비싱가포르 인을 포함한 모든 계층의 독자를 위해 만들어졌다.

코미 코와 달지트 싱(Tommy Koh and Daljit Singh)

차 례

국가와 국민

그레첸 리우(Gretchen Liu)

미국의 역사는 복합성과 상반된 흐름 그리고 모순으로 가득 차 있다. 다시 말하면, 이성과 신앙, 진실과 선전, 노예와 자유, 이민자와 원주민, 개인주의와 공익, 산업과 농업 등이 혼재되어 있다.

이야기는 흔히 1492년 크리스토퍼 콜럼버스의 미 대륙 "발견"으로부터 시작된다. 그러나 콜럼버스는 북미대륙에 단 한 번도 발을 내딛지 않았다. 그는 네 차례에 걸친 별도의 항해를 통해 카리브 해에 소재한 여러 섬에만 도달했기 때문이다. 유물과 화석 기록들은 훨씬 오래 전 이야기를 드러낸다. 기원전 14,000년경에 인류는 아시아 대륙에서 미 대륙으로 이주해왔다. 당시는 지구 내부의 물이 빙하에 갇혀 해수면이 낮아지게 됨으로써 북미대륙의 북서쪽 끝부분과 아시아 대륙의 북동쪽 끝부분이 육지로 서로 연결되었을 때이다. 인간과 동물들은 현재의 러시아와 알래스카 사이의 약 1,000킬로미터의 거리를 걸어왔다. 그런데 새로운 발견들을 통해 이 시간표가 더 뒤로 밀릴 수도 있을 것으로 보인다. 콜럼버스가 유럽에서 항해에 나설 때 이미 미 대륙에는 약 7천 5백만 명의 사람들이 거주하고 있었다는 점을 질 레포르(Jill Lepore) 하버드 대학 교수는 그녀의 저서 '진실들: 미국의 역사(These Truths: A History of the United States)' 속에서 밝히고 있다.

유럽에서는 "아메리카"라는 용어가 확정되지 않은 광대한 토지에 대한 명칭으로 독일 지도제작자 마르틴 발트제뮐러(Martin Waldseemuller)가 1507년 만든 세계지도상에 처음으로 등장한다. 서기 1500년에서 1800년에 이르는 300여 년 동안 약 2백 50만 명에 이르는 유럽인들이 미 대륙으로 이주했다. 약 1천 2백만 명에 이르는 아프리카인들도 강압적으로 이주했다. 유럽인들이 정착하는 곳마다 미 대륙 내 원주민들은 쫓겨났으며 5천만 명에 이르는 원주민들이 주로 병에 의해 사망했다.

스페인 탐험가들은 1513년 북미 대륙에 도착하여 광대한 토지를 정복할 계획을 세웠다. 수십 년 내에 새로운 스페인(New Spain)은 현재의 멕시코 전체와 미국 본토의 절반 이상의 땅으로 확장되었다. 스페인 사람들은 1565년 플로리다에 도착했고 1607년에는 그곳에서 3천 킬로미터 이상 떨어진 미시시피 강의 서쪽에서 가장 오래된 유럽인들의 도시인 산타페를 건설했다. 프랑스인들은 1534년 첫 항해를 시작하여 1608년에는 나중에 캐나다의 퀘벡이 되는 곳을 건설했다. 1624년 네덜란드인들은 뉴 암스테르담에 정착했다. (1660년대에 네덜란드인들은 맨하탄 섬을 영국이 장악한 동남아 반다해(Banda Sea)상의 향신료 육두구 (Nutmeg) 생산지로 유명한 섬[1]과 맞교환을 했고 이후 이 도시 는 뉴욕이라는 이름으로 개명되었다.)

영국은 뒤늦게 도착했다. 몇 차례 발판을 마련코자 했던 초 기 시도들은 모두 실패했다. 이후 17세기와 18세기 초반을 통해 다양한 노력을 결집한 영국은 대륙의 동부 해안과 카리브 해에 걸친 24개 이상의 정착지를 성공적으로 설립했다. 버지니아에서 는 새로운 작물인 담배의 발견으로 경제가 번창했는데 담배는 원 주민들이 오랜 기간 재배해 온 신세계에서만 발견되는 식물이었 다. 1619년 첫 번째 아프리카 노예들이 버지니아에 도착하자 대 규모 농원(플랜테이션)과 노예제도에 기반한 경제모델이 시작되 었다.

정확히 1년 후인 1620년 10월, 영국 국교회에 반대하는 순 례자(Pilgrim)와 부인, 아이, 하인들을 태운 메이플라워호가 도착 하여 현재의 매사추세츠 주에 플리머스(Plymouth) 식민지를 건 설했다. 얄궂게도 새로 도착한 사람들은 패턱셋(Patuxet)이라고 알려진 방기된 인디언 마을 근처에 상륙했다. 몇 년 전 이곳 주 민들은 천연두로 여겨지는 역병으로 몰살당했는데 이 전염병은 먼저 도착했던 유럽인들에게 따라온 것이었다. 순례자들은 첫 번

---

1) 제2차 영란전쟁(1665~1667)을 마무리 짓는 1667.7.31 Breda 조약을 통 해 영국은 반다해 상의 유명 육두구 생산지인 룬(Run) 섬을 네덜란드에 넘겨주고 뉴암스테르담을 네덜란드로부터 넘겨받았다.

째의 혹독한 겨울을 버티고 생존했는데 이는 어느 정도 그 마을에 버려진 식량 덕분이었다. 1621년 가을에는 첫 번째 추수에 감사하는 기념행사를 거행하였는데 이는 이후 국가적인 추수감사절 공휴일을 지정하는 데 영감을 주었다.

다른 종교적 반대자들도 뒤를 따랐다. 여기에는 영국 국교회를 정화시키고자 하였기에 그런 명칭이 붙은 청교도(Puritans)와 (청교도들은 1690년대 악명 높았던 살렘(Salem)의 마녀 재판과 관련되어 있음) 평등·소박함·공동체적 가치를 중시하는 퀘이커교도가 포함된다. 퀘이커 교도인 윌리엄 펜(William Penn)은 펜실베이니아 식민지와 필라델피아 시를 건설했다. 필라델피아는 두 개의 그리스 단어인 필레오(phileo: 사랑)와 아델포스(adelphos: 형제)를 조합하여 만든 이름인데 이는 그가 종교적 관용의 안식처를 마음속에 그렸기 때문이다.

●●독립과 통합을 추구

식민지들은 대체로 자치적 지위를 유지했다. 그런데 1770년대에 대표권 없는 과세와 영국 의회에서 결정되는 사안에 목소리를 낼 수 없는 것에 대한 불만들이 고조되어 혁명적 전쟁을 치르게 된다. 미국의 독립전쟁으로 알려진 이 전쟁은 1775년부터 1783년까지 진행되었다. 성패가 달린 사안은 평등, 천부인권, 주권재민에 대한 개념들이었다. 13개 영국 식민지의 대표들은 필라델피아에서 진행된 정치적 행사에서 토론을 거친 후 미국인의 권리를 확보하고 미국의 건국이념을 소중히 새길 3개의 설립문서를 채택했다. 이 세 개의 문서란 독립선언서(Declaration of Independence), 헌법(Constitution), 권리장전(Bill of Right)이다.

1776년 7월 4일 제2차 대륙회의의 회합에서 채택된 독립선언서는 미국이 기반하고 있는 이상과 영국으로부터 분리하는 이유를 표현하고 있다. 1780년에 발효한 헌법은 연방정부의 틀을 규정하고 있다. 당초 7개 조항으로 구성되었던 헌법은 27회에 걸쳐 수정되었다. 권리장전은 헌법에 대한 첫 10가지 수정조항을 의미하며 연방정부에 대한 시민들과 각 주의 권리를 규정하고 있다.

그럼에도 논란이 되는 문제들은 다 해소되지 않았다. 특히 노예제를 둘러싼 북부 주와 남부 주 간의 대립은 직후부터 끓어오르기 시작하여 경제적 측면에서의 근본적인 차이로 더욱 악화되었다. 북부에서는 제조업과 산업이 자리를 잘 잡았으나 농업은 대체로 소규모 농장 수준을 넘어서지 못했다. 남부의 경제는 면화와 담배와 같은 특정 작물을 재배하기 위해 노예노동에 의존하는 대규모 농장 체제를 기반으로 했다.

1860년 아브라함 링컨 대통령이 선출되자 남부의 7개 주는 이탈하여 미국남부연맹(Confederate States of America)을 설립했으며 4개 주가 여기에 추가로 합류했다. 이는 한 개의 대륙에서 두 개의 국가가 패권 확보를 위해 쟁패하는 것과 다름없는 것이었다. 1863년 1월 1일 링컨대통령은 노예해방선언(Emancipation Proclamation)을 발표했는데 동 선언은 "반란을 일으킨 주 내에 노예로 잡혀있는 모든 사람들은 이제부터 자유인이 된다"는 내용을 담고 있었다. 남북전쟁(1861~1865)은 미 영토 내에서 가장 피비린내 나고 가장 피해가 컸으며, 가장 많은 사람이 죽은 전쟁이었다. 포로 상태에서 사망한 인원이 베트남 전쟁 전체에 걸쳐 죽은 이들의 숫자와 거의 같았다. 대략 인구의 2%에 해당하는 62만 명이 임무 중에 순직했다. 북부가 승리했고 노예제는 폐지되었으나 많은 사람들이 이후로도 계속 흑인을 억압하고 착취했다. 남부에서는 인종차별적 성격을 지닌 새로운 법률들인 노예적 연한(年限)계약 고용약정서(indenture), 소작농제도(sharecropping), 그리고 여러 형태의 노역과 같은 방식으로 노예제를 효과적으로 계속 유지시켰다.

남북전쟁 이후 많은 사람들이 공유하고 있는 역사는 서부 확장이라는 서사적인 이야기이다. 마차 행렬, 공여농지 정착민(homesteaders), 총잡이, 열차강도, 조랑말 속달우편(Pony Express), 카우보이, 인디언 같은 내용이 수많은 영화와 텔레비전 시리즈에서 낭만적으로 묘사되었다. 그러나 진실은 훨씬 어두운 것이었다. 연방정부는 전 대륙에 걸쳐 정착형 식민주의를 독려했고 미국 원주민들에 대한 전쟁 수행과 영속적인 학살을 자행했다. 대초원에 거주하던 부족들인 라코타(Lakota), 샤이엔(Cheyenne), 수(Sioux), 오세이지(Osage)족과 다른 많은 부족들이 일방적인 조약에 의하거나 보호지구 내에 갇히는 방식으로 조상들의 땅에서 강압적으로 퇴출되었다. 대초원에서의 전쟁은 1886년 아파치족 수장인 제로니모(Geronimo)가 미 육군에 마지막으로 항복하면서 종료되지만 토지탈취는 이후로도 계속되었다. 1887년 인디언들은 55만 평방킬로미터 이상의 토지를 소유하였지만 세기가 바뀌는 시점에는 그 중 절반 이상의 토지를 더 이상 소유할 수 없었다.

19세기 후반에서 20세기 초반에는 두 개의 큰 정치 개혁 운동의 구성원이라 할 수 있는 민중주의자(populists)와 진보주의자(progressives)들이 빈곤층을 지원하고 불평등을 완화하기 위해 노력하는 과정에서 경제적 정의를 쟁취하기 위한 투쟁이 발생했다. 빈곤층을 돕기 위해 정부가 활용되어야 한다는 믿음은 프랭클린 루스벨트 대통령이 1930년대의 대공황에서 미국을 탈출시키고자 계획한 뉴딜 정책을 통해 실현되었다.

●● 과거와 미래를 재구성하기

세월을 거치면서 특정한 이상과 믿음이 미국의 문화 속에 단단히 자리 잡았다. 유럽출신 정착민이 대륙 전체로 퍼져나감에 따라 미국의 건국은 필연적이었고 그 성장은 멈출 수 없으며, 심지어 신이 점지한 것이라는 '명백한 사명(Manifest Destiny)'이라는 개념이 단단히 자리 잡았고 어떠한 희생이 있더라도 대륙 전체로 확장을 해나가야 한다는 생각을 정당화시켜 주었다. 개척자와 이민자들의 이야기는 자립, 공고한 개인주의, 자유기업체제와 같은 그들의 주제와 결합되어 퍼져나갔고 문학과 시가를 통해 영원성을 부여받았다. 똑같이 강력했던 것은 아메리칸 드림이라는 이상으로서 이는 당신이 교육을 받았고, 열심히 일하며, 규칙에 따라 행동하고, 신이 주신 재능이 이끄는 대로 활동할 경우 성공적인 삶을 보장받게 될 것이라는 믿음이다. 출생과 배경에 상관없이 번영하고 성공할 수 있다는 약속은 전 세계에 걸쳐 이민자들을 끊임없이 끌어들였다.

역사는 항상 승자에 의해 우선적으로 형성되어 왔다. 이 경우 백인, 유럽인, 그리고 압도적으로 남자들이 승자에 해당된다. 그러나 역사는 세대와 세대를 거치면서 새롭게 제기되는 의문, 새로운 근거, 그리고 새로운 방식의 사고에 따라 필연적으로 수정되고 다시 쓰여진다. 미국에서는 오랫동안 침묵을 강요당했던 목소리가 다시 들리고 오랫동안 무시되었던 이야기가 나돌게 되면 철저하게 역사가 재검토된다. 물론 모든 사람이 만족하는 것은 아니다. 전문가들 사이에서는 "역사 전쟁"이라는 용어가 입에 오르내린다. 독립전쟁을 이끈 장군이자 초대 대통령을 지낸 조지 워싱턴과 같은 전통적인 인물들과 함께 다른 범주의 선구자들도 인정을 받고 있다. 여기에는 노예폐지론자로서 노예로 태어났으나 탈출 후 반노예 네트워크와 탈출 노예를 위한 비밀 안가인 Underground Railroad에서 활발한 활동을 펼친 해리엇 터브만(Harriet Tubman, 1822~1913)이나 오클라호마에서 태어난 오세이지 부족 출신 여성으로서 1950년대 미국 최고의 수석 발레 무용수가 된 마리아 톨치프(Maria Tallchief) 등이 있다.

그렇지만 인종차별주의는 미국 사회 내에 깊숙이 뿌리박고 있어 이를 제거하기 위한 잇따른 개혁 운동이 지속되었음에도 이후 다시 생명력을 보여 왔다. 남북전쟁 이후의 억압에서부터 1950년대와 1960년대의 민권운동까지 선을 그어보면 합법적인 인종차별, 참정권박탈, 흑백 인종분리 등을 종식시키기 위한 아프리카계 미국인들과 이들과 뜻을 함께하는 동지들의 유례를 찾기 어려운 노력이 있었다. 사회 운동 단체의 비폭력 저항과 시민 불복종 캠페인은 결국 연방법 내에 새로운 보호조항을 확보해 냈다. 좀 더 최근으로 시간을 앞당겨보면 흑인의 생명도 소중하다 (Black Lives Matter)는 운동은 흑인에 대한 경찰의 잔인함과 인종적 동기에 의한 폭력에 반대하는 광범위한 정치적·사회적 움직임이라 할 수 있다.

1960년대는 미국 원주민들이 민권, 원주민의 권리, 자기 결정권 등을 확보하기 위한 행동을 증대시킨 시대이기도 하다. 사회적 움직임과 입법 활동이 결합되어 자치 정부, 부족 공동체의 복원, 자신들에게 영향을 미치는 문제에 대한 결정권 등을 강조했다. 이러한 행동주의는 주요 대학들로 하여금 미국 원주민 연구 프로그램과 관련 학과를 개설토록 유도하여 인디안 문화의 장점에 대한 인식을 높였고 그들의 역사와 문화에 대한 연구도 심화시켰다.

지나간 과거에 대한 틀을 만들거나 이를 다시 뜯어 고치는 것과 관련된 시끄러운 논란들은 미국이라는 나라의 엄청난 크기와 증대되고 있는 인종적 다양성을 고려할 때 전혀 놀라운 일이 아니다. 미국에는 50개의 주, 연방 지구, 5개의 주요 합중국령,

326개소의 인디언 보호지구와 몇 개소의 소규모 소유지가 존재한다. 980만 평방킬로미터에 이르는 국토는 총 면적상으로 볼 때 세계 3위 또는 4위에 해당된다. 국가의 수도는 워싱턴 D.C.이지만 가장 인구가 많은 도시는 뉴욕 시이다.

가장 최근의 인구조사인 2019년의 통계에 따르면 인구의 60%가 비히스패닉계 백인이며 18.5%가 히스패닉계, 13.4%가 흑인, 5.9%가 아시아계였다. 나머지 5% 미만은 혼혈계(2,8%), 미국 원주민(1.3%), 태평양의 섬주민(0.2%) 등으로 구성되어 있다. 3억 3천 2백만 명을 넘어선 인구는 세계에서 세 번째로 많은 규모이다. 인구통계학자들은 2045년에 이르면 더 이상 인종적 다수가 존재하지 않을 것으로 예측한다.

최근의 실망스러운 일들, 즉 2021년 1월 6일의 사악한 국회의사당 건물 점거로 막을 내렸던 혼돈스러웠던 트럼프 시대나 인종차별주의와 총기폭력의 위험한 결합, 기후 변화 문제, 코로나19 대유행에 대한 혼란스러운 대응들이 불안감을 조성하거나 비관주의를 불러일으킬 수 있다. 그러나 언론의 과장 보도와 불쾌한 헤드라인 너머에는 잘 알려지지 않았거나 쉽게 보이지 않는 미국의 진면목이 있다는 점을 반드시 기억해야 한다. 가장 흔한 곳에 있는 공동체와 일반 가정집 내의 사람들이 자신들의 삶을 살아가고 있는 나라라는 측면이다. 역사가 우리에게 보여준 하나의 교훈이 있다면 그것은 미국인들이 놀랄 만한 복원력을 갖고 있다는 점이다. 그들은 과거의 여러 도전들에 대해 인내, 재간,

낙관성, 개방성, 그리고 창의성으로 맞서 왔다. 미래의 도전에 대해서도 똑같이 대응할 것이라는 점에 의심할 여지는 없다.

그레첸 리우(Gretchen Liu)는 전직 기자 겸 도서편집장으로서 중국 역사, 중국 예술사, 아시아의 사진 역사, 건축 및 시각적 유산 등 다양한 분야에 관심을 갖고 있는 민간 학자이다. 그녀의 저서로는 싱가포르: 사진화보집 1819~2000(1999)(Singapore; A Pictorial History 1819~2000), 가족 앨범으로부터: 리씨 형제 스튜디오 싱가포르로부터의 사진 1910~1925(1995)(From the Family Album: Photographs from the Lee Brothers Studio Singapore 1910~1925), 화강암과 회반죽: 싱가포르의 국가적 기념물(1996)(In Granite and Chunam: The National Monuments of Singapore) 등이 있다. 미국 미네소타주의 미니애폴리스 출생으로 1975년 이래 싱가포르를 고국으로 삼고 있다.

미국의 핵심 가치와 이상

토미 코(Tommy Koh)

미국 국민들을 통합시키는 것은 결코 인종이 아니다. 공통의 종교도 아니다. 그것은 다름 아닌 일련의 가치와 이상이다. 이들은 무엇이고 어디에서 나온 것일까?

●● 역사적 배경

미국은 북미 대륙의 13개 영국식민지로부터 여정을 시작했다. 1776년 식민지들은 영국의 폭정에 대항하고 자신들의 독립을 쟁취하기 위해 싸우기로 결정했다. 이 싸움은 잘 훈련된 직업군인인 영국군과 대부분 13개주의 자원 인력으로 구성된 오합지졸군 간의 불공평한 전쟁이었다. 영국은 당연히 승리했어야 했지만 더 결연한 의지를 지녔고 프랑스의 지원도 받은 적에게 패했다.

1776년 7월 4일 발표된 독립선언서는 미국을 건국한 3대 문서 중의 하나이다. 독립선언서는 모든 사람은 평등하게 태어났으며 생존권, 자유권, 행복추구권과 같은 불가양의 특정한 권리를 부여받았다고 선언했다.

두 번째의 건국 문서는 1787년 9월 17일 채택된 미국의 헌법이다. 헌법은 상기 권리의 확보를 위해 정부 수립을 통해 동 선언서의 기능을 완결시켰다. 헌법은 정부의 각 부문인 행정부, 입법부, 사법부 간의 권력 분립을 규정했다. 헌법은 또한 권력 남용을 방지하기 위해 견제와 균형 체제를 담았다.

세 번째의 건국 문서는 흔히 권리 장전이라고 불린다. 이 문서는 헌법에 대한 첫 10가지의 수정 내용을 담고 있다. 미 의회는 1789년 이 수정 사항들을 채택했으며 헌법의 규정에 따라 1791년 전체 주 의회의 3/4 이상으로부터 비준을 받았다.

수정 헌법 1조는 언론, 출판, 평화로운 집회의 자유를 보장한다.
수정 헌법 2조는 무장을 할 수 있는 권리를 보장한다.
수정 헌법 4조는 불합리한 수색과 압수에 대해 신체, 가택, 서류 및 동산의 안전을 보호받을 권리를 보장한다.
수정 헌법 5조는 국민들이 자신에게 불리한 진술을 강요받지 않을 권리를 보장한다.
수정 헌법 6조는 공정한 재판을 받을 권리를 보장한다.
수정 헌법 7조는 배심원에 의해 재판을 받을 권리를 보장한다.
수정 헌법 8조는 잔혹하고 비정상적인 형벌을 받지 않을 권리를 보장한다.

●● 미국의 핵심 가치와 이상

시간이 지나면서 미국인들은 자유, 평등, 개인주의, 민중주의, 자유시장경제와 같은 가치나 이상들을 믿게 되었다. 어떤 사람들은 이들을 미국의 교리나 신념이라고 불렀다. 시민(국민)이 될 수 있는 자격 중 가장 중요한 것은 이러한 가치와 이상을 수용하는 것이다.

●● 자유(Liberty)

미국인들은 자유를 대단히 귀하게 여긴다. 이 가치는 오랜 역사적 뿌리를 갖고 있다. 1775년 3월 23일 버지니아 회의(Virginia Convention)에서는 영국군과 싸우기 위해 군대를 내보낼 것인지에 대한 토론을 했다. 버지니아주 출신인 패트릭 헨리(Patrick Henry)는 "자유 아니면 죽음을 달라"라고 외침으로써 투표자들을 혁명전쟁에 참여하는 방향으로 움직이는 데 결정적으로 기여했다.

존 에프 케네디 대통령은 취임 연설에서 다음과 같은 유명한 이야기를 남겼다. "... 우리는 자유의 생존과 성공을 위해서라면 어떤 대가도 치러야 하고, 어떤 부담도 져야 하며, 어떤 어려움에도 직면해야 하고, 어떤 친구도 지원하거나 어떤 적과도 대적해야 합니다." 각 개인의 자유야말로 미국의 민주주의에 있어 아주 중요한 부분이다.

●● 평등(Equality)

대부분의 유럽 국가와는 달리 미국은 군주제나 귀족제 국가가 아니다. 비록 미국 사회 자체는 매우 불평등하지만 미국인들은 진정으로 평등주의자이다. 미국인들은 모든 사람이 평등하다고 믿고 있다. 그들은 출생이나 계급이나 교육을 기준으로 다른 사람보다 우월함을 주장하는 사람에 대해 분개한다. 미국인들은 그들의 지위와 상관없이 서로서로를 퍼스트 네임으로 부른다.

일전에 워싱턴에 주재하는 외국 대사 한 분이 거리에서 무단횡단을 하다 경찰관에게 붙잡혔다. 동 대사는 몹시 화가 나서 경찰관에게 나는 어찌어찌한 사람이고 어느 국가의 대사라고 말했다. 그러자 경찰관은 "당신이 누구든 상관하지 않습니다. 다만 이 나라에서는 어느 누구라도 법을 준수해야 합니다."라고 응대했다.

나는 언젠가 리처드 루가 상원의원의 요청으로 인디아나주에 강연 여행을 갔다. 나는 동 상원의원이 나에게 이야기하면서 자기 지역구민들에게는 자신이 영국 옥스퍼드대학교의 로즈장학생이었다는 사실을 말하지 말라고 주의를 주어 깜짝 놀랐다. 이유인즉슨 싱가포르와는 달리 미국에서는 주민들이 자신들의 지도자가 자신들과 같은 사람이길 원한다는 것이었다. "똑똑이(egghead)"나 지식인으로 인식되기보다는 "평범한 사람(ordinary Joe)"이 되는 것이 훨씬 나은 것이다.

●● 개인주의(Individualism)

대부분의 아시아 국가들은 공동체주의를 지향한다. 반면, 미국은 개인주의적 국가이다. 미국인들은 각 개인이 우주의 중심이라고 믿고 있다. 그들은 어떤 사람이 인생에서 성공하거나 실패하는 것은 그 자신의 노력 때문이라고 믿는다. 미국인들은 정부가 자신들을 돕기 위해 무엇을 할 수 있을까 하는 것보다 각 개인의 자유를 더 중시한다. 바로 이 점이 왜 미국은 유럽과 비교할 때 사회 안전망이 강하지 않는가를 설명해준다. 좀 더 공동체주의적인 국가에서와는 달리 미국에서는 사회적 연대감이 강하지 않다.

반면 세상 어느 곳과 비교해 보아도 미국에서는 각 개인들이 큰 권한을 갖고 있음을 느끼며 산다. 미국인들은 열심히 일하면서 약간의 행운까지 따라준다면 누구나 초라한 시작을 딛고 올라서 자신의 포부를 이룰 수 있다고 믿는다. 모든 미국인들은 아메리칸 드림을 이룰 수 있기를 희망하고 있다.

●● 민중주의(Populism)

미국인들 자체가 엘리트 집안 출신이 아닌 미천한 배경 출신의 지도자에게 개방적이라는 점에서 미국은 민중주의(populist)적 국가이다. 로널드 레이건 대통령, 빌 클린턴 대통령, 버락 오바마 대통령 모두 초라한 집안 출신이다.

도널드 트럼프 대통령은 비록 부유한 집안 출신이지만 보통 사람들의 대변자임을 자처하며 민중주의적 지도자로서 국정을 운영했다고 본다.

●● 자유 기업주의(Free Enterprise)

미국인들은 자유 시장경제 체제를 강력히 신뢰한다. 미국 내 씽크탱크인 Pew Research Center의 2003년도 설문조사에 따르면 10명 중 7명의 미국인들이 자유 시장경제 체제에서 사람들이 더 윤택한 생활을 할 것으로 믿는다고 답변했다. 자본주의의 장점에 대한 믿음은 미국의 핵심 가치 중 하나이다.

자유 시장경제 체제는 과학 기술에 대한 강한 믿음과 위험을 감수하고자 하는 의지와 결합되어 세계에서 가장 크고 역동적인 경제를 만들어냈다. 신경제에서 가장 경쟁력을 가진 회사들인 마이크로소프트, 애플, 구글, 페이스북, 아마존과 같은 기업은 모두 미국 회사들이다. 혁신과 창의성이야말로 미국이 가장 강력하다.

●● 미국 예외주의(American Exceptionalism)

미국 예외주의란 무엇을 의미하나? 그것은 여러 의미를 갖는다. 첫째는 미국은 특별한 국가라는 것으로 전 세계 사람들에 의해 만들어졌고, 자유라는 신조에 의해 통합되어 있으며, 개인의 우위를 인정하는 국가라는 것이다. 이것이 미국인들로 하여금 미국의 가치와 제도가 우월하다는 것을 신뢰하도록 이끈다.

두 번째의 의미는 미국이 성경에 나오는 언덕 위의 빛나는 도시(shining city on a hill)로서 나머지 국가들이 따라야 하는 불빛이라는 것이다. 일부 미국인들은 자신들의 국가를 신이 보호하고 있으며 전 세계에 민주주의를 확신시켜야 할 신성한 임무가 있다고 믿는다.

세 번째의 의미는 신보수주의자인 네오콘들이 갖고 있는 생각으로 그들은 민주주의를 증진시키기 위해서라면 미국은 일방적으로 그리고 필요 시 군사적 수단을 동원해서라도 해외에 개입해야 한다고 믿는 것이다. 이 사람들은 다자주의적 제도, 조약, 합의 등을 대수롭지 않게 여긴다. 그들은 미국이 국제적 법치주의에 기속되지 말아야 한다고 믿는다.

세계는 첫 번째와 두 번째 의미에서의 미국 예외주의는 받아들일 수 있지만 세 번째의 의미는 받아들일 수 없다. 바로 이 네오콘들이 2003년부터 2011년까지 미국을 재앙적인 이라크 전쟁 속으로 이끌고 갔다.

●●이상과 현실

이상과 현실 사이에는 격차가 있다. 나는 이 주제에 관한 두 권의 책자를 언급하고자 한다. 첫 번째는 불량국가: 미국의 일방주의와 좋은 의도의 실패(Rogue Nation: American Unilateralism and the failure of Good Intentions)라는 책으로서 미국의 경제학자 클라이드 프레스토비쯔(Clyde Prestowitz)가 저술했다. 두 번째는 무법의 세계: 미국 그리고 국제규범을 만들고 깨뜨리기(Lawless World: America and Making and Breaking of Global Rules)라는 책으로 영국의 법학자 필립 샌즈(Phillip Sands)가 저술했다.

미국은 국제사회에서 법의 지배에 관한 대변자로 활동해 왔다. 그러기에 1988년 클린턴 행정부와 미 대법원이 강간과 살인 혐의로 사형 선고를 받은 파라과이 인에 대한 형 집행을 유예하라는 국제사법재판소(ICJ)의 결정을 무시해 버린 것은 매우 실망스러웠다.

파라과이 정부는 사안에 대한 재검토가 끝날 때까지 그에 대한 사형 집행을 유예해 달라고 ICJ에 항소했다. 동 재판소는 그렇게 하라는 명령을 내렸다. 미국의 대법원은 6대 3의 판결로 ICJ의 명령이 효력을 갖는 것을 거부했다.

대부분의 국가에서는 국가 법원이 ICJ의 판결을 존중한다. 클린턴 행정부와 미 대법원의 행태는 국제사회의 법의 지배를 옹호한다는 미국의 주장과 배치되는 것이었다.

조지 부시 행정부의 행태는 더욱 충격적이었다. 동 행정부는 소위 용의자 송환 프로그램(rendition program)을 통해 전 세계에 걸쳐 테러리스트로 의심되는 분자를 납치하고 고문하는 것을 승인했다. 동 행정부는 관타나모 만(Guantanamo Bay) 강제수용소라는 합법적인 감옥도 만들었다.

●● 결론

세계는 미국을 사랑하면서 동시에 증오한다. 세계는 핵심적인 미국적 가치와 이상을 흠모한다. 이들은 미국 소프트 파워의 한 측면을 구성하고 있다. 사람들은 미국을 가고 싶어 하는데 미국을 기회의 땅이라고 여기기 때문이다. 사람들은 아메리칸 드림을 이루고자 한다. 세계는 민주주의와 인권의 옹호자로서 미국의 역할을 존중한다. 동시에 많은 사람들은 미국의 이중 기준과 일방주의적 경향을 증오한다.

그러나 모든 것을 감안했을 때 세상 사람들은 미국을 훨씬 더 흠모하고 있다.

토미 코(Tommy Koh) 교수는 싱가포르 국립대 법대의 교수이자 싱가포르 외교부의 본부 대사이다. 아울러 정책연구소의 특별 자문관이자 싱가포르 국립대 템부츠 칼리지의 학장이고 국제법 센터의 이사회 의장이다. 그는 싱가포르의 주유엔대사와 주미국 대사를 역임했으며 주캐나다 대사와 주멕시코 대사를 겸임했다. 그는 싱가포르−미국 간 자유무역협정 협상의 수석대표를 역임했고 말레이시아와의 법적 분쟁 시 싱가포르 정부의 대리인 임무를 수행했다.

미국의 정부 체제

애드리안 앙 유 진
(Adrian Ang U-Jin)

미국 헌법의 입안자들이 1787년 여름 필라델피아에 모였을 때 그들은 정부가 외부의 침략을 격퇴하고 시민들의 권리를 보호해줄 만큼 강력해야 하지만 동시에 전제정이 될 만큼 강해서는 안 된다는 딜레마를 해결해야 했다.

영국의 조지 3세 통치하의 군주제에 대한 경험은 권력이 어느 한 개인이나 기관에 집중되어서는 안 된다는 것이었다.

입안자들의 해법은 정부 체제가 "권력 분립"과 "견제와 균형"에 기반해야 한다는 것이었다. 그들은 권력을 정부 각 부문 간에 수평적으로 분할했고 동시에 연방정부와 주 정부 간에 수직적으로 분할했다. 이는 상대편의 정치적 야심을 견제하고 균형을 모색하기 위함이었다.

●● 권력의 분리와 권력의 공유

헌법은 동등한 정부 각 부문에 대해 특정의 권한과 책임을 부여했다. 의회는 입법 기능과 함께 정부가 기능하는 데 필요한 자금을 조달하는 책무를 맡았다. 대통령은 법을 집행하는 책무를 맡았다. 법원은 헌법과 법률을 해석하고 제기된 소송에 대해 판결을 내리는 책무를 맡았다.

그러나 이러한 "권력분립"은 절대적이지 않았을 뿐 아니라 엄격하지도 않았다. 헌법은 각 부문 간 권한과 책무가 중첩되는 것을 허용했을 뿐 아니라 통치를 위해서라면 각 부문이 권력을 공유하도록 강요했다. 대통령은 대사를 임명하고 조약을 체결할 권리를 가지고 있지만 상원의 "조언과 동의"가 있을 때만 그렇게 할 수 있다. 대통령은 군대를 지휘할 수 있지만 의회만이 전쟁을 선포할 수 있으며 군대를 유지하기 위한 자금을 조달할 수 있다. 의회는 법률을 통과시킬 수 있지만 대통령이 이를 이행하는 것에 의존해야 한다. 법원은 판결을 할 수 있지만 대통령이 이를 집행하는 것에 의지한다.

이런 측면을 감안할 때, 미국의 정부 체제는 권력을 공유하는 분립된 기관이라고 이해해야 정확하다.

●● 견제와 균형

헌법 입안자들은 정부의 한 부문이 다른 부문을 희생시키면서 자신들의 권한을 확대해 나갈 가능성을 두려워했다. 그래서 다양한 "견제와 균형" 요소를 도입하여 그와 같은 영역 침범을 방지하고자 했다.

대통령은 의회에서 통과된 법률에 대해 거부권을 행사할 수 있으며 의회는 그러한 대통령의 거부권을 상하양원에서 각각 2/3 다수결로 무효화 할 수 있다. 의회는 "대통령, 부통령, 그리고 모든 공직자들"을 탄핵하여 해고시킬 수 있다. 법원은 "위헌 법률 심사권"을 통해 헌법과 법률을 해석하고 의회 또는 대통령의 행위가 헌법에 위배된다는 것을 공표할 수 있다.

견제와 균형이라는 시스템은 정부의 어느 한 부문이 일방적으로 헌법적 권한을 행사하는 경우가 거의 발생하지 않도록 보장해준다. 정부의 행위가 의미 있는 것이 되려면 각 부문 간의 조정과 협력을 필요로 한다.

●● 정부의 구조

헌법 입안자들은 정부 구조 내에서 각 부문별로 서로 다른 고객층을 대변토록 하고 직무 기간도 각각 다르게 하는 방식으로 추가적인 견제와 균형 장치를 넣었다.

입안자들은 입법부가 가장 힘이 셀 것이라고 생각하여 이를 분리시켜 양원제 의회를 채택했다.

하원이라 불리는 대표자 의회는 규모가 더 크고 "민주주의적"인 요소를 반영했다. 구성원들은 각 주 내의 선거구에서 선출되었고 대표하는 기준은 각 주의 인구수를 기반으로 했다. 그래서 캘리포니아나 텍사스와 같이 인구가 많은 주는 몬태나나 와이오밍과 같이 인구가 적은 주보다 더 많은 대표자를 뽑을 수 있게 되었다.

현재의 하원의원 숫자(435명)는 법에 의해 고정되어 있고 1912년 이래 변함없이 그대로 유지되고 있다. 그렇지만 하원 선거구의 재획정(선거구의 구역을 다시 그리는 것)과 재임용(각 주별로 의원 수를 다시 할당하는 것)은 매 10년마다 인구조사를 실시한 후 진행한다. 하원 의원은 짧은 2년간만 봉직토록 하여 선거구민들의 관심사에 민감하게 맞추고 반응하도록 했다.

입안자들은 원로원격인 상원은 "귀족적인" 심의기구로 기능하도록 했다. 헌법은 각 주가 동등한 대표권을 갖도록 하는 권한을 부여했고(주별 2명의 상원의원을 선출하여 총 100명으로 상원을 구성), 상원의원은 최소 30세 이상이 되어야 하며(하원의원의 연령 기준보다 최소 5년 연상), 주 전체에 걸친 투표를 통해 선출하고 부분적으로 서로 겹치게 되는 6년간을 복무하게 하였다. 보다 젊은 인사들은 지역구에서 선출하고 나이가 많고 더 많은 경험을 가진 인사들은 주 전체 차원에서 선출한 후 보다 장기간에 걸쳐 서로 다른 기간별로 근무토록 하는 조합을 고안함으로써 상원 의원들이 필요한 관점, 객관성, 차분함을 유지하면서 하원 내 다수 대표자의 열정을 견제하고 균형을 이루도록 했다.

반면, 행정부는 일원화되었고 대통령에게만 권한이 주어졌다. 비록 선거인단(Electoral College)을 통해 4년을 임기로(재선 가능) 국민들이 간접적인 방식으로 선출하지만 대통령은 국가 전체적인 권한을 주장할 수 있게 했다. 선거인단제도는 대통령을 국민이 직접적인 방식으로 뽑아야 한다고 주장하는 입안자들과 행정부는 의회에서 선출되어야 한다고 주장하는 입안자들 간의 타협의 산물이었다. 선거인단은 538명으로 구성되어 있는데 각 주가 자신들이 배출하는 의원수와 동일한 선거인을 갖게 되며(각 주의 하원의원 수에 상원 의원 수 2명을 더한 수) 여기에 수도인 워싱턴 D.C. 선거인 3명을 보탠 숫자이다.

만일 어느 대통령 후보도 선거인단의 과반수(270명)를 획득하지 못하면 하원에서 각 주 대표단별로 한 표씩을 던져 승자를 결정한다. 하원에서 대통령을 선출한 예는 두 차례가 있었는데 1801년 토마스 제퍼슨과 1825년 존 퀸시 아담스가 그들이다.

연방법원 −지방법원, 항소법원, 대법원− 판사들은 선출되지 않는다. 그들은 대통령이 지명한 후 상원이 인준하며 "모범적으로 처신하는 동안 직책을 유지한다." 이는 실제로 종신직이라는 의미이다. 그들은 하원에서 탄핵되고 상원에서 유죄가 확인되었을 경우에만 직책에서 쫓겨날 수 있으며 직책에 있는 동안 급여가 삭감되지 않는다.

●● 연방주의와 권력의 수직적 분할

연방에 관한 헌법적 디자인은 권력을 연방 정부와 주 정부 간에 수직적으로 분할했다.

연방정부는 특정한 "독점적 권한"을 보유한다. 화폐 발행, 주 상호간의 통상 및 외국과의 통상, 전쟁 선포, 군대 양성, 대외 관계 수행 등이 이에 해당한다.

연방 정부와 주 정부는 또한 "병행적 권한"을 공유하는데 이는 동일한 시민들에 대해 양 정부가 동시에 행사할 수 있는 권한이다. 세금부과, 법률의 입법과 집행, 법원의 설립, 금전 차입 등이 이에 해당한다.

주 정부는 "보류권한(reserved powers)"을 가지고 있는데 이는 헌법이 명시적으로 연방 정부에 부여하지 않은 권한을 의미한다. 지방 정부의 수립, 선거의 실시, 치안제공, 보건과 복지, 주 내에서의 통상 규제, 헌법 수정 조항에 대한 비준 등이 이에 해당한다.

●● 국민들의 권리 확보

헌법 입안자들은 매우 복합적인 정부 시스템을 고안해 냈기에 소수의 사람만이 그 작동 기제를 완전히 이해할 수 있다. 유럽의 압제정치에 대한 그들의 경험은 정부 내에 다양한 거부 요소들(veto - points)을 만들고 자유를 보전한다는 명목으로 아무 일도 하지 못하게 하는 "교착상태(gridlock)" 역시 의도적으로 도입했다.

전체적으로 보았을 때 대체로 이 체제는 사람들의 권리를 보호하는데 성공한 것으로 나타났다.

그러나 미국 역사에서 한 가지 중요한 부분은 헌법이 제공하는 보호가 백인 남성들에게만 제공되었으며 정부의 행동을 제한하는 것 역시 노예제와 남부에서의 인종차별정책을 정당화하기 위해 활용되었다는 점을 인정해야 한다. 한때 성, 인종, 성적 취향 등의 기준으로 소외받았으나 힘들게 민사적/정치적 권리를 확보한 집단들의 경험을 통해 헌법적인 보호조치는 스스로 실현되는 것이 아니라 적극적인 시민 참여, 투쟁 그리고 희생을 통해 얻어진다는 것을 상기시킨다.

●● 오래 유지되고 있는 미국의 정치체제

미국의 정치체제가 갖는 핵심적인 장점 중의 하나는 순전히 오래 유지되고 있다는 점이다. 미국의 헌법은 세상에서 가장 오래되었고 계속적으로 기능하고 있는 성문 헌법이다. 남북전쟁, 세계 대전, 그리고 대유행병의 상황 하에서도 미국은 헌법이 규정한 선거를 단 한 차례도 거른 적이 없다.

비록 미국 사회가 헌법 입안자들이 상상하거나 예측했던 방향과는 전혀 다르게 변형되어 왔음에도 헌법은 미국 사회에 안정성과 계속성을 부여해 주었다.

비교를 하자면 프랑스의 경우 동일한 기간 동안 한 차례의 왕정, 한 차례의 왕정복고, 두 차례의 제국, 다섯 차례의 공화국을 경험했다.

●●위헌심판제도와 법원의 정치화

헌법이 오랫동안 장수하고 있는 비결은 대체로 시대의 변화하는 요구에 대해 유연하고 적응력 있게 대응해 왔기 때문이다. 그러나 간략하고 때로는 애매모호한 헌법의 자구 때문에 선출되지 않으면서도 종신직으로 유지되고 있는 정부의 한 부문이 18세기에 작성된 문서를 갖고 복잡하고 다양한 21세기 사회의 통치와 관련된 의미를 결정하는 엄청난 권한을 갖는다는 것을 의미한다.

위헌법률 심판 권한은 본질적으로 정치적인 것으로서 사법부의 정치화를 증대시키는 결과를 가져왔으며 각 정당은 자신들과 이념과 정책적 선호를 공유하는 판사들을 법원에 "쌓아두기" 위해 노력해 왔다.

●● 대통령 권한의 성장과 과잉

헌법 입안자들이 정부의 한 부문이 다른 부문을 잠식할 가능성을 우려했던 점은 맞았지만 그 위협의 원천이 어디에 있을 것인지에 대해서는 틀렸다. 견제와 균형의 시스템을 무너뜨릴 위협은 의회 쪽이 아닌 대통령으로부터 나온다는 것이 밝혀졌다.

프랭클린 델라노 루스벨트로부터 시작하여 복지 국가로의 수요가 커지고 미국이 슈퍼 파워가 됨에 따라 대통령들은 자신들의 권한을 계속 확대해 나갔다. 대통령은 사실상 근대적 생활의 모든 측면을 통제하는 거대한 연방 관료체제의 단일 수장이다. 식품 및 제품 안전의 기준을 수립하는 것에서부터 사회보장 수표의 발송, 은행 감독, 연방 형법의 집행, 오염 기준의 설정에 이르기까지 다양한 권한을 행사한다. 대통령은 또한 거대한 군사−안보 조직체의 수장이다. 그러기에 외국이나 국내의 어떤 문제에 대해서도 대통령은 행정부의 엄청난 자원을 동원할 수 있다. 이는 자원도 부족하고 양원제에 따른 내부의 제도적 통제 및 집단행동(collective action)[2] 문제로 절름발이 신세를 겪고 있는 의회와 비교된다.

근대에 대통령의 권한이 과잉되게 커지고 남용된 사례가 정점에 이른 것은 도널드 트럼프 대통령 때로서 그는 하원에서 두

---

2) 개인들이 공동이익을 추구하기 위해 집단행동을 할 때 자신의 사익을 추구하기 위해 일탈적 행동을 하거나 자진해서 노력하지 않고 무임승차하려는 성향을 보이는 현상

차례나 탄핵을 당했다.

●● 증대되는 양극화의 위협

트럼프 대통령이 두 차례의 상원 내 탄핵 심사에서 (주로 당파적 노선에 따라) 모두 무죄 평결을 받은 사실이 헌법 입안자들이 당초 고안한 견제와 균형의 시스템, 즉 "냉철한" 상원이 "충동적"인 하원을 압도하는 방식이 작동된 것을 증명하는 것은 아니다. 오히려 그것은 정치 제도를 전복시키고 헌법상의 방호책을 허물고자 단단히 결심한 선동 정치인 앞에서 미국의 정치 제도가 취약성을 노출시킨 시스템의 실패로 인식되어야 한다. 그것은 미국이라는 정치적 통일체를 오염시키는 악성 병폐 증상, 즉 양극화(polarization) 현상이었다.

역사적으로 볼 때, 한 정당은 대통령직을 장악하고 다른 정당은 의회를 장악하고 있어 격렬한 당파적 정치 투쟁이 벌어지기 쉬운 "권력분할 정부" 하에서도 민주당원과 공화당원들은 함께 협력했고 공공의 이익을 위한 정치를 했다.

그러나 지난 20여 년간 정치 엘리트와 일반 유권자들은 자신을 반대하는 사람들을 동료 시민이 아닌 쳐부숴야 할 적으로 보면서 상호 배척하는 적대적인 "부류"로 구분하기 시작했다.

양극화와 함께 정치는 "사느냐 죽느냐"의 투쟁이라는 틀로 변모되었다. 그 투쟁은 어떠한 수용이나 타협도 받아들이지 않는

데 그 결과 선거를 도둑맞았다고 거짓말을 하고, 반란을 일으켰다고 비난하고, 의회에 대한 폭력에 면죄부를 주고, 견제와 균형을 거부하고, 투표권과 시민권을 축소시키는 그 모든 것들이 완벽하게 정당화될 수 있는 것처럼 보인다.

양극화는 미국의 정치 체제와 사회를 독이 들게 하고 기능 장애를 일으키도록 위협한다.

1787년의 헌법 회의가 종료되는 시점에 벤저민 프랭클린은 헌법 입안자들이 만든 것이 왕정인지 또는 공화정인지 대한 질문을 받았다. 그는 답변하기를 "당신이 지킬 수 있다면 공화정이다."라고 했다. 그로부터 200여 년이 흐른 지금처럼 미국인들이 성공적으로 "공화국을 지키는" 것이 위험해진 적은 없다.

애드리안 앙 유-진 박사(Dr. Adrian Ang U-Jin)는 싱가포르 난양공대 소속 라자라트남 국제문제연구소(RSIS)에서 미국 프로그램을 담당하는 연구원이다. 그는 미국의 미주리-컬럼비아 대학에서 정치학 박사 학위를 받았다. RSIS에 오기 전에는 미국 플로리다대학의 조교수와 민간부문의 연구 상담원도 역임했다. 그의 연구 관심사는 미국 내 여론, 정당, 선거, 캠페인과 투표 행태, 그리고 미국의 대외정책 등을 포함한다.

선거 시스템

엘빈 림(Elvin Lim)

미국의 선거 시스템은 외부 관찰자에게는 혼란스럽고 심지어 기괴하기까지 한 제도이다. 그러나 그러한 혼란스러움은 동 시스템이 네 가지 요소가 결합된 것이라고 관찰하면 사라지기 시작한다. 즉, 세 가지의 헌법적 특성으로서 지난 200년간 바뀌지 않은 대통령 중심제, 양원제, 연방주의에 더해 역사적 발전에 따른 영향이라는 요소가 얽혀있는 것이다.

●● 대통령 중심제

미국의 정체 체제는 대통령 중심제로서 행정부가 정부 내의 두드러진 한 부문이자 입법부와 동등한 지위를 갖는 권력분립 체제의 특성을 갖는다.

이는 의원내각제와 대비되는데 의원내각제에서는 통상 총리와 그의 내각인 행정부가 의회에서 파생되어 온 것이며 의회에 대해 책임을 진다. 달리 말하면, 입법부와 행정부는 서로 분리되어 있지 않으며 행정부는 독립적으로 선거에 의한 권한을 갖지 못한다. 이런 특성으로 인해 의원내각제에서는 국가적 선거가 상대적으로 단순하며 통상 의회의 구성원을 뽑기 위한 입법부 선거일 뿐이다.

미국에서는 선거가 항상 여러 사안을 정하는 일이다. 매 2년마다 하원의원 총수에 해당하는 435개 의석에 대한 선거를 해야 하고, 매 4년마다 대통령 선거를 해야 하며, 매 2년마다 6년 임기 상원의원의 1/3에 해당하는 의석에 대한 선거를 실시해야 한다. 모든 선거는 짝수 년도 11월 달의 첫 번째 월요일을 지난 첫 번째 화요일에 실시된다.

●● 양원제

대부분의 의원 내각제 국가와는 달리 미국은 선거로 뽑는 두 번째의 정부 부문인 의회가 있고 의회는 상원과 하원이라는 두 개의 원으로 구성되어 있다. 주별 하원 의원의 수는 각 주의 인구 비율에 따라 할당되지만 상원에서는 모든 주가 동등하게 2명의 의원으로 대표된다.

공화국을 설립할 때 인구 비율과 함께 동등한 대표권이라는 각각의 원칙에 따라 의회를 구성한 이 양원 제도는 코네티컷 타협(Connecticut Compromise)으로 불리는 합의의 결과였다. 동 타협은 동등한 대표권을 선호하는 작은 주의 요구와 비율적 대표권을 선호하는 큰 주를 서로 연결시키는 중요한 이정표였다.

미국의 정치 체제 그리고 더 나아가 선거 제도는 상당한 정도로 복잡하고 난해한 것처럼 보이나 구성원인 각 주로부터 헌법에 대한 비준을 확보하기 위해 필요했던 정치적 타협의 산물이다.

헌법 입안자들은 하원을 보다 민주적으로 반응하는 조직으로 만들고자 했고 이 때문에 구성원 435명 전원을 매 2년마다 선출하게 했다.

상원은 국가 이익이라는 관점에서 장기적인 시각을 갖고 보다 신중히 결정하는 조직을 의도한 것으로서 100명의 상원 의원들이 6년간의 임기를 복무하며 매 2년마다 이중 1/3 의석에 대한 선거를 실시한다.

모든 하원 의원들은 의원선거구라고 불리는 자신의 지역구를 대표한다. 선거구의 경계 획정은 헌법이 요구하는 대로 매 10년마다 인구조사를 실시한 후 진행되며, 만일 선거구 경계획정위원회가 없을 경우, 주지사와 주 의회에 의해 결정된다. 이 절차를 "선거구 재획정"이라고 하는데 한 정당이 다른 정당보다 선거에서 다수 득표를 확보할 목적으로 정치적으로 획정할 경우 소위 "게리맨더링"이 된다.

●● 연방주의

이제 미국의 특징적 선거 양태 중 세 번째이자 가장 근본적인 특성인 연방주의 차례이다. 미국에서의 주권은 중앙 정부에만 유일하게 부여된 것이 아니라 주 정부에도 부여되었다. 사실 미국에는 51개의 헌법이 있다. 다시 말해, 50개의 주 헌법과 한 개의 연방 헌법이 있는 것이다.

　　연방 헌법은 제1조 2항에서 유권자에 대한 자격 기준을 각 주가 정하도록 인정하고 있다. ("하원은 각 주의 주민이 2년마다 선출하는 의원으로 구성하며, 각 주의 유권자는 가장 많은 의원을 가진 주 의회3)의 유권자에게 요구되는 자격요건을 구비하여야 한다.") 헌법은 제1조 9항과 처음 10개조의 수정 헌법(집합적으로 권리장전으로 호칭)을 통해 연방 의회에게 금지된 권한을 열거하고 있다. 이들이야말로 연방 헌법이 이원적 주권(dual sovereignty), 즉 연방의 주권과 이를 구성하는 주의 주권을 동시에 인정하고 있음을 나타내는 뚜렷한 표식이다. 앞서 언급했던 코네티컷 타협은 그 자체가 연방주의의 결과이자 큰 주와 작은 주의 이익을 조화시킨 해결책이었다.

　　선거일에 유권자들은 연방 정부뿐만 아니라 주 정부와 지방 정부에서 일할 여러 인사들을 선출하기 위해 투표소에 간다. 바로 이 점이 왜 미국에서의 선거는 불협화음이 많고 만화경같이 변화무쌍한지를 부분적으로 설명해준다. 여러 언론들은 대통령 선거와 연방 의회 선거에 주로 초점을 맞추지만 주지사, 주 의회,

---

3) 네브라스카주를 제외한 나머지 모든 주의 주의회 역시 양원제로 구성되어 있으며 이중 숫자가 적은 원(院)을 주 상원, 숫자가 많은 원(院)을 주 하원으로 칭한다. 따라서 각 주별로 주 하원 의원을 선출하는 자격 요건이 연방하원의원을 선출하는 자격요건이 되는 것이다.

주 대법원, 지방 정부, 시군 정부와 관련된 선거와(이중 일부는 홀수 년에 진행) 수많은 현안들에 대한 투표 및 주민투표가 동시에 진행된다.

●● 역사적 발전

대통령 중심제, 양원제, 연방주의로 설명되는 미국 시스템의 구성적 특성은 공화국이 창설된 이래 지금까지 변화되지 않았다. 그러나 다른 많은 것은 변화되어 오늘날 작동하는 시스템은 앞선 시대들의 정치적 발전이 융합된 것으로 이해해야 가장 잘 알 수 있다. 즉, 각 시대들은 앞선 시대의 것을 완전히 지우지 않은 채 자기 시대의 족적을 현재에 남긴 것이다. 덧씌우기가 되어 있는 각 층과 이들 층이 중첩되어 나타내는 효과는 미국 정치 시스템에 대한 통상적인 질문들에 대해 답변을 제공한다.

역사적 발전이 끼친 영향은 대통령 선발 시스템에 초점을 맞춰 확인해 볼 수 있다. 나는 심사숙고하여 "선발(selection)"이라는 용어를 "선거(election)"이라는 용어 대신에 사용했다. 왜냐하면 이는 원래 각 주가 가장 인기가 있는 사람이 아닌 가장 자격이 있는 사람을 발견하도록 설계된 시스템이었기 때문이다. 보편적인 성년 남성 참정권과 같은 오늘날의 선거 운동은 1830년대까지는 등장하지 않았다. 대통령을 선발하는 것은 공식적으로 각 주의 선거인으로 구성된 선거인단이 행한다. 각 주는 자신들에게 배정된 상원의원과 하원의원을 합한 숫자만큼의 선거인을 갖는다. 수도인 워싱턴 D.C.에 배정된 3명의 하원 의원까지 합산하면

선거인의 총수는 538명이 되며 절대 과반수를 위해서는 270명을 확보하는 것이 필요하다.

선거인단이 대통령을 선발해야 한다는 헌법상의 공식 요구 사항은 오늘날에도 유지되고 있으며 한 번도 수정되지 않았다. 그러나 헌법을 넘어서는 주요 발전사항들이 헌법 입안자들의 당초 설계를 극적으로 변조시켰다. 이 중 가장 중요한 변화는 1828년 민주당이라는 형식으로 처음으로 정당이 출현한 것이다. 세계에서 가장 오래된 정당인 민주당은 앤드루 잭슨을 제7대 대통령으로 지명하기 위해 만들어졌다. 나중에 공화당이 된 휘그당과 함께 양당 체제는 정당공천 제도를 도입했는데 이는 추후 알려졌지만 정당의 엘리트나 "실력자"들이 대통령 선거일 전에 전국적인 전당대회에서 깃발을 흔들 대표후보자(standard bearer)를 지명하는 것이었다.

1960년대까지는 정당 내 엘리트나 "실력자"들이 주요 정당이 지명하는 후보로 결정되었다. 그러나 1960년대 후반부터 이러한 후보 지명 권력은 일반 유권자에게 이전되었으며 이들 유권자들은 여러 주에서 실시되는 직접 예비선거(direct primary)에서 투표한다. 선거가 있는 해의 늦여름에 개최되는 각 당의 전당대회는 이제 예비선거 투표자들이 결정한 내용을 그대로 추인하는 고무도장(통과의례)의 역할을 수행한다. 지명절차를 민주화함으로써 예비 선거는 잘 알려진 당의 중진이나 엘리트가 아닌 "국외(outsider)" 후보가 지명권을 획득할 수 있는 기회를 제공하는 예측 가능한 효과도 거양했다. 아울러 대통령선거 캠페인을 개시함으로써 선거의 해의 시작을 알리게 되는 의도하지 않은 효과도 거양했다. 현재의 선거 시즌은 선거가 있는 해의 1월 또는 2월의 아이오와주 코커스[4]나 뉴햄프셔주 예비선거와 함께 시작하여 누군가 "항구적인 선거 운동(permanent campaign)"이라고 명명한 상태에 돌입하게 된다. 이는 통치와 선거 운동 간의 경계를 흐리는 한편 선거 비용을 계속 끌어올리는 결과를 가져왔다. 2020년의 대통령 선거와 의회 선거에 소요된 총 비용은 160억 미 달러로서 이는 2016년에 지출한 비용의 두 배를 넘어선 규모였다.

선거의 횟수와 빈도를 감안하면 미국이야말로 번창하는 민주주의 국가임이 틀림없다. 미국에서는 매년 연방정부, 주정부, 지방정부 차원에서 수십 차례의 선거가 실시되며 거의 10만 개에 이르는 여러 고유의 정부에서 일할 약 50만 명 이상의 선출직 대표를 뽑는다. 동일한 이유로 이 선거들은 점차 극심한 당파성을 띠고 공격적이고 분열적인 언사로 점철되어 왔으며 양당의 주요 구성원들이 정부의 모든 부문에서 빈번하고 때로는 분열적으로 권력을 잡고 빼앗기는 순환 교대로 이어졌다. 아마 이러한 것조차도 200여 년 전에 헌법 입안자들이 격렬한 경쟁과 정치를

---

4) 당원대회라고 불리는 코커스(Caucus)는 인디언의 부족회의에서 유래된 단어로 각 정당의 지구당이 주관하며 당원들만 참석하여 토론과 설득을 하고 공개적으로 지지자의 수를 세어 후보를 정하는 데 반해, 예비선거라 할 수 있는 프라이머리(Primary)는 주 정부가 주관하며 원하는 유권자들이 참여하되 토론과 설득이 없이 비밀투표로 바로 진행함.

통해서만 항상 국민들의 뜻이 드러날 것이라는 것을 확신하면서 행정부와 입법부를 분리시키고, 연방 의회를 두 개의 원으로 나누고, 이원적 주권을 갖는 연방제를 도입했던 때에 이미 예정되었던 것이라고 볼 수 있다. 후에 미국의 제4대 대통령이 되는 제임스 메디슨은 미국의 헌법을 비준해야 한다고 주장한 자신의 유명한 연방주의자 논문 제10호(Federalist Number 10)에서 "야망이 야망을 상쇄토록 하자(Let ambition counteract ambition)"고 설파했다. 오늘날의 미국의 선거를 보면 이러한 측면은 결코 부족하지 않아 보인다.

엘빈 림(Elvin Lim) 박사는 싱가포르 경영대(SMU)의 정치학 교수이자 핵심교육과정 학부의 학장이다. 그는 반지성 대통령제: 조지워싱턴 대통령부터 조지 W. 부시대통령에 이르기까지의 대통령 언사의 쇠퇴(The Anti-Intellectual Presidency: the Decline of Presidential Rhetoric from George Washington to George W. Bush)와 연인들의 다툼: 두 개의 개국과 미국의 정치적 발전(The Lover's Quarrel: The Two Foundings and American Political Development)을 저술했다. 그는 옥스퍼드 대학에서 사라 노튼 상을 수상하고 미국 정치학회에서 대통령 연구 펠로우로 선정되었다. 그는 싱가포르 국립대와 미국 웨슬리안 대학(Wesleyan University)의 교수직위도 유지하고 있으며 난양 미술아카데미 이사회의 이사이다.

정당

아리엘 탄 (Ariel Tan)

2004년 민주당 전당대회에서 일리노이주 출신 상원의원인 버락 오바마는 다음과 같은 연설로 전국적인 관심을 불러 모았다. "진보적인 미국도 없고 보수적인 미국도 없습니다. 오직 미국만이 존재합니다. 흑인의 미국도, 백인의 미국도, 라티노의 미국도, 아시아인의 미국도 없습니다. 오직 미국만이 있습니다."

미국의 정치와 사회가 점차 양극화되고 있는 상황에서 이 연설은 이상적인 통합을 이루게 하는 순간이었다.

로널드 레이건 대통령 시절인 1980년대에 씨앗이 뿌려진 현재와 같은 양태의 양극화는 다음 4명의 대통령을 거치면서 지속적으로 커지다가 도널드 트럼프 대통령 때 정점을 찍고 조 바이든 대통령 시대에까지 유지되고 있다.

미국의 정치는 민주당과 공화당에 의한 복점(複占, duopoly) 체제이다. 각 당은 전혀 다른 사회·경제적 이익 집단이 연합체를 이룬 것으로서 정치인과 관리들에 의해 느슨하게 이끌리며 보통 사람들, 기부자, 씽크탱크, 언론이 만드는 생태계에 의해 지탱된다. 대통령과 주지사들은 연방과 주 차원에서 정치적 아젠다를 설정하지만 이를 이행하기 위해서는 연방 의회와 주 의회에 의존해야 한다.

양극화는 양 당이 국가적 문제나 개인적 생활의 모든 측면에서 서로 충돌하게 하여 국가 지도자를 깎아 내리고 공적인 토론을 거칠게 만들었다.

미국이 당면한 핵심 도전은 정치적 교착상태에 의해 마비된 분열상황이 계속 진행되는 것을 중단시키는 것이다.

미국은 세계에서 가장 가치 있는 회사와 연구 기관을 보유하고 있으며 경제적으로나 군사적으로 세계를 이끌어가는 국가이다.

그러나 경제협력개발기구(OECD) 회원국 가운데 빈곤, 교육, 총기 폭력, 투옥, 기대수명 등의 항목에서 낮은 순위를 기록하고 있다. Pew Research Center는 2020년 발표를 통해 미국은 지난 수십 년간 기술의 변화, 세계화, 노동자들의 협상력 저하 등의 사유로 임금 상승과 부의 불평등을 경험해 왔다고 설명했다.

이러한 불균형들은 부분적으로 미국의 역사와 문화로부터

발생되었으며 정치 체제에 의해 지속되었다. 아울러 불균형들은 개개인으로서의 활동과 경제적 역동성을 유지하기 위해 치러야 할 비용으로 용인되어 왔다. 그렇지만 이는 급진화와 양극화를 야기하는 비옥한 온상을 제공했다.

●● 정당과 이념

민주당 정치인이었던 다니엘 패트릭 모이니헌은 다음과 같이 이야기한다. "보수의 중심적 진리는 사회의 성공을 결정하는 것은 정치가 아닌 문화라는 것이다. 반면 진보의 중심적 진리는 정치가 문화를 바꿀 수 있고 그 문화의 단점을 치유할 수 있다는 것이다."

2019년 갤럽 여론조사에 따르면 더 많은 미국인들이 자신을 진보(24%)가 아닌 보수(37%)라고 밝혔으나 2021년에는 공화당원이라고 밝힌 사람이 민주당원이라고 밝힌 사람보다 적었다. (각각 40%와 49%)

각 정당은 경제와 사회 문제에 대한 정부의 역할에 대해 다른 입장을 갖는다. 레이건 대통령은 다음과 같은 격언으로 공화당 전당대회를 쥐고 흔들었다. "정부가 우리 문제의 해법이 아니라 정부 그 자체가 바로 문제다."

민주당원의 전체 숫자는 더 많지만 지지자들이 인구가 많고 다양한 도시에 집중되어 있음에 반해, 공화당원은 백인 시골지역의 유권자 및 복음주의자들에 강점이 있고 보다 많은 주에 적은 인구들로 분산되어 있다.

미국의 정치 체제, 특히 상원과 대통령 선거인단의 경우 각 주에 상당한 정도의 대표권을 주는데 이는 공화당에 유리하다.

2021년 기준, 공화당은 27개 주의 주지사와 30개 주의 주 의회를 장악하여 50개 주 중 더 많은 지역을 통제하고 있다. 공화당출신 대통령들은 9명의 대법관 중 존 로버츠(John Roberts) 대법원장을 포함하여 6명의 대법관을 임명했다.

민주당은 백악관 및 연방 하원과 연방 상원을 미미한 의석 차이로 장악하고 있다.

공화당은 남부의 백인들을 흡수하고 로우 대 웨이드 사건 (Roe v Wade case)5)의 결과로 합법화 된 낙태를 반대하는 복음주의자들의 지지를 받게 되어 사회적으로 더욱 보수화되었다.

---

5) 헌법에 기초한 사생활의 권리가 낙태의 권리를 포함하는지에 관한 미국 대법원의 1973년 판례로서 여성은 임신 후 6개월까지 임신중절을 선택할 헌법상의 권리를 가진다는 중요한 판결이다. 이로 인해 낙태를 금지하거나 제한하는 미국의 모든 주와 연방의 법률들이 폐지되었다. 미국에서 낙태 문제는 보수와 진보를 가르는 대표적인 쟁점이며 동 판결 이후 보수 진영은 이를 뒤집기 위한 모든 노력을 경주했다. 이후의 공화당이 장악한 연방대법원의 판결들과 공화당 성향의 주정부는 주 법률의 제개정을 통해 최대한 낙태합법화를 저지하는 노력을 취해 왔다. 원고(Norma McCorvey)가 자신의 신원 보호를 위해 사용한 가명 Jane Roe의 이름으로 거주지인 텍사스 댈러스 지방 검사 Henry Wade를 상대로 제기했던 소송의 판결이다.

반면, 민주당은 민권법(Civil Right Act, 1964)과 선거권법(Voting Rights Act, 1965)을 대변하면서 소수자들의 지지를 끌어 모았다.

"레이건 혁명" 이후 미국은 좀 더 우편향을 하게 되었고 가장 일관된 공화당의 대의명분은 세금을 감축하고 기업친화적인 규제완화를 하는 것이었다. 공화당은 조그만 정부와 보수적 재정 정책 및 강력한 군사비 지출을 신뢰한다. 자유 시장, 개인의 자유, 종교적 자유, 총기를 가질 권리 등에 대해서는 적극 옹호하나 이민, 낙태, 레스비언, 게이, 양성애, 성전환, 질문자6)(LGBTQ) 등의 권리는 강하게 제약한다.

공화당은 인구학적 추세에 비춰볼 때 불리한 상황에 놓여있다. 이들은 2045년이 되면 소수자로 변모될 백인들에게 지지를 호소한다. 물론 사회적으로 보수성을 띄고 있는 히스패닉계와 흑인들의 지지도 호소하고 있다. 그렇지만 공화당은 각 주에서 투표를 더 어렵게 하는 방식을 채택하고 있다.

공화당의 세금 정책은 대기업과 부유한 미국인에게 유리한 것이지만 이제는 상위 중산계층에서도 인기가 덜하다. 비영리 연구기관인 브루킹스 연구소의 보고에 따르면, 2020년 대통령 선

---

6) LGBTQ는 레스비언, 게이, 양성애자, 성전환자 및 질문하는 사람을 의미한다. 질문자의 권리(Questioning Right)는 성정체성이나 사회적 성, 성적 지향을 확립하지 못하고 스스로 질문하는 사람들(Questioner)의 권리이다.

거에서 트럼프 후보가 승리했던 2,564개 카운티는 미국 국내 총 생산의 29%를 차지한다. 반면, 바이든이 승리한 520개 카운티는 국내총생산의 71%를 생산한다. 바이든 지지 카운티들은 2010년 부터 2018년 사이에 신규 회사의 83%를 유치했고 73%의 고용 증가를 기록했다.

공화당의 보수적 재정정책으로는 시골이나 산업이 쇠퇴한 소규모 도시에 거주하며 대학을 졸업하지 않은 백인들에겐 줄만 한 것이 별로 없었다.

트럼프는 당 내 대중영합적인 특성을 부활시킴으로써 이런 교착 상태를 끊어냈다. 트럼프주의란 한마디로 국수주의, 고립주의, 보호주의였다. 그 부류의 사람들은 문화적 전쟁과 대립을 한껏 즐겼다. 그들은 음모론에 심취되어 있었으며 국가제도들을 불신했다.

트럼프는 코로나 19 기간 중 대부분의 미국인들에게 2,000 달러짜리 수표를 주고자 했으나 의회 내 공화당원들에게 차단당했다. 그는 높은 최소임금과 유급휴가를 지지했다. 그러나 재선 선거운동 기간 중에는 추종자들의 집단적 충성심에만 의존하면서 어떠한 진지한 정책 의제도 제시하지 않았다. 그렇지만 2016년 선거와 비교할 때 2020년 선거 시에는 1천 1백만 표를 더 얻었다.

백인들은 "자격이 없는" 소수자 및 LGBTQ, 여성, 이민노동자와 같은 "새로운" 집단을 지원하고 보호해야 한다는 진보주의자들의 요구가 백인들의 권리를 제한한다며 불만이 높았는데 트럼프는 바로 이를 활용했다. 이러한 제로 섬적인 관점에서는 전통적인 교회, 가정, 지역 경제의 기반은 약화된 반면, 문화적 권력이 세계화된 동서 해안지방의 엘리트들에게 넘어간 것으로 본다.

보수적인 폭스뉴스의 사회자 터커 칼슨(Tucker Carlson)은 다음과 같이 경고했다. "그들이 새로운 유권자를 수입해 올 때마다 기존 유권자인 나는 권리박탈감을 느끼게 된다... 그들이 새로운 유권자를 수입해 왔기에 나의 정치적 권리는 약화되었다."

트럼프주의자들은 "투쟁하는" 지도자를 사랑한다. 2021년 Echelon Insight가 실시한 여론 조사에 따르면 대부분의 트럼프주의자들은 정치의 목적이 좋은 공공정책을 제정하는 것이 아니라 "우리가 알고 있는 국가의 생존"을 보장하는 데 있다고 믿었다.

2021년 5월 로버트 게이츠 전 국방장관은 자신이 섬겼던 8명의 대통령 중 어느 누구도 오늘날의 공화당을 알아보지 못할 것이라고 말했다.

공화당 내 온건 성향의 정치인들은 당을 중도 쪽으로 이동시키고 싶어 했으나 트럼프와 그의 추종자들에 의해 위압당했다.

트럼프주의의 여러 양상들은 앞으로도 계속 유지될 것으로 보인다. 가능한 결과라면 더 많은 사회적 지출에 대해서는 지지 하면서도 좀 더 국수적이고 대중영합적인 공화당으로 나아가지 않을까 예측해 볼 수 있다.

젊은 공화당원들은 기후변화, 인종, LGBTQ 문제 등에 대해 좀 더 온건한 입장을 견지한다. 2021년 CBS 뉴스와 YouGov가 실시한 여론조사에 따르면 30세 이하의 공화당원들은 44세 이상 의 공화당원들에 비해 바이든을 2020년 대통령 선거의 합법적인 당선자라고 믿는 비율이 두 배 이상 많았다.

각 기업들은 고객 및 종업원들의 압력에 따라 공화당이 진 행하는 문화 전쟁으로부터 거리를 두었다. JP 모건 체이스 회사 는 2020년 선거 결과에 이의를 제기하는 공화당 의원들에 대해 기부를 동결했다. 포드사는 트럼프의 연료 효율 정책을 무시하고 전국적 차원의 엄격한 배출가스 및 연료효율성 기준을 설정했다. 구글과 코카콜라를 비롯한 100개 이상의 기업은 투표권한을 제 한하는 조지아주의 입법에 대해 우려를 표명하면서 금요일의 시 민 연대(Civic Alliance Friday)를 통해 공동 성명을 발표했다. 그렇지만 각 기업들은 더 많은 사회적 활동을 위한 자금 마련을 위해 대부분의 민주당원들이 원하는 높은 세금에 반대하고자 계 속 강력한 로비를 벌이고 있다.

민주당은 대공황시절 프랭클린 델라노 루스벨트 대통령이 채택한 "뉴딜" 정책과 민권법, 선거권법을 통해 핵심 노동자 그룹 및 소수자들의 지지를 확보했다. 그들의 정책은 환경보호, 보편적인 건강관리, 선거 자금 개혁, LGBTQ의 권리, 형사사법상의 정의, 이민 개혁, 엄격한 총기규제, 낙태권 및 기회 균등의 문제 등을 포함하고 있다.

바이든은 미국 정부가 중국 문제를 통합을 위한 대의로 활용할 수 있도록 다음과 같이 이야기했다. "이것은 21세기에 민주주의가 효용이 있느냐의 문제와 전제주의 간의 전쟁이다… 우리는 민주주의가 작동한다는 것을 증명해야 한다."

그는 미국 내 반도체 제조, 인공지능 연구, 로봇 공학, 양자 컴퓨팅 및 여타 기술 분야에 2,500억 달러 규모의 투자를 만들면서 경제에 대한 정부의 간섭에 부정적인 공화당의 반대를 성공적으로 해소했다.

민주당은 대역병(大疫病)과 인구 통계 및 경제적인 추세가 정부의 역할과 크기에 대한 일반 대중의 견해를 변화시켰다고 믿는다. 그들은 1조 달러에 달하는 사회기반시설 법안을 초당적으로 통과시킬 수 있는 좋은 기회를 가지고 있지만 3조 5천억 달러 규모의 국내 정책과 세금 종합 정책을 놓고 분열되어 있다. 일부 중도파 의원들은 그 규모에 대해 주저하고 있으나 진보파 의원들은 동 정책이 필요하고, 인기가 있으며, 민주당이 아직 간신히 상하양원을 모두 장악하고 있는 동안에 통과시켜야 한다고 주장한다.

바이든은 부드럽게 이야기는 하겠지만 무언가 탈바꿈을 성공시키는 대통령이 되고 싶어 한다. 그는 연간 40만 달러 이상을 버는 부유층에 대해 일반적인 세금 인상을 밀어붙이고 있다. 2021년 Morning Consult and Politico에 의한 여론 조사에 따르면 21%의 공화당원을 포함한 52%의 미국인들은 사회기반시설에 대한 투자를 지지했다.

민주당 내 지배층은 당내 극단적 진보파들을 억제하고 길들이면 주류 여론은 자신들과 함께 할 것이라고 믿는다. 온건파 백인이자 근로계층에 뿌리를 두고 있는 바이든의 당선은 이러한 견해를 뒷받침했다. 그들은 "사회주의"나 "철회 문화(cancel culture)"[7]라고 덧씌워진 딱지에서 벗어나고자 하는데 이러한 것들은 근로 계층에게 인기가 없기 때문이다. 그들은 경찰 개혁과 강력한 국경통제도 지지할 것으로 보인다.

2021년 데이터를 위탁하는 Catalist사의 보고에 따르면 2016년의 대통령 선거로부터 2020년의 대통령 선거에 이르는 기간 동안 민주당으로의 입장변화는 대학졸업 및 대학 비졸업 백인 유권자들 사이에 주로 나타나 3%나 변화가 있었으며 이중 대학 비졸업 유권자들이 더 큰 규모로 입장을 바꿨음을 보여주었다.

---

7) 공인이나 기업이 잘못을 저질렀을 경우 그들에 대한 지지를 철회하는 것으로서 불매 운동의 한 형태

반면, 흑인, 라틴계 미국인, 아시아계 미국인들은 트럼프 쪽으로 이동했다.

●● 양극화

사회의 양극화는 증가와 감소를 반복했다. 가장 격렬했을 때는 남북전쟁(1861~1865) 기간 중이었으며 1백만 명 이상의 사상자가 나왔다.

오늘날의 양극화는 파당적이고 이념적인 동질감들이 점차 함께 모이면서 특히 인종, 종교, 계급, 지역에 따른 사회적 동질 감과 연계되어 작동한다. 각 당은 예비 선거에서 독자적으로 자 금을 모을 수 있는 과격한 후보에 대해 취약함을 드러내는데 가 장 대표적인 사례는 트럼프 대통령으로서 그는 2016년 대통령 선거 시 공화당 내 기득권층을 물리치고 후보에 지명되었다.

파당주의는 소셜 미디어나 당파적 매체가 유권자의 정보 환 경을 독점하는 가운데 현실 세계에 대한 인식을 왜곡시킨다. 사 이언스 학술지에 실린 2020년의 획기적 논문은 이러한 양극화를 "정치적 종파주의"로 묘사했는데 이는 반대편 파당에 대한 타자 화, 혐오, 도덕적인 훈계 등을 수반하는 것이다. 다툼은 근본적으 로 이념이나 실적에 대한 것이 아니라 정체성에 바탕을 두고 있 고 매우 감정적이다. 이는 "당 외부에 대한 증오(out-party hate)"를 초래하여 인종이나 종교적 요소보다 유권자들의 투표 결정에 더 중요한 영향을 미치고 있다. 상대편은 부도덕하며 그렇기에 타협할 수 없는 것으로 묘사된다. 이는 민주주의에 대한 위협이며, 특히 파당들이 폭력에 호소할 때에는 법의 지배에 대한 위협이 된다.

●● 미국 체제에 대한 도전

2020년에 코로나 19 감염 및 사망률이라는 측면에서 엄혹한 정부의 실패가 있었다. 부실한 감염관리와 백신에 대한 망설임은 보건 위기를 정치화한 것에서 그 원인을 찾을 수 있다.

코로나 19는 또한 질병통제예방센터들에 대한 재정 지원이 충분치 않음을 여실히 보여주었다. 국세청 그리고 금융서비스 회사나 일류 첨단기술 기업(Big Tech)을 감독하는 핵심 정부 기관들은 그들이 규제하는 대상들보다 끔찍하게 인력이 부족했고 능력 면에서도 압도당했다.

페이스북 같은 소셜미디어 회사는 가짜 뉴스를 확산시키거나 미국 민주주의를 약화시킬 요량으로 양극화를 심화시키려는 외부 세력에 이용당했다. 외부 세력들은 문화적/경제적 분야에서 새로운 참여자들이며 그들의 내부 작동 방식과 영향력은 아직도 잘 알려지지 않고 있다.

양극화는 정부가 기능장애를 일으키게 하는 원인을 제공한다. 이는 1995~96년과 2018년의 대규모 정부폐쇄 조치에서 명백히 나타났다.

과연 미국은 기후 변화, 생태계 파괴, 인공지능과 생명공학에서의 혁신적 기술들이 제기하는 엄청난 도전들에 대해 선도해 나가는 것까지는 아니더라도 잘 대처해 나갈 수 있을 것인가?

오바마 대통령이 2004년 설파했던 미국에 대한 이야기는 오늘날 공허하게 들린다. 국가적으로 함께 공유하는 주제는커녕 사실에 대해서도 합의가 이루어지지 않기 때문이다. 많은 공화당원들은 2020년 대통령 선거가 부정하게 조작되었다고 믿고 있고, 많은 사람들은 코로나 19를 묵살하며 백신 접종을 거부한다.

그러나 2020년에 코로나 19로 위상이 깎인 국가는 이 바이러스에 대해 세계에서 가장 효과적인 2개의 백신을 생산해 냈다.

양극화는 계속될 것이지만 시간이 지남에 따라 이를 더 잘 이해하고 관리해 나갈 수 있을 것이다. 국민과 지도자들이 충분히 원할 경우 미국은 국가적 목적과 활력을 되찾을 수 있게 될 것이다.

아리엘 탄(Ariel Tan)은 전직 싱가포르 외교관으로서 미국의 워싱턴 D.C.와 말레이시아의 쿠알라룸푸르에서 근무했다. 그녀는 하버드 대학교 Mason Fellow로서 동 대학에서 공공정책학 석사학위를 받았다.

●● 06
언론 매체와 미국의 민주주의

제이미 호(Jaime Ho)

언론 매체와 미국의 민주주의에 관한 이야기는 높은 이상과 관련된 것이다. 또한 미국 국민에게 뉴스를 전달하는 혁신적이고 신기원을 이루는 플랫폼에 관한 이야기이자, 비즈니스 모델이 어떻게 뉴스를 전달해 왔는지, 그리고 이 모든 것들이 민주주의에 대해 어떠한 영향을 미쳤는지 등을 포함한다. 이러한 것들은 아직도 진행 중에 있다.

●● 높은 이상들

아마존의 제프 베조스가 4년 전 취득한 이후 향상된 모습을 보여 온 워싱턴 포스트지는 2017년 초반 창간 140년 만에 다음과 같은 첫 구호를 신문의 제1면에 공개했다. "민주주의가 암흑 속에서 죽어간다(Democracy Dies in Darkness)." 이 구호에 대해 일부 사람들은 경멸했고 다른 사람들은 찬양했다. 트럼프 정부가 출범한 이후 2달 동안이나 신문의 표제 면을 장식했던 동 구호는 미국의 민주주의를 위해 자기 역할을 다하겠다는 동 신문의 약속을 강력히 다짐하는 것이었다.

언론 매체가 수행하는 역할은 근본적인 것이다. 이는 1791
년 12월 통과된 수정헌법 제1조가 보장하고 있다. "의회는 … 발
언의 자유를 저해하거나, 출판의 자유, 평화로운 집회의 권리, 그
리고 정부에 고충 처리를 탄원할 수 있는 권리를 제한하는 어떠
한 법률도 만들 수 없다."

수정 헌법은 단지 발언의 자유나 출판의 자유를 말하려는
것이 아니라 그러한 자유들을 축소시키려는 정부의 권력을 제한
코자 한다는 데 특별한 의미가 있다. 수정 헌법과 정부와의 관계
는 대립적인 것으로서 여기에는 선출된 정부에게 책임을 추궁하
는 것까지도 포함한다. 워싱턴 포스트의 워터게이트 추문 보도와
동 보도가 닉슨대통령의 사임으로 이어진 것, 그리고 이후에 워
싱턴 포스트와 뉴욕타임스가 외부에 누출된 "국방부 문서(Pentagon
Papers)"를 보도한 것들이 바로 여기에 들어맞는 사례이다.

진정으로 언론 매체의 자유는 미국 국민과 정부와의 관계에
있어 근본적인 것으로서 권리 장전에 명시되어 있다. 주지하다시
피 권리 장전은 미국민들이 정부와의 관계에서 갖는 권리에 대해
안내하는 틀을 제공하는 것이자 미국 민주주의의 근본적인 기초
라고 할 수 있는 문서이다.

언론 매체는 또한 미국 민주주의의 이상뿐만 아니라 이의

진화 및 현실에서의 구현까지 보여주는 거울이라 할 수 있다. 여러 차례에 걸쳐 언론 매체는 민주주의를 강화시켜 왔다. 그러나 거울과 마찬가지로 어떤 임의의 각도에서는 선동적인 힘으로 변모될 수도 있다. 오랫동안 미국의 민주주의는 소란스러운 현재나 바로 직전에 경험했던 것과 같은 극심한 위협을 목도한 적이 없었다. 그런데 과거는 그러한 위협을 이해하는 열쇠를 쥐고 있다.

제1차 수정 헌법을 비준한 지 채 석 달도 지나지 않은 시점에 조지 워싱턴 대통령이 서명하여 법률이 된 1792년의 우편법(Postal Service Act)은 광활한 신생 국가에 필수적인 우편 수요에 부응했을 뿐만 아니라 뉴스 전달을 위해 정부가 저비용의 우편 서비스를 제공토록 하는 내용을 법률 내에 명시했다.

1831년까지 미국을 공부하기 위해 여행 중이던 프랑스의 문관 알렉시스 드 토크빌은 미국의 언론에 대해 다음과 같이 관찰했다. "언론은 그 광대한 토지의 모든 부분으로 정치 생활이 순환될 수 있게 해주었다. 언론은 정치적 계획에 관한 비밀의 샘을 탐지하거나 모든 집단의 지도자들을 차례차례 세론의 비판 속으로 소환하기 위해 항상 눈을 치켜뜨고 있었다. 또한 공동체의 이익을 어떤 신념으로 결집시키고 각 집단의 강령도 작성했는데 이는 언론이 경청하는 이와 전달하는 이를 연결시키는 교류 수단을 제공하기 때문이다... 미국에서는 여러 개별 출판물이 발행되지만 권위는 높지 않다. 그러나 정기간행 언론의 힘은 일반 국민들의 힘 바로 다음으로 강하다."

●● 방송 및 공유된 경험

1800년대에는 "broadcasting"이라는 용어가 손으로 씨앗을 뿌리는 것을 의미했다. 이 단어가 뉴스와 오락을 전달하는 것과 관련된 용어로 사용되기 시작한 것은 1920년대부터인 것으로 알려져 있다.

그 다음 10년대(1930년대)에 소위 미국 내 라디오와 방송의 황금시대가 열렸다.

황금시대는 언론 매체가 공통의 국가적 공간을 생성하며 함께 공유하는 경험을 창출하는 역할을 심화시켰고, 시민과 선출된 지도자 간의 괴리를 좁혔으며, 현대 미국 방송의 이윤추구 모델을 단단히 자리 잡게 했다. 이 모든 것들은 민주주의의 모양새에 지속적으로 영향력을 미치게 될 것이다.

라디오 방송국의 숫자와 광고 수입의 규모는 1920년대부터 1940년대 사이에 크게 확대되었다. 동일한 기간 대에 오늘날까지 존재하는 세 개의 주요 방송사가 출현했다. 처음에 내셔널 방송사(National Broadcasting Company: NBC)가 나타났고, 다음에 콜롬비아 방송사(Columbia Broadcasting Company: CBS)가 모습을 드러냈으며, 마지막으로 아메리칸 방송사(American Broadcasting Company: ABC)가 나왔다.

1922년 영국에서 설립된 브리티시 방송사(British Broadcasting

Company: BBC)는 청취료 방식의 납세자 세금과 상업 활동에 의한 자금으로 운영되었다. 이에 반해 세 개의 미국 방송사는 완전히 상업적인 기관으로 발전하고 성장했다.

광고 수익이라는 유혹 때문에 자연적으로 방송사들은 많은 청취자/시청자들의 구미에 맞으면서 그들이 계속적으로 청취하고 시청토록 붙들어두는 콘텐츠를 제공하기 시작했다. 이러한 접근법은 NBC 경영진이 퍼뜨려 유명해진 용어인 "가장 반대가 없을 프로그래밍"에 의해 편집 내용이 결정된다는 이론을 만들어냈다.

그렇기에 주류 뉴스는 고루했다. 방송사의 뉴스 단신은 하루 단 한 차례 30분간의 시간에 맞춰 요약된 뉴스를 널리 신뢰받는 이름을 가진 방송인이 전달했다. 물론 이 세 방송사가 공유한 소수 독점에 가까운 지위, 그리고 뉴스와 오락 프로그램이 비교적 획일하다는 점 때문에 이들은 비판 역시 동일한 정도로 받았다. 그렇지만 바로 이런 점들이 뉴스에서의 공유된 진리 의식이라는 측면과 토론을 위한 공통의 출발점을 만들어 냈다. 실천으로서의 민주주의는 이러한 것으로부터 도움을 받았다고 주장할 수 있다.

지도자를 국민에 가까이 다가가게 하는 방송 매체의 힘 역시 이 황금시대에 표면화되었다. 라디오에 있어서는 프랭클린 디루스벨트의 "노변담화(爐邊談話)"가 최초로 미국 대통령을 국민들의 거실로 데려왔다. 1930년대 초반부터 제2차 세계대전 때까지 국가가 가장 암울했던 시기에 전달된 노변담화는 루스벨트 자신이 벽난로 옆에 앉아 각 가정에 직접적으로 이야기하는 것처럼 생각했기에 그런 명칭이 붙었으며 이를 통해 전쟁에 대한 국민들의 지지까지는 아니라 하더라도 뉴딜 정책에 대한 민주적인 지지를 이끌어 냈다.

1950년대에 이르러 방송 매체는 시각적으로 변모되었으며 미국의 민주주의에 더욱 지대한 영향을 미치게 된다.

리처드 닉슨 부통령은 1960년 대통령 선거 운동의 마지막 몇 달을 남겨둔 상태에서 젊은 존 에프 케네디 상원의원보다 더 많이 선호되던 후보자였다.

그런 상황에서 최초로 "생중계"된 텔레비전 대선토론회가 진행되었다. 케네디가 압도적인 승리를 거두었다. 닉슨에 대해 기억되는 모든 것은 색깔이 어울리지 않는 양복, 화장기가 없고 피곤해 보이는 모습, 땀에 젖은 더부룩한 수염과 같은 그의 외모였다.

그 해 11월 선거일 다음날 아침 승리한 케네디는 "물결을 되돌린 것은 다른 어느 것도 아닌 텔레비전이었다"고 보도하듯 이야기했다.

매체는 빠른 속도로 메시지가 되었다.

●● 특정집단 대상의 방송(Narrowcasting)과 시청자의 소그 룹 분할화

미국에서 케이블 TV가 탄생한 지 몇 십 년이 지나자 특정화된 채널들이 나타나기 시작했는데 1972년에는 홈 박스 오피스(HBO)가 그리고 1979년에는 케이블 뉴스 네트워크(CNN)가 등장해서 기존 3개 방송사의 제약으로부터 미국인들을 해방시켰다.

몇 가지 역학관계에 대해 유의할 필요가 있다. 첫째, 뉴스가 대량 방송의 산물에서 구독의 대상이 되는 산물로 변모함에 따라 취재 보도에 관한 편집상의 의무가 변화되었다. 이전에 공중파 방송들은 시청자들을 "가장 반대가 없을 프로그래밍"에 붙잡아두려고 노력했지만 케이블 뉴스 채널들은 너무 강렬하고 설득력이 있어 끌 수가 없는 뉴스를 전달해야 했다. 뉴스는 항상 발생해야 했고 또한 자극해야 했다. 여기에 정치성을 띄는 논조가 자연스레 뒤따라왔다.

둘째, 특정의 관심도 높은 고객에게 서비스를 공급해야 하는 상업상의 불가피성 역시 증대되었다. CNN이 계속적인 뉴스 속보를 알리는 중독성 있는 효과음을 통해 고객을 끌어 모으고자 했다면 Fox News는 그 이후 헌신적인 특정 보수 고객에게 서비스를 제공하여 시청자들을 끌어 모으고자 했다.

고객 및 수익의 규모는 가장 반대가 없을 내용을 공급해서가 아니라 감정을 과감하게 드러내는 공유된 의견을 통해 증대되었다. 정치인들은 자신의 지지기반에 호소하기 위해 이미 만들어진 플랫폼 쪽으로 자연스레 끌려갔다. 보수계는 Fox 쪽으로, 그리고 진보계는 결국 MSNBC 쪽으로. 이는 소셜미디어가 나타나기 이전 시대에서의 "연대"를 보여준다.

인터넷이 세상에 나올 즈음에 이미 케이블 TV는 언론 매체들의 판도를 바꿨다. 한때 대규모 시청자들을 모으는 데 돈을 투입했다면 이제는 충성도 높고 적극 참여코자 하는 소규모 특정 고객을 키우는 곳에 돈을 투입하여 보상하고 있다.

●●정체성 팔기와 분노

인터넷과 그 이후 소셜미디어는 조기수용자(early adopter)인 미국 대중들에게 그 유례를 찾기 어려운 언론 매체의 확대 양상을 보여주었다. 정보의 양과 정보원의 수라는 측면에서 대호황이었다. 결과적인 다른 움직임들도 뒤따라왔다.

한때 언론 매체가 정보를 한쪽 방향으로만 제공했다면 이제는 정보의 공급자와 소비자 간의 관계가 더 심화되고, 더 복잡해지고, 상호보완적이 되었다. 첫 번째로 매체들은 어떤 사람들이 읽고 시청하는지를 정확히 알고 있는데 이러한 정보에 따라 그들은 내용물을 맞춰나가게 된다.

두 번째로 시청자들은 정보 전달에 있어 적극적인 참여자가 되었다. 그들은 인터넷과 소셜미디어를 통해 쉽게 정보를 보관/

관리하고 전파했다. 뉴스 공급자들은 단순히 고객들에게 전달하려는 내용뿐만 아니라 이들 고객들이 자신이 교류하고 있는 사회 내에 전파하고자 하는 것에 대한 데이터도 갖게 되었다.

온라인 및 소셜미디어의 광고 수익이 폭발적으로 증가하자 언론매체 플랫폼에 대한 상업적인 의미는 더 확고해졌다. 예전의 케이블 TV처럼 언론매체 플랫폼들은 어떻게 충성스러운 고객들을 키우고, 유지하고, 수익화 할 것인가에 집중했다. 그러나 케이블 TV와는 달리 동일한 추종자들은 이제 언론매체 플랫폼의 더 큰 성장을 도울 수 있게 되었다.

이 같은 잠재력을 발견한 초기 혁신자 중 한 사람이 조나 페레티(Jonah Peretti)인데 그는 허핑턴 포스트(Huffington Post)와 이후 버즈피드(Buzzfeed)를 창간했다. 그의 말에 따르면 핵심은 "전염성이 있는 매체(contagious media)"를 만드는 것이었다.

이 시대에 입소문을 타고 가장 화제가 된 내용물은 정체성에 대해 호소하고 이에 더해 즐거움까지 주는 것이었다. 버즈피드상에서 대표적으로 입소문을 탄 헤드라인은 "당신이 90년대의 어린이였다는 것을 말해주는 25가지 측면" 같은 것이다.

폭발적인 성장을 하던 초기에 버즈피드는 사회적 공유를 통해 다른 사람들 역시 "웅성거림"을 만들어내는 것을 즉시 따라

하도록 멍석도 깔고 청사진도 펼쳤다.

미국의 언론인 에즈라 클라인(Ezra Klein)은 "왜 우리는 양극화되었나?"라는 책자에서 위험성들에 대해 다음과 같이 설명했다. "… 미디어 매체 사용자들이 자신을 어느 집단의 일원으로 생각하면 생각할수록, 그리고 공유·좋아요·구독 등을 눌러 공개적으로 어느 집단의 일원이라고 주장하면 주장할수록 그러한 정체성은 더욱 심화되고 근저에 있는 견해는 더욱 바꾸기 어렵게 된다."

요약하자면 교제 사회 내에서 정보 공유를 심화시키면 그 결과로서 이 사회 집단이 종국적으로 폐쇄적이 된다는 점이다. 고립이 되고 곧이어 양극화가 뒤따라오게 된다.

물론 90년대에 태어난 세대들에게는 입소문을 타고 있는 버즈피드의 리스티클(listicle)[8]을 통해 함께 뭉치는 것이 큰 잘못은 아닐 것이다. 그리고 여기서 다음 "혁신"이 시작되는 것이다. 교제 사회 내에서 가장 강력한 연대는 구성원들의 유사성을 기념하는 것에서 나오는 것이 아니라 "나머지 사람들"에게 분노하는 데에서 나온다.

그리고 소셜미디어 시대에서는 이러한 분노는 컴퓨터 알고

---

8) 소셜미디어에서 크게 유행하고 있는 글쓰기의 한 형태로서 한 주제에 대해 목록을 작성해서 서술하는 방식에 대한 영어 신조어이다. 예를 들어, '저작권 없이 사진을 사용할 수 있는 사이트 10곳'이나 '고객 입소문을 부르는 7가지 법칙' 같은 제목의 글이 리스티클이다.

리즘의 정밀성을 갖고 독자들을 향하고 있다.

미국 언론인 매트 타이비(Matt Taibbi)는 이를 이렇게 설명한다. "오늘날 양쪽 집단의 뉴스 소비자들은 광신자처럼 행동하고, 지적인 측면에서 스스로를 고립시키며, 동료 시민들에 대한 무서운 이야기를 끊임없이 만들어서 이를 지속한다. 공화당 지지자들은 진보주의자들이 테러동조자이거나 인종차별에 대한 죄책감으로 가득 찬 미국인들로서 미국 문화를 내부로부터 망가뜨리려고 혈안이 된 사람들이라고 교육받는다. 민주당 지지자들은 매일 동료 중에 변심자나 반역자에 대한 이야기 세례를 듣는다."

●● 다음은 무엇인가?

민주주의 그리고 이와 관련된 선거의 결과에 대해서는 많은 연구가 이루어져 왔다. 현재의 미국은 그 어느 때보다 양극화가 심화되어 있다. 폐쇄적인 교제 사회는 허위 정보를 만드는 비옥한 토양이다. 그런데 문화 전쟁에서부터 허위정보에 이르기까지 언론 매체는 이러한 혼란의 중심부에 서있다.

그러나 언론이 추구하는 높은 이상만큼은 아직도 변화하지 않고 있다. 기존의 확고한 신봉자들은 이러한 사회정치적인 도전뿐만 아니라 상업적인 도전에 직면해서도 끈질기게 잘 지탱하고 있다. 워싱턴 포스트나 뉴욕 타임스와 같은 언론은 현재까지도 성공적이다.

다른 많은 언론들은 실패했다. 2004년 이래 약 1,800개의 미국 내 지방 신문들이 폐간한 것으로 알려지고 있으며 이중 많은 수가 거대 기술기업들 때문에 광고 수입에서 재앙적인 손실을 보았던 것이 그 원인이었다.

이러한 현상이 민주주의에 어떤 의미를 가지는가에 대한 두려움이 생성되고 있다. 이들 이외에 다른 누가 적극적이고 민주적인 참여를 위한 정보를 제공할 수 있을까? 지방 정부의 책임을 추궁하는 다른 방법은 없을까?

미국의 언론 매체는 항상 재정적인 현실이 규정하는 바에 따라 진화해 왔다. 미래는 어떻게 새로운 모델들이 진화해서 크거나 작은 뉴스 매체들로 하여금 계속 국가의 이상을 위해 함께 협력해 나가도록 하고 공적생활을 녹슬게 하는 양극화 문제를 떨쳐나갈 것인가에 달려 있을 것이다.

제이미 호(Jaime Ho)는 채널뉴스아시아 디지털(CNA Digital)의 수석편집인이자 주간 팟캐스트인 기후대화(The Climate Conversation)의 주관자이다. 그는 미디어코 산하의 국가 언론인 CNA에서 싱가포르 데스크의 부편집인, 라디오 뉴스의 부주필, 국제뉴스의 부주필 등을 역임했다. 그는 싱가포르 외교부에서 16년간 근무한 후 미디어코에 합류했으며 워싱턴 주재 싱가포르 대사관과 제네바 주재 세계무역기구(WTO) 및 세계지적재산권기구(WIPO) 대표부에서 부대표로 재직했다. 그는 리콴유 공공정책대학원에서 공공관리론 석사학위를 취득했다.

미국의 경제와 사업

린다 와이 씨 림
(Linda Y. C. Lim)

미국은 최소한 지난 1세기 동안 명목기준(당해년도의 달러 가격)상으로 세계 제1의 경제 대국이었으며 구매력 평가 지수 기준(물가수준으로 재조정한 지수)상으로도 2014년 중국에 추월당할 때까지 가장 큰 경제대국이었다. 세계은행 통계에 따르면 2019년 미국의 명목 국내총생산(GDP)인 21조 4,300억 달러는 세계 GDP의 24.41%에 해당하며, 일인당 GDP는 6만 5,298달러를 기록했다. 중국의 명목 GDP인 14조 3,400억 달러는 세계 GDP의 16.34%이며, 일인당 GDP는 1만 262달러였다. 여기에 일본은 세계 GDP의 5.79%와 일인당 GDP 4만 247달러, 독일은 세계 GDP의 4.4%와 일인당 GDP 4만 6,445달러를 기록하며 뒤따랐다.

인구의 크기와 일인당 소득은 절대적인 경제 규모를 결정짓는 핵심 요소이다. 미국은 세계에서 세 번째로 많은 인구(3억 2,800만 명)를 가지고 있기에 경제 역시 그만큼 큰 것이 놀랍지 않다. 가장 큰 관심의 대상은 미국의 일인당 소득인데 다른 선진

공업국이자 2차 대전 이후 높은 소득 수준에서 GDP 고성장률을 보여 온 일본(인구 1억 2,600만 명)이나 독일(인구 8,300만 명) 보다 더 높은 수준이다. 1980년 이후 미국의 GDP는 연간 3~4%씩 증가하여 독일의 2~3%, 일본의 0~2%보다 더 빨리 성장했다.

●●거시 경제적 맥락

경제적 총생산(GDP)을 구성하는 재화와 용역은 소비, 투자, 정부 지출 및 순수출을 위해 생산된다.

대부분의 고소득 경제에서는 소비가 국가 지출에서 가장 큰 부분을 차지한다. 미국의 경우도 마찬가지인데 1970년 GDP의 78%에서 2020년 82%로 증가했다. 이 기간 동안, 일본은 58%에서 75%로 증가했고 독일은 72~73%로 계속 유지되었다. 투자 수준의 경우 일본은 36%에서 24%로 하락했고, 독일은 30%에서 22%로 하락했으며, 미국은 22%에서 21%로 하락했다. 즉 미국은 여타 고소득 경제에 비해 투자를 적게 했음에도 더 빨리 성장할 수 있었다.

동 기간 동안 GDP에서 정부 지출이 차지하는 비율은 독일의 경우 16%에서 22.5%로 증가했고, 일본의 경우 11%에서 20%로 증가했다. 그러나 미국에서는 18%에서 14%로 감소했는데 이는 정부 지출을 적게 하는 경제가 높은 성장률과 연관성이 있음을 보여준다. 이에 대한 신빙성 있는 설명은 제품 및 요소 시장에서 공공 부문으로 인한 민간 부문의 "투자자금경색(crowding out)"이 줄어들었기 때문이며 아울러 높은 고용을 유지하면서 빠르게 성장하는 경제에서는 사회복지를 위한 정부 지출의 필요성이 덜하기 때문이다.

미국의 경제 성장이 독일이나 일본보다 높다는 것은 그들의 상대적인 경상수지 잔고(수출에서 수입을 삭감)에도 반영되어 있다. 독일은 경상수지 잔고가 1970년 0에서 2020년 GDP의 7%로 증가했고 일본은 1.4%에서 3.5%로 증가했는데 미국은 0에서 마이너스 3% 이상으로 감소했다. 급속히 성장하는 미국의 경제는 교역 상대국으로부터 수입품을 끌어들였던 것에 반해 이들 교역 상대국의 느린 성장률은 그들이 미국의 수출품에 대해서뿐만 아니라 자신들이 수출하는 재화나 용역에 대해서도 수요가 적었다는 것을 의미한다. 미국의 적자는 다른 국가가 미국의 과도한 수입에 지불될 외환을 공급하면서 자진해서 미국에 돈을 빌려주거나 투자했다는 것을 의미한다. 이는 다시 국제교역 및 투자에 있어 미국의 절대적인 규모, 높은 자본수익률, 미 달러화의 사실상 국제 기축 통화 역할에 따른 낮은 외환 시세상의 위험 등을 반영한다.

미국은 세계에서 가장 큰 해외직접투자(FDI) 유치국이며 독일은 7번째, 일본은 20번째 유치국이다. 그러나 해외직접투자를 하는 원천 국가로서의 미국의 위치는 일본, 독일, 중국에 이은 세계 제4위에 해당한다. 이는 국내 및 해외 투자자들에게는 미국이 일본이나 독일보다 훨씬 더 매력적인 곳임을 나타내 주는 것이다.

●●성장과 생산성에 대한 기여

경제학자들은 재화나 용역을 생산하는 자원을 토지, 노동, 자본 및 기업가 정신으로 구분한다.

자원이 풍부한 미국은 다른 성숙된 경제들에 비해 훨씬 너그러운 이민정책을 유지해 왔으며 그 결과 빠른 인구 성장이 더 빠른 경제 성장에 기여해 왔다.

자본은 기본적으로 가계와 기업의 저축에서 나오며 재화와 용역을 생산하기 위해 투입된다. 1970년부터 2020년까지 미국의 국민저축은 GDP의 24%에서 19%로 감소했다. 이는 일본의 경우 (32%에서 28%로 감소)나 독일의 경우(26%에서 28%로 증가)에 비해 훨씬 낮은 수준이다. 그러나 미국의 효율적이고 개방적인 자본 시장은 다른 나라의 자본을 끌어왔으며 높은 기업 이윤을 바탕으로 해외 자본에 고수익을 안겨주었다. 현재 미국의 주식시장은 전 세계 주식 시장 자본금의 60%를 차지한다. 이는 2위인 중국과 4위인 홍콩을 합친 것의 두 배 이상이다(3위는 일본).

경제 성장은 더 많은 투입을 통해 더 많은 산출을 올리는 것으로만 달성되는 것이 아니라 생산성을 증대시키거나 주어진 양을 투입하여 더 많은 산출물을 생산하는 것으로도 실현된다.

총노동생산성(aggregate labor productivity)과 관련하여 미국에서는 일한 시간당 GDP가(GDP per hour worked) 일본이나 독일에 비해 줄곧 높았다. 물론 지난 50년 동안에 그 차이는 점차 줄어들어 일본의 경우에는 2배 이상에서 1/3배 더 높은 수준이 되었고 독일의 경우에는 20% 더 높았던 상황에서 10% 더 높은 상황이 되었다. 2020년 브루킹스 연구소의 발표에 따르면, 1991년에서 2016년 사이에 개인 사업 부문에서 미국의 노동생산성은 일본이나 독일보다 0.5% 정도 빨리 성장했다.

●● 혁신과 기업가 정신

일본 및 독일과 비교할 때 미국은 총 요소생산성에서 보다는 자본 심화로부터 더 많은 생산성 증가를 달성했다. 경제 전반에 걸친 생산성의 증가는 각 기업들이 유형적 투입요소(새롭고 성능 좋은 기계)와 무형적 투입요소(새로운 방식과 가공) 모두에 대한 투자를 늘리고 시장이 생산성이 덜한 기업에서 생산성이 좋은 기업으로 자원을 효율적으로 배분할 때 이루어진다. 성숙하고, 소득이 높고, 기술적 첨단을 걷는 경제의 경우 생산성을 높이기 위한 혁신이 특히 중요함을 브루킹스 연구소는 지적한다.

핵심적 요소의 하나는 연구 개발(R&D)과 관련된 지출인데 2000년 이후 모든 나라에서 GDP 중 이 부문이 차지하는 비율은 계속 증가했다. 그러나 이들 국가 중 미국의 비율은 2016년 2.84%로서 일본(3.27%)과 독일(3.09%)에 비해 가장 낮았다. 주요 이유는 미국에서 제조업이 차지하는 비율(11.5%)이 일본

(20.8%)이나 독일(23.4%)에 비해 낮기 때문이다. 그런데 제조업은 R&D 분야에서 가장 큰 비율을 점하는 부문으로서 미국의 경우 2/3를, 일본 및 독일의 경우에는 각각 85%를 차지한다. 다음으로 R&D가 집중된 분야는 정보통신기술 분야(미국이 7%로 일본과 독일의 2%를 압도)와 전문적, 과학적, 행정적 서비스 분야이다(일본 2%, 독일 1.5%, 미국 1%).

R&D 지출과 생산성 증대 간에는 긍정적인 상관관계가 있다. 그러나 전체적으로 보았을 때 혁신이라는 차원에서의 R&D 지출에서 얻는 수익은 감소되어 왔다. 일본은 R&D에 가장 많은 지출을 하고 가장 많은 특허를 생산하지만 특허의 질 그리고 생산성 증가에의 기여라는 측면에서 보면 미국이나 독일에 비해 훨씬 뒤떨어진다.

기업가 정신은 측정하기가 매우 어렵다. 그러나 미국은 일반적으로 상위 10개 국가 내에 자리매김하고 있으며 기업가 정신과 혁신분야 내의 대부분의 지수, 즉 글로벌 기업가정신지수, 글로벌 혁신지수, 세계은행의 기업환경평가지수 등에서 일본과 독일에 앞서 있다. 그러나 미국 통계국이 발표하는 사업의 역동성 데이터 세트에 따르면 전체 회사의 숫자에서 신규 회사의 숫자가 차지하는 비율은 1978년 13.63%에서 2018년 8.15%로 지속적으로 감소했다.

●●미국의 사업

미국 경제의 크기와 역동성을 고려할 때 미국의 회사들이 2021년도의 시가총액 측면에서 세계 10대 회사 중 7개를 차지하고 수익측면에서 세계 10대 회사 중 5개를 차지한 사실은 Global Finance가 보도한 것처럼 놀라운 일이 아니다.

가장 가치 있는 회사 중 5개는 대형 기술회사(Big Tech companies)이다. 애플, 마이크로소프트, 알파벳(구글), 아마존, 페이스북의 5개 회사를 모두 합할 경우 S&P 500 회사[9] 가치의 거의 20%를 차지한다. 6위인 테슬라는 자동차 기술기업, 7위인 버크셔 해서웨이는 기술 기업에 집중 투자하는 복합 금융그룹이다.

아마존과 애플은 수익 측면에서 상위 10개 회사에 들어가는데 최상위는 월마트(소매)가 차지하고 있고 CVS(보건의료)와 유나이티드 헬스(보건의료)도 높은 위치에 있다. 반면 일본과 독일에서 가장 큰 회사는 시장이 포화상태인 자동차 분야에 있고(토요타, 혼다, 폭스바겐, 다임러 등) 수출과 해외 판매 특히 미국내 판매에 크게 의존하고 있다.

---

9) 미국의 신용 평가회사 스탠다드 앤드 푸어스(Standard & Poor's)에서 개발한 미국의 주가지수 대상 기업으로 미국 주식 시장에 상장된 500개 대형 기업을 선정한 것이며 미국 상장기업 시가총액의 80% 이상을 차지하고 있어 미국 주식시장을 가장 잘 대변한다.

선두에 서있는 이 미국 기업들은 고도로 세계화되어 있다. 기술 기업들은 자기 분야의 세계무대에서 지배적까지는 아니더라도 주요 행위자들이다. 전 세계적인 수익이라는 측면에서 보면 비북미 지역에서의 수익이 40%(아마존)에서 80%(페이스북)에 이르고, 전체 종업원 중 비북미 지역 내 근로자가 30%(아마존)에서 60%(페이스북)에 이른다. 애플과 월마트 역시 해외 하청업자와 판매사로 얽힌 국제적 생산을 통해 공급사슬의 국제화에서 선도적 위치를 점하고 있다. 많은 사람들이 보유하고 있으며 고수익을 내고 있는 이들 기업의 주식에 대해서는 충분히 많은 수의 외국인들도 소유하고 있다.

거대 기술 기업 이외에도 미국 회사들은 IT 분야(상위 10개에서 6개 회사), 사업서비스 분야(상위 10개에서 8개 기업), 경영진단 분야(모든 상위 10개 회사) 등 여타 빠르게 성장하는 분야에서 세계를 지배하는 입지를 구축하고 있다.

미국 기업들이 세계를 지배하고 있는 것은 미국 경제의 규모와 범위 및 상대적으로 풍부한 자본, 기술 그리고 기업가 정신을 반영하는 것이다. 다시 말해, 과학적 연구와 기술적 혁신 분야에서의 미국의 지도력; 지식 재산권을 포함한 강력한 재산권과 그 보호에 관한 법적/제도적 장치; 해외의 재화, 용역, 자본, 노동, 재능에 대한 개방성; 치열한 경쟁과 유연한 노동시장을 가진 사기업 경제; 지방 분권화된 정치 경제 체제에서의 기업친화적인 지방 정부; 상대적으로 가벼운 중앙정부의 규제; 독일 및 일본에 비해 가벼운 세금 부담 등이 그것이다.

●● 미국의 경제와 사업이 직면하고 있는 도전들

다른 성숙한 고소득 국가들에 비해 미국의 경제 및 사업이 우수한 성과를 거두어 왔던 이유는 주주자본주의가 널리 퍼져 있다는 것과(일본 및 독일의 경우는 이해관계자 자본주의) 신자유주의 경제 정책(민간 기업과 시장 원리를 선호)을 취해 왔기 때문이었다. 그러나 여기에는 부정적인 측면이 있으며 이제는 이들이 문제를 야기한다. 적절한 사회안전망과 재정 재분배와 같은 조치가 없는 자본 및 기술 집약적인 성장은 사회 내 불평등을 증대시켰다. 미국의 지니 계수는 1991년 0.38에서 2018년 0.42로 증가했는데 이는 2016년 독일의 0.32나 2013년 일본의 0.33에 비해 높은 수준이다.

불평등은 성장에서 나오는 이윤을 저축 성향이 높은 고소득 집단에 집중시켰다. 이에 더불어 중위 소득의 정체와 결과적으로 증대되는 가계부채가 소비주도 성장을 위협했으며 금융 안정성에까지 잠재적인 위험을 드리우고 있다(이 현상은 2008년 세계 금융 위기 시에 경험한바 있다).

공공재인 교육, 연구, 보건, 주택, 사회기반시설에 대한 공적 투자가 충분치 못하면 생산성, 기술, 혁신이 감소되며, 건강과 환경에 대한 부정적 외부효과가 발생하여 개인적/사회적 비용을 증대시킨다.

거대 기술 기업 및 여타 지배적 기업의 독점적 힘이 증대되면 불평등(기업 간의 불평등, 산업 및 지역 간의 불평등, 자본과 노동 간의 불평등)이 심화될 것이고, 기업 간의 경쟁을 약화시킬 것이며, 스타트업 기업의 의욕을 꺾고, 이러한 과정에서 기업가 정신, 혁신, 성장을 저해할 것이라는 우려가 있다. 이러한 상황은 또한 대중영합적인 정치적 반발을 고무하여 개방적인 자본/노동 시장이나 공공재를 위한 공적자금 투입을 거부하는 것과 같이 성장을 저해하는 정책을 취하도록 하면서 사회적, 문화적 양극화를 더욱 확대시킨다.

코로나 19 대역병은 기존의 불평등을 심화시켰으나 동시에 미국 경제의 역동성을 강화시켰다. 공격적인 재정 및 통화부양책(신자유주의 논리에 대한 반박)은 대역병이 초래한 극심한 경기 침체로부터 급격하고 빠른 회복을 도왔다. 소비주도의 호황, 빈곤의 경감, 임금 증가, 투자 확대, 신사업의 형성, 디지털화의 촉진, 그리고 여타 기술적 혁신도 함께 했다. 이는 Economist지가 관찰한 내용들이다. 사회 기반 시설, 보육, 환경적 지속가능성에 대해 새로운 투자도 있을 것으로 보인다. 이러한 것들은 총수요, 생산성, 노동자 참여, 그리고 경제적 성장을 증대시킬 것이다.

거대 기술 기업과 대기업을 견제하기 위한 입법적인 노력은 의도대로 경쟁을 불러일으키고 혁신을 고무시킬 수 있겠지만 미국 대기업이 그 규모와 범위로 유지하고 있는 경쟁력을 저해할 위험도 있다. 연구 분야에 대한 정부의 지출 확대와는 별개로 국가 산업 정책 보조금과 무역 장벽으로 혜택을 받는 국내 생산자는 자원 배분을 왜곡하고 효율성과 세계화의 이익을 감소시킬 수 있다.

아직도 미국의 경제, 사업, 노동자, 소비자들은 복원력을 보여주고 있고 미국의 정치, 정책, 다양성, 견제와 균형, 그리고 탄력성 등의 특성은 예측할 수 없는 어려움들을 현재까지 성공적으로 헤쳐 나갈 수 있게 해주었다.

린다 와이 시 림(Linda Y. C. Lim) 박사는 미시간대학 스테판 엠 로스 경영대학원의 기업 전략과 국제 비즈니스담당 명예교수이다. 그녀는 캠브리지 대학에서 학사, 예일 대학에서 석사를 받은 후 미시간 대학에서 경제학 박사 학위를 취득했으며 미시간 대학에서 MBA와 세계 경제 및 아시아 비즈니스에 관한 고위교육 과정을 가르쳤다. 그녀의 광범위한 출판물은 선별되어 비즈니스, 정부, 노동: 싱가포르와 동남아의 경제 발전에 대한 에세이 (2018)(Business, Government and Labor: Essays in the Economic Development of Singapore and Southeast Asia)로 다시 출판되었다. 이는 싱가포르의 경제 발전: 회고와 반성 (2016)(Singapore Economic Development: Retrospection and Reflections)을 그녀 자신이 다시 편집한 것이다.

만능의 미국 달러화

비크람 카나
(Vikram Khanna)

제2차 세계 대전이 끝날 무렵 미국의 달러화는 영국의 파운드화를 밀어내고 세계의 선도 화폐로서의 입지를 굳혔다. 2021년 현재에도 달러는 지배적인 화폐이다.

비록 미국은 전 세계 국내총생산의 25% 이하를 차지하고 있지만 85% 이상의 외환 거래에는 미국 달러화가 관여되어 있다. 달러는 최고의 자금조달 화폐이다. 국경을 넘는 대출과 국제 채무 증권의 절반 정도가 달러화로 액수가 매겨져 있다. 달러화로 대부분의 상품 가격이 매겨져 있고 국제 교역의 40% 이상에 대한 송장이 쓰여지며 전 세계 외환보유고의 60% 이상이 달러화로 보유되어 있다.

많은 국가들은 자국의 화폐를 부분적으로나 또는 완전히 미국 달러화에 고정시키고 있다. 예를 들어, 싱가포르는 자국의 통화를 가중 통화바스켓을 참조하여 관리하는데 여기에는 미국의 달러화가 포함되어 있다. 30개국 이상은 "달러화를 사용"하고 있는데 미국 달러화가 공식적 또는 비공식적인 지불수단으로 국내 경제활동에서 광범위하게 사용된다.

●● 어떻게 달러화는 지배적인 화폐가 되었나?

달러화가 지배력을 갖게 된 것에는 여러 가지 이유가 있다. 하나는 제2차 세계 대전 이후 더욱 현저해진 미국의 지정학적 영향력이다. 전쟁 이후 등장하게 된 통화 약정의 결과 또한 요인 중의 하나이다. 1944년 소위 브레튼우즈 회의에서 44개 연합국은 통화를 미국의 달러화에 고정시키는 새로운 체제의 창설에 합의했다. 동 체제에서는 안정적인 환율을 유지하기 위해 1온스의 금과 35 미 달러화를 태환할 수 있게 하였다. 이 체제는 27년 동안 유지되었다. 그러나 미국이 1971년 달러화와 금과의 관계를 단절시키고 변동 환율 체제가 등장한 이후에도 많은 국가들이 자국의 통화를 달러화에 고정시키거나 달러 대비 특정 범위 내에서 자국의 통화 가치를 관리한다.

미국의 금융 및 제도적 장치들 역시 달러화의 지배력을 뒷받침한다. 달러화가 완전히 교환 가능하고 국제적 교역에 널리 사용된다는 사실 이외에도 특별히 중요한 것은 2020년 말 기준 27조 8천억 미 달러 규모로 세계에서 가장 크고 유동성이 좋은 미국 국채 시장의 존재이다. 미국 정부의 완전한 신뢰와 신용을 바탕으로 다양한 만기를 갖고 있는 미국의 국채는 세계에서 가장 안전한 자산으로 인식되며 다른 고정 수익 자산들을 평가하는 기준점이 된다.

중앙은행들이 유보금의 많은 부분을 미 달러화로 보유하려는 동기는 미 국채에 대해 높은 신뢰를 갖고 있기 때문인데 다수 중앙은행들은 자신들이 보유한 잉여금 중 상당 부분을 여기에 집어 넣어두고 있다. 많은 회사, 자산관리사, 은행, 보험회사 역시 미 국채를 보유하고 있는데 이익을 거둘 수 있게 해줄 뿐 아니라 쉽사리 현금화하거나 담보로 사용할 수 있기 때문이다.

미국의 제도적 장치들 역시 미 달러화를 지탱한다. 이 중 가장 중요한 것은 화폐소유자의 재산권을 보장할 뿐만 아니라 모든 외국 투자자들도 이에 접근할 수 있는 독립된 법적 시스템이며 이것이 신뢰를 만들어 낸다.

코넬대학교 경제학 교수인 에스와르 프라사드(Eswar Prasad)와 같이 미 달러화를 연구하는 학자들은 바로 믿음과 신뢰가 왜 미 달러화가 국제적 혼란기에 "안전한 화폐"로 인식되는지를 잘 설명해 준다고 설명한다.

미국에서부터 시작되었고 미 연방준비제도이사회(FED)가 거의 제로 이자율 통화 정책을 취함으로써 미 달러화에 부정적인 영향이 미칠 것으로 판단되던 2008년의 세계 금융 위기 시에도 투자자들과 중앙은행들은 안전하다고 인식되는 달러화로 옮겨갔다.

동일한 역학이 2020년 3월 코로나 19의 발생으로 금융 시장이 불안정성을 보인 직후에도 작동했다. 전 세계에서 달러 유동성에 대한 수요가 급등했다.

FED는 싱가포르 통화청을 포함한 다른 중앙은행들과 스왑 통로를 개설해 대응했다. FED는 또한 미 국채를 담보로 잡고 달러화 자금 제공을 해주겠다고 했다. 이것이 미 달러화의 "안전 피난처" 지위를 강화해 주었다. 2021년도를 기준으로 다른 어느 통화도 달러화의 이런 지위에 가까이 견줄 수 없다.

●● 영원한 지배는 없다.

비록 미 달러화가 약 100년 동안 걸출한 지위를 유지해 왔지만 역사는 특정 화폐의 지배가 시간이 정해진 것이며, 지정학적 조건의 변화와 새로운 경제의 출현에 의해 영향을 받는다는 것을 보여준다. 1815년 부근에서 1920년까지 교역 국가로서의 영국의 탁월함은 파운드 스털링화를 달러화가 대체할 때까지 지배적인 화폐로 만들었다. 영국 파운드화 이전에 15세기까지 거슬러 올라가보면 다른 교역 강국인 프랑스, 네덜란드, 스페인 및 포르투갈의 화폐가 역사의 여러 단계에서 우월적 지위를 유지했다.

현재의 지정학적 갈등은 달러화의 지배적 지위에 어느 정도 흠집을 낼 수 있다. 달러화로 교역을 하는 국가는 미국에 의해 부과되는 제재에 취약해질 수 있다. 최근 들어 미국은 점점 더 공격적으로 제재를 활용하는데, 예를 들면 러시아, 베네수엘라, 이란, 그리고 이란과 교역하는 국가에 대해 제재를 사용했다.

그 결과 러시아나 중국을 포함한 일부 국가들은 자신들의 외환 보유고를 미 달러화에서 금이나 여타 보유 자산으로 다양화하는 움직임을 보이기 시작했다. 2019년 프랑스, 독일, 영국은 INTEX라고 불리는 유사한 지불시스템을 만들어 미 달러화표시 지불 네트워크인 SWIFT를 우회하고, 유럽 기업들이 미국의 제재를 유발하지 않으면서 이란과의 교역을 할 수 있도록 하였다.

●● 달러화에 대한 잠재적 대안

만일 있다면 어느 화폐가 21세기에 미 달러화를 밀어낼 수 있을까 하는 것이 경제학자들 사이에서 추측의 문제이다. 하나의 가능한 후보자는 유로화이다. 유로화는 1999년 유로존 국가들의 통화로 출범했는데 유로존은 현재 19개 국가가 회원이며 전체로서는 미국과 중국에 이어 세계에서 세 번째로 큰 경제체이다. 유로화의 출현으로 미 달러화의 지배력은 어느 정도 약화되었다. 2021년 5월의 국제통화기금(IMF) 보고서에 따르면, 유로화 출범 이래 중앙은행 보유 미 달러화 자산 비율은 71%에서 59%로 12%나 감소했다. 유로화는 중앙은행 보유고의 21%를 차지하고 있다. 그러나 기축 통화로서의 유로화의 역할은 다음 사실들로 인해 제한되어 있다. 즉, 유로존의 채권시장은 미국의 채권만큼 규모가 크거나 유동성이 있지 않다는 점과 미 국채에 상응하는 유로화 표시 안전 자산이 없다는 점이다. 비록 유로존에서 대규모 채권 발행을 통해 보유 자산으로서의 유로화의 매력을 높이겠다는 야심찬 계획을 발표했지만 현실은 그러하다.

지불 화폐로서의 유로화는 인상적인 역할을 보여주고 있다. IMF에 따르면 국제 수출 송장 비율에서 유로화 거래는 약 46%를 차지하고 있다. 그런데 유로존 내부의 교역은 대부분 유로화로 이루어지기에 이러한 역내 거래가 유로화로 표시된 거래의 80%를 차지한다. 그렇기에 IMF는 지불 수단이라는 측면에서도 유로화는 주로 유럽과 일부 아프리카 지역에서 사용되는 좀 더 지역적인 통화라는 점을 지적한다.

유로화에 이어 멀리 떨어진 3위의 기축 통화는 일본의 엔화이다. 엔화는 2020년 말 기준 국제외환보유 통화로서 6%를 차지했으며 영국 파운드화(4.7%)와 중국 위안화(2.25%)가 뒤를 잇고 있다.

이들 중 많은 경제학자들은 이제 중국이 세계 1위의 교역국이 되었기에 위안화(런민비)의 미래가 밝을 수 있다고 본다. 그러나 기축 통화로서의 위안화의 역할은 아직도 많은 장애에 직면해 있다. 화폐가 자유롭게 태환되지 않고, 자본 유출에 대한 통제가 있으며, 고정 수익 시장으로의 접근이 불확실하고, 신뢰할 수 있는 제도적인 견제와 균형의 부재 또는 외국 투자자 사이에서 법의 지배가 부재하다는 인식 등이 그러한 예이다.

그러나 지불 수단으로서 위안화의 미래는 밝다. 2018년 중국은 위안화 표시 원유 선물 계약을 출범시켜 자국의 통화로 상품 거래를 할 수 있는 가능성을 넓혀 놓았다.

중국은 많은 국가와 위안화로 양자 간 지불 방식을 정하고 있는데 특히 일대일로 정책(BRI)에 포함된 국가들을 대상으로 중국 기업이 간여된 사회기반시설 프로젝트에 위안화 표시 대출을 제공하고 있다.

중국은 또한 약 40개 국가의 중앙은행과 양자 간 스왑 합의를 만들어 그들 국가가 자국 통화를 담보로 맡긴 후 낮은 이자율로 위안화로 표시된 유동성에 접근할 수 있도록 했다. 그럴 경우 이들 국가는 좀 더 용이하게 중국 제품을 구입할 수 있다. 위안화가 널리 쓰이게 됨에 따라 IMF는 위안화를 IMF의 통화인 특별인출권(SDR)을 구성하는 바스켓 내에 포함시켰다. 특별인출권에는 달러화와 함께 유로화, 엔화, 그리고 파운드화가 포함되어 있다. 2020년에 중국은 디지털 런민비를 실험하기 시작했다. 일부 분석가들은 디지털 런민비가 국경을 넘는 거래를 간편하게 해줄 것이며 해외에서의 중국 화폐 사용을 더욱 증대시켜줄 것이라고 믿는다.

중기적으로 보았을 때 가격변동을 최소화하도록 설계된 (stablecoin) 민간 발행 디지털 통화인 태더(Tether), 유에스디코인(USD Coin), 다이(Dai) 등은 제 1세대 암호 자산인 비트코인(Bitcoin)에 비해 변동성이 적은 관계로 국제적인 역할을 할 가능성이 있고 심지어 보유자산의 지위도 가질 수 있다. 그러나 이들 화폐는 점차 속도가 붙고 있는 중앙은행이 발행한 디지털 통화와 경쟁해야 하는 상황에 직면할 수 있다.

그렇지만 가까운 미래에도 미 달러화는 세계에서 가장 신뢰 받는 통화로 남을 것이며 달러화의 지배력은 계속될 것으로 보인다.

비크람 카나(Vikram Khanna)는 싱가포르의 선도적 신문인 스트레이츠 타임즈지의 부편집인이자 경제 문제 평론가이다. 1993년 싱가포르 프레스 홀딩스에 들어오기 전까지 미 워싱턴 D.C.소재 국제통화기금에서 7년간 근무했다. 그는 영국 캠브리지 대학에서 경제학을 공부했다. 그의 저서로는 역풍과 위험: 대중영합주의 시대의 경제적 스냅 사진(Headwinds and Hazards: Economic Snapshots in an Age of Populism, Straits Times Press, 2019)이 있다. 그는 또한 싱가포르 이코노믹소사이어티 (Economic Society)의 부회장이다.

미국 민주주의에서의 시민 사회

쿠옥 키안 운
(Kwok Kian-Woon)

프랑스인 알렉시스 드 토크빌(1805~1859)의 이름은 미국에서 "시민 사회"를 논의할 때 자주 호출된다. 젊은 귀족이었던 그는 1830년대 초에 미국의 여러 지역을 여행하면서 많은 미국인과 대화하고, 문서를 공부하고, 직접적인 관찰을 했다. 그의 고찰들은 미국의 민주주의(Democracy in America)라는 책자로 편찬되었다(제1권은 1835년, 제2권은 1840년 발간). 미국 민주주의가 어떻게 작동하는지에 대한 분석에서 토크빌은 광범위하고 장기적인 의제를 제시했다. 그는 귀족주의가 쇠퇴하는 것은 되돌릴 수 없는 현실이며 보다 평등한 상태로의 움직임인 민주주의의 발흥 역시 "되돌릴 수 없는 것"으로 보았다. 특히 유럽에서의 봉건 질서가 흐트러지고 있었던 상황에서 평등과 물질적인 행복에 점차 더 높은 가치를 부여하는 현상에 대한 희망과 두려움을 분별해 보고자 했다. 그의 시대 이후 전 세계의 수많은 사회가 민주화를 이룬 가운데 토크빌의 작품은 사회의 분열과 정치적 양극화가 새로운 정점에 도달한 현 시점의 미국까지 포함하여 민주주의의 운명에 대해 생각할 수 있는 출발점을 제공한 명작으로 남아 있다.

　미국은 생기 넘치는 민주주의의 모범적인 사례 연구 대상이었다. 정말로 평등이 시민들에게 "자유주의 제도의 맛을 느낄 수 있게" 해주었고 결사의 자유가 매일 이루어지는 "지구상에 단 하나밖에 없는 국가"였다. 대체로 조건의 평등과 결사의 자유가 중요하다는 토크빌의 분석은 투표권이 없었던 미국인들에게는 적용되지 않는 것이었다. 그는 미국의 남북전쟁(1861~1865)과 그 이후 시대를 목격할 만큼 오래 살지 않았다. 그러나 그는 책에서 가장 긴 장을 "세 인종(백인, 흑인, 원주민)"의 상대적인 위치에 대해 할애하고 있으며 미국이라는 연합을 위협하는 위험에 대한 예지력 있는 토의로 마무리 짓는다. 오늘날의 관점에서 보면, 원주민("인디안"이라 부르고 "야만인"으로 인식)의 토지와 문화에 대한 강탈(실제로 거의 절멸)과 아프리카인의 노예화에 대한 그의 기술은 충분히 비판적이지 않다. 토크빌은 노예제도의 야만성을 "인류의 모든 권리"에 대한 위반이라고 지칭했고, 그와 같은 압제는 민주주의적 자유 속에 오래가지 못할 것이라는 시각도 가지고 있었으나 결국 인종별 계급관을 유지하고 있었다.

　"시민사회"라는 용어는 개인과 국가 사이의 영역 및 개인적으로 추구하는 것과 국가적인 사안 사이의 공적 또는 시민적 영역을 지칭하며 광범위한 자발적, 비공식적, 독립적인 결사를 포함한다. 토크빌은 이런 결사에 생동감을 부여해주는 몇 가지 단어를 반복적으로 사용했는데 발상(ideas), 견해(opinions), 습관

(habits), 느낌(feelings), 정서(sentiments), 본능(insticts), 도덕(morals), 사회적 관습(mores) 등이 그것이다. 특히 사회적 관습(moeurs 또는 mores)이 핵심적인 용어로서 "사람들의 전반적인 도덕적/지적인 상태"나 민주적 생활을 유지시키는 "마음의 습관"을 지칭한다.

책의 중심 논지는 자치정부 형태로서의 민주주의는 법의 지배, 권력 분립, 선거와 같은 체계적인 틀을 필요로 하지만 민주주의가 건강히 기능하기 위해서는 민주주의를 "하나의 생활양식"으로 만들면서 매일의 실천과 사회적 상호작용을 인도하는 어떤 사회적 관습 및 규범이 뒷받침되어야 한다는 것이다. 이런 사회적 관습 중 가장 중요한 것은 모든 종류의 자발적 결사를 만드는 습관이다.

토크빌은 "정치적" 결사와 "시민사회" 결사를 분명하게 구분하지 않았다. 결사의 권리는 특정한 국가 입법에 반대하는 공적 견해를 동원코자 하는 일반 시민들에 의해 사용되었다. 그렇기에 토크빌은 정치적 토론이 널리 가능할 수 있기 위해서는 자유 언론의 역할이 핵심적이라는 점을 강조했다. 그러나 동시에 일반 시민들은 시민사회를 결성하기 위해 결사의 자유를 실행했고(예를 들어, 교회, 클럽, 전문가 조직 등), 자기 거주 지역 및 이웃이 공통적으로 직면하고 있는 문제들을 처리했다. 토크빌은 이러한 관례들을 "결사의 예술"이라고 지칭했고 또한 "근본적 과학"이라고 생각했다. 더욱이 그는 결사를 학교에 비유했는데 그

곳에서 시민들은 공통의 목표를 달성하기 위해 남들과 함께 일하는 것을 "무료로" 배우는 것이라고 했다.

이 예술의 핵심이 되는 것은 "잘 이해된 자기 이익"이라는 구절에 압축되어 있는 "교리(doctrine)"로서 이는 자신의 행복을 동료 시민들의 행복 사이에 자리매김하게 하는 것이다. 이러한 상호의존 의식, 일반적 이익에 대한 지향, 그리고 "공적인 업무에 대한 배려"가 개인주의와 사회적 고립(사생활로 물러나려는 것)으로 가려는 강한 경향을 완화시켜 주었다. 개인주의와 사회적 고립은 조건의 평등이 증대되고 물질적인 진보에 대한 갈망이 커질수록 발생하며 오늘날에는 자립 또는 자력과 같은 능력주의 원칙에 기반한 사회적 유동성이 커질수록 생겨난다.

토크빌은 개인주의를 견제하는 균형추가 필요함을 강조하면서 원주민의 강압적 이주나 흑인의 노예화에서 잘 나타난 무력화된 소수에 대한 "다수의 횡포"라는 위협을 늘 마음속에 두었다. 그는 또한 사회적 평등과 정치적 자유 사이의 갈등 문제로 씨름했다. 즉, 평등에 대한 갈망이 자유에 대한 사랑을 약화시키지 않을까, 집행 권력의 중앙 집중화에 의해 발생할 수 있는 권력의 남용과 부패에 의해 자유가 손상되지 않을까 두려워했다.

제2권을 마치면서 그는 새롭고 "더욱 광범위하며 더욱 부드러운" 형태의 압제정치가 민주주의 내에 배태되어 있다는 것을 상정했다. 이는 폭력에 의존하던 이전시대의 억압적이고 전제적인 지배와는 또 다른 "엄청난 후견적인 힘"을 의미하는 것이었다. 대신에 이 후견적인 힘은 자신의 세계에만 고립된 개별 시민에게 공적 생활에 대한 적극적인 참여를 요구하지 않으면서도 효과적으로 안전을 제공하고 물질적 욕구를 충족시킴으로써 "생각의 귀찮음이나 생활의 고통"을 덜어준다. 민주적인 관습을 상실한 무기력하고 무관심한 시민들은 권력이 혐오하는 진공상태를 만들어낸다.

●● 사회적 자본의 지속적인 침식

토크빌 이후 미국 사회는 남북전쟁의 시대로부터 1930년대의 뉴딜 사회로 변모했고, 1960년대의 민권운동 시대로 이어지면서 평등에 대한 격동적 투쟁이 진행되고 있음을 보여주었다. 미국의 시민 사회는 21세기 초반에는 어떻게 헤쳐 나왔을까?

이러한 질문에 답변하기 위해 미국의 정치학자 로버트 푸트남(Robert Putnam)의 두 연구인 "홀로 볼링하기: 미국 사회의 붕괴와 부활(Bowling Alone: The Collapse and Revival of American Community, 2000)"과 "상승세: 미국은 백 년 전 어떻게 하나로 합쳤으며 우리는 어떻게 다시 합칠 수 있는가(The Upswing: How America Came Together a Century Ago and How We Can Do It Again, 2020 미국의 사회적 기업인인 쉐이린 롬니 개러트와 공저)"를 살펴보고자 한다. 토크빌을 흉내내어 푸트남은 민주적 관습과 유사한 용어이자 상호 이익을 위한 시민적 관여를 뒷받침하는 사회적 유대감인 소위 "사회적 자산"이 지속적으로 침식되고 있다는 점을 강조했다. 이러한 침식 현상은 그의 첫 번째 책의 제목에 잘 나타나 있다. 볼링은 1980년대부터 취미활동으로 더욱 인기가 많아졌지만 조직화된 볼링 단체의 수는 크게 줄어들었다. 이러한 현상은 결코 사소한 지표가 아니었다. 예를 들어 유권자의 투표율, 공적 회의에의 참석률, 매주 교회 참석률, 노조의 회원 수, 지역사회 집단에의 참여율 등이 감소하고 있기 때문이다. 푸트남은 환경 문제나 페미니스트 대의에 전념하는 새로운 조직에서의 회원 수는 증가했다는 것을 인정한다. 그러나 전통적인 시민사회와는 달리 이들 조직 내 대부분의 회원들은 대면 상호작용을 하지 않는다.

그들의 2020년도 책자에서 푸트남과 개러트는 토크빌이 미국 전역을 여행했으면 발견할 수 있었을 것들에 대해 질문하고 이에 대한 개괄적인 답변을 제시했다. 과거에 비해 미국은 대량 소비 및 교육기회의 확대에서 나타나듯 상대적으로 높은 수준의 번영과 물질적 행복을 누리고 있다. 그러나 경제성장의 과실과 기술적 혁신이 지속적으로 불평등하게 분배되어 왔고, 구조적 불평등을 영속시키고 중산층의 불안을 가중시켰으며, 특히 하층 계급, 임금 노동자, 여성, 젊은이, 이민자, 그리고 유색인종 내의 세대 간 빈곤과 같은 취약성을 악화시켰다. 기업 권력과 개인주의의 이념은 전체 국민들의 유대를 저해할 수밖에 없는 이익 극대화와 이기심에 초점을 맞추고 있다. 아울러 여러 부문의 국민들은 인종과 당파적 노선에 따라 분열되어 있어 정당들도 공동의 결정을 내리기 위한 콘센서스와 타협에 도달하지 못한다. 이념적 양극화는 반대 진영의 시민들을 적으로 만든다. 이는 소셜미디어를 포함하여 모든 출처로부터의 과도한 정보에 의해 악화되며 각 개인들이 사실, 견해, 그리고 진실을 평가하기 어렵게 만든다.

정말로 "가짜뉴스"와 "음모 이론"의 확대로 인해 공개 담론에서 의미 있는 관여를 위한 공통의 틀이 존재하지 않는다. 소수자와 이민자들에 대한 불신과 인종차별의 확산에 대해 도덕적인 통제를 하지 못한 채 잘못된 정보들은 이분법적 세계관을 계속 강화시키고 있다.

푸트남의 관찰 중 많은 내용이 도널드 트럼프 대통령의 임기 중(2017년 1월~2021년 1월) 최대한도로 나타났으며 이중 최악은 2021년 1월 6일 국회의사당에서의 반란이었다. 미국 민주주의의 높은 이상을 상징하는 국가 건물 내에서 선출된 대표 및 공직자에 대해 협박하고 폭력을 사용하는 등 여러 측면에서 볼 때 이는 미국의 역사에서 전례가 없던 일이었다. 미국에서 공권력에 의한 폭력은 다양한 형태를 띠고 있다. 2020년 5월 조지 플로이드의 살해와 같은 흑인에 대한 경찰의 잔인한 행위는 흑인의 생명도 소중하다는 운동을 촉발시켰으며 미국 내 오랜 인종차별에 대한 인식을 크게 제고시켰다. 국회의사당에서의 폭동은 군중 행동이었다는 측면과 함께 뜻을 같이하는 우익 단체 간에 조율이 느슨했다는 측면 모두를 가지고 있었다. 아울러 민주적 사회 관습이 사실은 무례하고, 공격적이고, 폭력적인 성향을 가질 수 있다는 것을 보여주었다. 근본적 이유나 폭동(현직 대통령이 2020

년 선거는 자신과 지지자들로부터 불법적으로 강탈한 것이라고 거짓말을 전파하는 선동까지 포함)에 이르게 된 유발 인자에 대한 포괄적인 이해를 하려 하지 않고 동 폭동이 미국 시민 사회의 와해를 의미하는 것이라고 설명하기 쉽다. 상이한 이념적 신념을 가진 시민들이 토론을 할 수 있는 어떠한 여지도 남기지 않은 채 그냥 폭력을 사용했기 때문이다.

●●시민사회의 반응

그러나 미국의 시민 사회가 소진되었다는 추측은 시기상조이다. 국회의사당에 대한 공격은 일탈행위로 치부되기는 어렵다. 그 공격은 미국 사회 일각의 좌절과 함께 미국이 평등과 자유를 동시에 추구하고 개인적 이익과 집단적 목표를 함께 추구하는 데서 오는 모순이 표출된 것이다. 미국의 시민 사회는 국가적 위기가 닥칠 때에 광대한 시민 자원에 의존하곤 했다. 인종차별주의에 대한 투쟁은 계속되고 있지만 그 양태는 과거 대규모 항의로부터 요즈음은 모든 이에게 정의와 평등을 약속하는 미국의 정신을 재확인코자 시민사회가 주도하는 지역사회의 노력으로 변화하고 있다. 한편, 코로나 바이러스 대역병은 미국 사회에 만연한 불평등이라는 치부를 그대로 드러냈다. 중앙 정부가 지역적 차원에서 효과적으로 대응하지 못할 때 수많은 기존의 그리고 새로운 시민 사회가 개입하여 피난처나 음식을 제공하는 등 취약계층이 필요로 하는 것들을 해결해 주었다. 앞으로 시민 사회는 분열된 미국 사회를 손질하기 위해 할 일이 많을 것이다. 물론 구조적인 불평등과 인종차별주의의 해소를 위해 불가결한 정부의 역할도 함께 가야 할 것이다.

미국의 민주주의가 지속될 수 있을 것인가에 대한 조심스러운 논쟁이 있을 수 있다. 그러나 이는 시민들이 서로서로를 적으로 취급하지 않는 것을 전제로 한다. 미국인들은 아브라함 링컨 대통령이 남북전쟁이 시작되기 약 한달 전인 1861년 3월의 취임식 연설에서 행한 권고를 기억할 것이다. "비록 감정이 상했다고 서로 애정의 유대관계를 끊어서는 안 됩니다." 시민들로 하여금 "선량한 본성에 의해 영향을 받도록" 강력히 권고하는 미국의 시민 사회 조직에 많은 것이 달려있다.

쿠옥 키안 운(Kwok Kian-Woon) 교수(미국 UC Berkeley 대학 사회학 박사)는 싱가포르 난양공과대학교의 사회과학대학 교수이다. 그는 난양공대에서 사회학과 학과장, 대학평의회 의장, 학생생활담당 부총장보, 복지담당 부총장보 등을 역임했다. 그의 연구대상으로는 사회적 기억, 해외의 중국인, 정신건강, 아시아의 근대화 등이 있다. 그는 싱가포르 유산위원회, 이종문화 공연장 위원회, 테멘공 상주작가 유한회사(Temenggong Artists-in-Residence Ltd)의 이사로 재직해 왔으며 국가예술위원회와 국가유산위원회 산하 여러 위원회의 이사로 활동하고 있다.

●● 10

트럼프 현상: 미 중산층의 복수

니말 고쉬(Nirmal Ghosh)

    자주 불안해하고 분열되기도 하는 초강대국에서 2015년 1월 16일 69세의 나이에 도널드 트럼프가 자본주의의 메카인 맨하탄의 중심부에 있는 자신의 이름을 딴 호사스러운 건물의 호사스러운 현관에 에스컬레이터를 타고 연극하듯이 내려와 슈퍼 모델 출신 세 번째 부인을 옆에 두고 대통령 출마를 선언했을 때, 꾕장히 많은 미국인들은 그를 아메리칸 드림의 화신으로 생각했다.

    맨하탄에서 그리고 미국에서 진녹색 채소인 케일을 먹고 수비드 방식10)의 요리를 즐기는 연안 지식인들(coastal intellectual elites)은 이스트 리버 건너의 퀸즈 출신으로 빅맥과 감자튀김을

---

10) 수비드(sous vide)는 프랑스어로 '밀봉된 진공하에서'라는 의미로 영어로 하면 under vacuum이라는 의미이다. 밀폐된 비닐 봉지에 담긴 음식물을 정확히 계산된 온도의 물로 천천히 가열하는 조리법이다. 고기류에 쓰이는 물은 55°C에서 60°C까지 데우며 채소는 그보다 더 높은 온도로 데우는 등 재료별로 온도를 달리하는데 길게는 음식물을 72시간 동안 데운다. 수비드는 음식물의 겉과 속을 골고루 가열하는 목적과 음식물의 수분을 유지하는 목적이 있다.

좋아하며 화장실을 금으로 꾸민 이 억만장자에 대해 오랫동안 껄껄 웃어댔다. 전문가들은 그가 천박하다고 생각했다. 심지어 바로 그날의 행사 취재를 위해 언론 매체 한 곳에서만 인턴 한 사람을 내보냈다. 많은 사람들이 그 순간을 비현실적인 것으로 묘사했다.

그러나 그는 비옥한 토양 위로 떨어졌다. 하나의 미국이 아닌 많은 미국이 있었던 것이다. 다른 미국인들에게는 트럼프의 호소가 카리스마 넘쳤고 본능을 자극했다. 현실에 안주하면서 정치관료 엘리트라는 직책을 가진 사람들은 미국이 중국에 경쟁력을 잃어감에도 자신들의 이름만을 날리고자 하고, 미국인들을 먼 곳의 전쟁터에서 헛된 죽음으로 내몰며, 현실 바깥에서 춤추고 (예를 들어, 러시아하고 한번 해볼 수 있지 않나라고 하거나 대만 총통으로부터 전화를 받을 수도 있지라고 이야기하는 것 등), 더욱이 미국인들이 인종차별을 했던 자기 자신의 역사를 더 잘 알기를 희망하였는데 그는 이에 적극 도전하는 개성이 강한 국외자였다.

견습생(The Apprentice)이라는 쇼는 도널드 트럼프를 누구나 아는 이름으로 만들어 주었다. 2005년 템파베이 타임스지는 이 쇼를 고혹적인 열망으로 엮여있고 자연도태라는 다윈주의에 기반하고 있는 프로라고 묘사했다. 언론에 능숙하고 미스 유니버스대회 등을 통해 세계적인 명사로 가꾸어진 트럼프는 시청률과 분노에 목마른 언론을 잘 주무르는 건방지면서도 자신만만한 명수였다.

●● 우파의 매력을 끌어안기

그는 자기 자신의 개인적 부를 강조했을 뿐만 아니라 이를 과시했다. 많은 사람들에게 이는 어리석은 짓이었지만 또 다른 사람들에게는 수표를 끊어주며 워싱턴의 전통적 정치 생태계를 작동시키는 특수 이해관계에 신세질 필요가 없는 사람임을 의미했다.

그는 또한 개인적 카리스마가 있었으며 상대방을 무장해제 시키듯 단도직입적으로 끌어안았고 집회에 모인 많은 군중들의 정서를 좌우했다. 이러한 집회는 그의 2016년도 선거운동에 산소와 같은 역할을 했다.

우파언론으로부터의 과찬은 최대한 즐기면서 끊임없이 언론을 약화시키려는 그의 행태는 오랜 기간 모든 정치 성향의 국민들이 동일하게 언론을 불신하던 미국 사회를 엄습했다. 몇 번이고 되풀이해서 그는 자신의 집회에 참석한 군중들이 언론사 기자들에게 야유를 퍼붓도록 자극했다. 군중들은 환호하며 이에 따랐고 적지 않은 위험도 했다. 이 대중영합적인 쇼맨을 경멸까지는 아니더라도 회의적으로 보던 진보 언론들은 이 집회의 에너지와 열정을 놓쳤거나 아니면 무시했다. 군중들은 그가 말한 모든 단어에 열광했고 멕시코 국경에 장벽을 세우겠다는 것과 같은 비록 단순하더라도 솔직하게 약속된 해법에 환호했다.

지난 8년간 유려한 언변으로 교수처럼 이야기하는 아프리카계 미국인 버락 오바마의 이야기를 들었고, 공장의 일자리를 아시아(주로 중국)로 빼앗겼으며, 사회적 관습이 점차 진보적으로 변하는 것을 목도했던 분노하고 불안했던 사람들은 도널드 트럼프가 똑같이 유창하지만 바로 자신들의 언어인 다른 언어를 사용한다고 느꼈다. 그는 침체된 소 도읍에서 일자리 불안과 변화하는 주변세계에 우려하던 수백만의 "잊혀진 미국인들"의 감정을 알아보았고 확인해 주었다. 도널드 트럼프, 오직 그만이 이러한 것들을 변화시킬 수 있었다. 오직 그만이 위협적인 사회주의적 물결을 되돌릴 수 있었다. 오직 그만이 "우리나라를 되돌릴 수 있었다."

그의 말은 두려움을 부추겼다. 그는 중국을 비난하고, 이민자를 비난했으며 자유진보적 엘리트들을 비난했다. 그는 미국인을 애국자(자신을 좋아하는 사람)와 반역자(자신을 좋아하지 않는 사람)로 구분했다. 호소는 자기편에 대해서만 행해졌고, 민주당과 공화당은 모두 멈출 수 없이 극단으로 표류했으며, 어느 쪽도 상대편에 대해 경청하고 싶어 하지 않았다.

외국인과 소수자에 대한 편견과 불만, 그리고 사실이거나 상상 속에 있는 적에 대한 두려움이 오랫동안 미국 사회와 정치를 관통하는 특성이었다.

도널드 트럼프는 오랫동안 진행되었지만 주도하는 사람이 없었던 시류에 편승하여 올라탔다. 그는 지휘권을 잡고 놀라울 정도로 부정확한 사실을 전하는 목소리로 방향을 제시하면서 정치적으로 케케묵은 생각을 공격하고 오물과 같은 워싱턴의 부패한 정치 관료 기성집단을 청소하겠다는 약속을 했다.

그는 정치 엘리트나 유명인사들에게 분노를 표출했는데 왜냐면 이들이 근면한 미국인을 시골뜨기나 시골노동자로 고정관념화시키며 경멸해 왔기 때문이다. 그가 공개적으로 말하지는 않아도 모두 다 알고 있는 숨겨진 메시지는 바로 백인 미국인들에 대한 호소였다. 후보가 부추겼고 2016년 도널드 트럼프의 완승에 가장 결정적으로 중요한 기여를 했던 두려움과 불안함의 근저에는 실제로 진행 중인 인구통계학적 변화가 자리하고 있었다. 이는 오랜 시간 미국에서 진행된 특성이었지만 조만간 진정한 지각변동의 시점이 예정되어 있는 것이기도 했다.

1980년부터 2000년 사이에 미국 인구 중 백인의 비율은 10%나 감소했다. 2019년에는 9%가 더 감소하여 60.1%가 되었다. 이는 비영리 공공정책 연구기관인 브루킹스 연구소가 2020년 인구통계 자료를 분석하여 보고한 자료에 나와 있다. 2045년 부근에 이르게 되면 백인은 더 이상 과반수를 넘지 못할 것이다.

트럼프 지지 기반의 근간이 되는 인종 국수주의자들은 과거의 미국으로 돌아가길 희망했다. 거기에는 백인 스스로가 미국을 개척하는 핵심적 선구자였고, 직업 안정성이 보장되었으며, 소수자와 여성들은 자신의 위치를 알고 있었고, 양 해안 지역의 "깨 시민" 진보 엘리트들에게는 그들의 자리가 안내되는 미국이었다.

감정과 본능은 명백히 상호 모순적으로 나타났다. 도널드 트럼프는 억만장자임에도 오히려 자신의 땅에서 재산을 빼앗기고 자리에서 내쫓기거나 곧 그렇게 될 것이라고 느끼고 있는 지지층을 대변했다. 그의 개인적 생활은 완곡하게 말해 화려했지만 그는 성경책을 쥐고 흔들었다.

그의 이념적 기반이라고 해야 시대상황에 편리한 것이라면 무엇이든 취하는 것이었지만 그는 정치적 스펙트럼의 우익에 있는 폭넓은 지지자 연합을 위해 연설하고 다가갔다. 예를 들면, 낙태에 반대하는 흑인 복음주의자, 피델 카스트로의 공산독재를 피해 도망 온 쿠바이민 1세대, 심지어 공산주의를 두려워하고 중국에 강한 모습을 보이는 그를 좋아하는 베트남계 미국인들도 대상이었다.

하나의 일화로서 많은 합법적 이민 1세대들조차 불법이민에는 단호한 조치를 취하는 것이 바람직하다고 동의하지 않을 수 없었다. 대부분 백인 기독교인으로 구성된 트럼프지지 계층에서는 무슬림들에 대한 동정심은 없었다. 아울러 누가 사악한 엘살바도르의 갱단 마라 살바트루차(일명 MS13)를 소탕하는 데 반대하겠는가? 그리고 부자와 기업에 혜택을 주는 세금 감면, 총기소유에 대한 강력한 지지를 통해 경건한 삶을 살거나 대체로 총기소유 찬성 투표자인 핵심지지층은 그에 만족해했고 부자 공화당원들도 마찬가지였다. 비록 그가 주기적으로 전쟁 영웅 존 매케인을 포함한 공화당 정치인들을 그들의 명성에 개의치 않고 혹평을 하곤 했지만 말이다.

온건중도의 공화당원들은 트럼프의 어떤 측면에 대한 불편함을 감내코자 했고 트럼프가 버지니아주의 샤롯츠빌에서 발생한 폭동을 설명하면서 "양쪽 진영의 매우 훌륭한 사람들"이라는 궤변을 늘어놓으며 악명 높은 언급을 했을 때에도 윙크를 하고 고개를 끄덕였다. 주지하다시피 2017년 8월 발생한 샤롯츠빌 폭동은 백인우월주의자들이 그곳에서 행진하면서 유태인들을 비난하고, 남부연맹군 장군의 동상 제거 계획에 항의하면서 발생했다.

도널드 트럼프의 호소는 색다른 것이 아니었다. 일부는 뜨거운 열망에 의한 것이었고 일부는 분명 더 나았던 시대에 대한 향수로 설명될 수 있는 것이었다.

필리핀에서는 미국이 지원했던 독재자 마르코스와 현란했던 그의 아내 이멜다가 1986년 몰락한 이후에도 상당 기간 동안 많은 사람들이 이멜다를 흠모했다. 본질적으로 많은 사람들은 그녀처럼 되기를 원했다. 아름답고, 부유하며, 영향력이 센 사람 말이다.

태국에서는 통신업계의 거물 탁신 시나와트라가 농촌, 특히 북동부지역 농촌 대중들에게서 정치적 기회를 발견했다. 이들은 오랜 기간 방치되었고 더 나빴던 것은 미국의 동·서부를 가로질러 비행할 때에나 볼 수 있는 중부 지역(flyover state)의 사람들처럼 실제 방콕의 왕당파 관료주의자들에 의해 무시당하며 살아왔다. 도널드 트럼프와 마찬가지로 탁신 시나와트라도 국외자였다. 도널드 트럼프처럼 그도 기업인이자 기회주의적인 사업가였으며 관례와는 관련이 미미했다. 그는 2001년부터 군사 쿠테타로 실각한 2006년까지 태국의 총리를 역임했다.

●● 지배 엘리트의 현실 안주

도널드 트럼프가 위로 올라설 수 있었던 것은 미국 지배 엘리트들의 현실 안주 때문이기도 했다. 이들 엘리트에는 공화당원들도 포함되며 그들의 당을 트럼프가 접수해 버렸다.

미 중서부 러스트 벨트(Rust Belt: 사양화된 공업지대) 도시들의 쇠락에 대해서는 많은 자료에 기록되어 있다. 그러나 이런 현상이 정치적으로는 무슨 의미를 갖는가에 대한 인식은 확립되지 못했다. 또는 여러 이유들로 인해 워싱턴에서는 현재의 진로를 조정하려는 의사가 없었다. 워싱턴에서는 고질적인 입법 정체가 연방정부에 대한 신뢰를 잠식했는데 미국 DNA의 일부라 할 수 있는 연방정부에 대한 회의론 때문이었다.

2016년 도널드 트럼프는 일반 유권자의 투표수에서는 밀렸지만 선거인단 수는 306표를 획득하여 232표의 힐러리 클린턴에 앞섰다. 많은 사람들은 그녀가 선거 운동에서 승리의 분수령이 된 핵심 중서부 주들의 중요성을 간과했음을 비판했다. 다시 한 번 살펴볼 때 근본적인 오류는 어떤 현실 안주적인 성향과 심지어 어떤 특권 의식이 있었기 때문이었던 것으로 보인다.

남북전쟁의 유령이 아직도 맴돌고 있는 미국에서 끓어오르는 분노로 인해 많은 사람들이 트럼프를 지지했다. 그가 사실상 공화당을 접수한 상황이었기에 그의 개인적 지지기반을 만드는 것은 놀라운 일이 아니었다.

자신들의 과거 또는 현재의 성취를 근거로 어떤 지위나 문화적 영향력을 주장하는 집단들은 그 주장이 안전하지 않고, 공격을 받게 되거나, 실제 약화되고 있다고 느낄 경우 기존의 정치적 제도에 등을 돌리게 된다고 1969년 미국의 정치학자 세이모어 마틴 립셋(Seymore Martin Lipset)은 언급했다.

강한 남자, 즉 미국의 세계화 정책을 철저하게 변화시킬 배짱이 있고, 이라크와 시리아에서 이슬람 국가 테러 그룹(ISIS)을 최종적으로 패배시키며, 지구 다른 편에서 벌어지는 의미 없는 유혈 소모전으로부터 젊은이들을 데려오고, 갱들을 일소하고, 불법이민자를 발견하여 내보내고, 세계무대에서 허튼 짓 하지 않고 당황하지도 않는 새로운 미국을 구현할 것 같은 이 남자의 호소력은 강력했다. 민주당 정부에 패배할지 모른다는 두려움, 보수층의 낙태 금지 옹호, 대법원에서의 균형이 보수 쪽으로 기울도록 보수계 판사를 임용할 기회 등에 따라 호소력은 커졌다.

보수 우파들에게는 도널드 트럼프가 여러 맞물린 복합적인 요소들의 그물망을 서로 연결시키고, 중산층 미국인들을 위해 일반국민들과는 동떨어진 워싱턴의 비생산적 정체상태를 풀고 뒤집어 버릴 수 있는 바로 그 사람이라고 생각되었다. 전통적인 공화당원들은 그의 지나침을 애써 무시했는데 상당 부분 그의 정책들이 자신들의 이념과 일치하는 것이었기 때문이었다. 즉, 보수 성향의 판사, 낮은 세금, 규제 완화와 같은 정책들이다.

미국이 더욱 다양화되어 감에 따라 지지기반이 줄어들고 있는 (공화)당으로서는 유권자들의 무조건적인 충성을 이끌어내고 그들을 동원하는 트럼프의 능력은 위험하지만 강력한 마약이었다. 내재되었던 위험은 2021년 1월 6일 그를 광란적으로 지지하는 무리들이 그의 부추김에 따라 경쟁자이던 조 바이든이 선거 승리자로 인증받지 못하도록 국회의사당의 난동으로 드러났다.

선거를 도둑맞았다고 고집하는 그의 주장에 반대한다는 것은 그의 개인적인 분노와 보복을 불러오는 것이었다. 그래서 대부분의 공화당 내 남녀 의원들과 상원의원들은 거짓과 함께 가는 것이 정치적으로 보다 편리할 것 같다는 계산 하에 트럼프에 맞서지 않았다.

미국은 아직도 불안정한 상태에 있다. 민주주의는 흔히 아슬아슬하며 규범과 전례를 존중하는 것에 크게 의존한다. 민주주의를 흔드는 데는 이러한 것들을 존중하지 않는 대중영합적인 사람이 있으면 충분하다. 트럼프주의는 도널드 트럼프보다 더 오래 지속될 것이다. 민주주의는 목표라기보다는 과정이기에 카리스마가 있는 지도자가 등장하여 대중의 불만을 활용하고 자기를 권력에 앉히기에 충분히 많은 수로 구성된 인구 내 어떤 계층을 사로잡는 것이 언제나 가능하다. 특히 이런 것에 반대하는 사람들이 충분히 많은 숫자로 투표장에 나서지 않을 때에 더욱 그러하다. 이러한 대중영합적인 인물은 통상 신생 민주주의나 과도기적 민주 국가에서 출현해왔지만 미국에서도 그런 인물이 등장할 수 있다는 것을 도널드 트럼프가 보여주었다.

그리고 이러한 인물을 탄생시키는 내부의 불만과 인구통계학적 추세는 아직도 변함없이 유지되고 있다.

니말 고쉬(Nirmal Ghosh)는 스트레이츠 타임스지의 미국 지국장이자 다양한 수상 경력을 가진 작가, 언론인, 시인, 사진작가, 영화제작자 그리고 야생동물 보호론자이다. 그는 또한 초국가적 조직범죄에 대한 글로벌 이니셔티브(Global Initiative Against Transnational Organised Crime) 위원회의 위원이자 인도에서 야생동물 보호 운동을 하는 코르벳 재단(Corbett Foundation)의 이사이다. 그는 태국과 필리핀에서 해외특파원클럽의 회장도 역임했다. 그는 미국 하와이 동서센터의 졸업생이자 동 센터의 제퍼슨 펠로우이며 인도 정부의 코끼리 프로젝트(Project Elephant)의 전 운영위원이다.

●●● 11
백인 빈곤층

카리사 용(Charissa Yong)

2016년 도널드 트럼프가 대통령에 당선되기 1년 전, 경제학자인 앤 케이스(Anne Case)와 앵거스 디튼(Angus Deaton)은 우려할만한 경향에 대해 세간의 이목을 집중시켰다. 미국의 중노년층 백인들이 자살, 마약과 알코올의 과다 복용, 그리고 알코올 남용에 따른 병으로 죽어간다는 것이다.

가장 교육을 못 받은 사람들이 케이스 박사와 디튼 박사가 명명한 이 "절망의 죽음" 가운데 숫자상으로 가장 많은 증가세를 보였다. 그런데 그 증가율이 너무 급격하여 두 박사는 1999년에서 2013년 사이의 중년 백인들의 기대수명 연장 추세를 거꾸로 되돌릴 수밖에 없었다.

이는 미국 백인들에게만 특이하게 나타난 비참한 현상으로 어느 다른 부자 국가도 유사한 퇴보를 경험하지 못했으며 어느 다른 인종 그룹도 사망률이 뚜렷하게 쇠퇴한 경우를 보인 적이 없었다.

더 심각한 것은 중년기 사망자 숫자의 증가세가 중년기에 겪는 고통의 증가와 맞물려있다는 점이다. 설문 조사에 따르면 중년 백인 미국인들은 자신들의 육체적/정신적 건강 상태가 약화되고 있다고 답변했다. 그들은 걷기나 서있기와 같은 일상적 활동을 수행하는 데에도 많은 어려움을 겪고 있었다. 그들은 만성적인 통증을 앓고 있었고 일할 능력이 떨어졌다. 그들은 더 심하게 술도 마셨다. 한마디로 미국의 백인 노동 계층은 곤궁한 상황에 놓여 있었다.

대부분의 빈곤층 미국인은 백인들이다. 왜냐하면 백인들이 미국 내에서 가장 많은 다수를 차지하고 있기 때문이다. 미국 통계국이 발표한 자료에 따르면 2010년에 3,170만 명의 백인들이 빈곤층이었다. 이는 1,450만 명에 이르는 비백인 빈곤층의 두 배 이상이었다. 그렇긴 하지만 백인들의 빈곤층 비율은 다른 어느 인종들의 빈곤층 비율보다 낮았다. 다른 인종 사람들은 구조적인 인종 차별과 역사적인 불이익으로 발이 묶여 있었기 때문이다.

아시안계를 제외한 소수 인종 집단은 빈곤과 실업 비율이 높았으며, 소득 수준에서부터 저축, 자택소유여부, 부채에 이르기까지 부를 나타내는 여러 지표에서 더 나빴다. 흑인과 히스패닉계는 백인들보다 거의 두 배 이상 빈곤층 비율이 높았다. 미국 통계국 보도에 따르면 2019년도에 백인의 빈곤층 비율은 9.1%였던데 반해 흑인은 18.8%, 히스패닉계는 15.7%였다. 아울러 빈곤층 흑인들은 빈곤층 백인들보다 몹시 가난한 동네에 살 가능성이 훨씬 높았다.

비록 경찰의 잔혹행위나 높은 수감률과 같은 미국의 구조적인 인종차별의 최악의 행태로부터는 보호받고 있지만 백인 빈곤층은 아직도 미국 내 사회 경제적 사다리의 맨 아래층 칸에 존재하는 부인할 수 없는 하류층이다. 과거 수십 년 동안 이들 계층은 리스트벨트를 구성하는 동북부와 중서부 주의 산업쇠퇴로 인해 가장 큰 타격을 받아왔다. 공장들은 중국이나 여타 국가로 옮겨 갔고 제조업 부문은 공동화되었다. 그 결과로 제조업 일자리의 숫자가 급락했는데 이들 일자리야말로 교육을 덜 받은 사람들이 가난에서 벗어날 수 있는 믿을 수 있는 통로였다. 여기에 미국을 휩쓴 마약성 진통제의 과용/오남용의 위기(opioid crisis)[11]까지 더해져 많은 미국인들은 자신들의 미래가 암울할 것이라는 생각을 갖게 되었다.

그러나 하나의 정치 세력이라는 측면에서 보면 백인 빈곤층은 흔히 결정적인 자기 목소리를 갖고 있다. 백인 노동계층 유권자는 백인 부유층 유권자와 결합하여 트럼프에게 2016년 선거의 승리를 안김으로써 많은 진보 언론 인사들의 허를 찔렀다.

---

11) 오피오이드 위기(opioid crisis)라고 불리는 마약성 진통제의 과용, 오남용과 이에 따른 사망 현상으로 1999년부터 2016년까지 약 45만 3,300명의 미국인이 약물 오남용으로 사망했다. 비싼 의료보험에 따른 치료보다는 값싼 처방 약물에 의한 치료를 선호하는 빈곤층과 이익을 추구하는 제약회사의 이해관계가 서로 맞아 떨어져 나타난 현상이다.

●● "폐기물 같은 인간"에서 "백인 쓰레기"까지

하나의 계급으로서 백인 빈곤층의 역사는 1500년대 시점까지 추적해 나갈 수 있다. 영국 정부가 사회의 찌꺼기라고 여긴 "극빈자, 유랑자, 재소자, 채무자와 직업 없는 건장한 젊은이들"을 "폐기물 같은 인간"으로 분류하여 북미 식민지에서 일하도록 배로 실어 날랐을 때이다. 역사학자 낸시 아이젠버그(Nancy Isenberg)는 2016년에 출판된 그녀의 책 백인쓰레기: 400년간 이야기되지 않았던 미국의 계급 역사(White Trash: The 400-year Untold History of Class in America)에서 이를 밝히고 있다.

많은 사람들이 미국으로 도항을 위해 자기 노동력을 파는 연한(年限)계약 노동자(indentured servant)로서 일종의 노예계약을 했다. 그들은 미국에서 더 나은 생활을 꿈꾸었지만 엄격한 사회 계층 내의 밑바닥에서 토지를 소유하지 못한 노동 계층으로 심지어 흑인 노예들과 나란히 힘든 일을 함께 하는 계층으로 정착했다.

연한 계약 노동자들은 1700년대까지 사실상 토지를 소유할 기회를 갖지 못했기에 계약이 끝나면 다른 곳으로 이동하거나 지주들로부터 토지를 임대해야 했다.

점차 유랑하는 빈곤층들의 물결이 남부의 늪지대와 서부의 오지에 정착하게 됨에 따라 농촌으로의 이주가 시작되었으며 13

개 식민주가 영국에 반란을 일으키고 독립을 선언한 미국 독립전쟁(1775~1783) 이후 이러한 추세는 더욱 가속화되었다. 아이젠버그 박사에 따르면 1800년 시점까지 미국 인구의 약 1/5이 애팔래치아 산맥에서 미시시피 강 사이의 변경지역에 거주했다. 이러한 농촌 빈곤층이 오늘날 애팔래치아와 중서부 산맥지역에 거주하는 "시골뜨기(hillbillies)"나 남부 농촌 지역의 구릿빛 목을 가진 시골사람(redneck) 또는 조지아나 플로리다에 거주하는 시골 백인(crackers)[12]으로 조롱받는 이들의 선조가 된다.

백인 빈곤층은 흑인 노예들이 남북 전쟁(1861~1865)의 결과로 해방된 이후 생활 여건이 나아졌다. 토지 소유권을 확대시키려는 연방 정부의 정책은 자유를 찾은 흑인보다 백인 빈곤층에게 유리했으며 이들을 경제 체제 내로 편입시켰다. 역사학자 케리 리 메릿(Keri Leigh Merritt)은 2017년에 발간한 책자인 주인 없는 사람들: 백인 빈곤층과 전쟁 이전 남부에서의 노예제(Masterless Men: Poor White and Slavery in the Antebellum South)에서 이를 잘 설명한다. 그녀의 설명에 따르면, 비록 "천민으로 시작했지만" 전쟁 이후 못살던 백인들은 그들 사회의 맨

———————————————

12) 애팔래치아 산맥에서 미시시피에 이르는 야산 지대에 거주하던 농촌 백인들을 지칭하는 hillbilly는 야산에 사는 사람들이라는 뜻의 스코틀랜드 방언에서 나왔고, 미 남부 농촌에 거주하는 백인을 의미하는 redneck은 햇볕에 그을린 목을 가진 사람들이라는 의미이며, 조지아, 북부 플로리다, 텍사스의 농촌에 거주하는 백인들을 비하해서 부르는 cracker는 옥수수를 깨뜨리는(crack) 소리에서 유래했거나 가축을 모는 데 사용한 채찍에서 유래되었다고 한다.

아래 계층에 속하긴 했어도 백인들의 특권 체제 내로 편입되어 "순전히 백인종이라는 이유 때문에 어떤 법적, 정치적, 사회적 우월성을 얻게 되었다." 아이젠버그 박사와 메릿 박사는 바로 이 점이 백인 빈곤층이 흑인 노예들과 정치적 연대를 맺지 못하도록 한 요인이었다고 설명한다. 정치적으로 보면, 바로 이 점이 미국 내 백인들이 계층을 넘어 자기들끼리 연대를 맺게 된 단초였다.

●● 정치와 농촌의 산업화

산업화는 백인 빈곤층에게는 추가적인 선물이었다. 낮은 토지 가격과 노동 임금에 이끌려 농촌 지역에 공장들이 세워졌기 때문이다. 제조업 일자리는 고등 교육을 받지 않은 농촌 노동자들이 중산층으로 이동할 수 있는 믿음직한 통로를 만들어 주었다. 높은 임금을 제공하며 통상 노조로부터 보호받는 일자리는 노동자와 그 가족들을 빈곤에서 탈출시켜 주었다.

제조업 일자리의 숫자는 1960년대와 1970년대에 주로 중서부 및 남부에서 급등했으며 1979년에 최고조인 2천만 명 수준까지 도달했다.

비극은 바로 거기로부터 내리막길이 시작된 것이다. 일자리 숫자는 그로부터 조금씩 내려가기 시작하다가 1990년대 후반부터는 급격한 내리막길로 떨어졌다. 공장들이 문을 닫고 물건을 더 싸게 만드는 중국이나 다른 지역으로 옮겨가자 세계화와 자유무역 협정이 비난받았다. 2020년 시점에 미국 내 제조업 일자리의 숫자는 1,300만 개를 조금 넘는 수준이다.

러스트벨트 지역 내 대규모의 공장 폐쇄는 도시와 소 도읍의 물리적 지형 및 블루칼라 노동자들의 심리상태에 깊은 상처를 남겼다. 특히 대학졸업장이 없고 이전 세대보다 나은 각 세대에 익숙해져 왔던 백인들에게 그러했다.

케이스 박사와 디튼 박사가 관찰했던 제조업 분야가 급락을 시작했던 때에 나타난 절망의 죽음과는 별도로 사회학자인 빅터 탄 첸이 미국의 장기적인 실업에 대한 그의 책에서 서술하고 있는 사회적 틀의 해체 상황 역시 큰 문제였다. 사회적 고립 문제가 증가했다. 첸 박사는 백인 노동 계층이 대학을 졸업한 동료 백인들에 비해 결혼을 하거나, 결혼을 유지하거나, 혼인에서 아이를 가질 가능성이 낮다는 사실을 관찰했다.

동시에 백인 노동 계층은 점점 더 공화당에게 투표했다. 미국의 국가 선거 연구(American National Election Studies)의 설문조사에 따르면, 대학 졸업장이 없고 연간 가계소득이 평균 소득 이하인 사람들로 규정한 백인 노동계층 유권자중 공화당 대통령 후보에게 투표한 사람들의 비율은 1980년대에 50% 주변을 맴돌았으나 지속적으로 증가하여 2016년에 트럼프가 당선되었을 때에는 62%를 기록했다. 백인 노동 계층 유권자들의 트럼프 지지는 바로 이런 경향과 맥을 함께 하는 것이다.

수십 여년에 걸쳐 진행된 이러한 재조정 과정은 과거 민주당을 지지했던 블루컬러 유권자들로부터, 특히 보수적 성향의 유권자들로부터, 촉발되었다. 사회과학자들은 이러한 이동이 발생하게 된 두 가지 주요 이유를 바로 경제적 불안감과 문화적 퇴출(cultural displacement)에 대한 두려움으로 설명한다.

2008년 당시 상원의원이던 버락 오바마는 샌프란시스코에서 개최된 자신의 대통령 선거운동 비공개 모금행사에서 이러한 문화적인 분노가 어떻게 작동하는지를 다음과 같이 설명했다. "여러분이 펜실베니아주의 소 도읍에 가보시면 중서부의 수많은 소 도읍에서와 마찬가지로 지난 25년에 걸쳐 일자리가 사라져버렸고 어느 것도 이를 대체해 주지 못한 것을 알게 됩니다.", "그런 상황에서 그 사람들이 씁쓸해 하고, 자신들의 좌절을 설명하는 방식으로 총기나 종교에 매달리고, 자신들과 같지 않은 사람들에게 반감을 갖거나, 반이민 정서와 반무역 정서를 갖는 것은 결코 놀랍지 않습니다."

오바마는 미국의 대통령으로 두 차례에 걸쳐 당선되었지만(2009~2017) 그 자신은 엘리트주의자로 비난받았다. 작가 제이디 밴스(J.D. Vance)는 CNN과의 인터뷰에서 오바마가 비록 좋은 의도를 가지고는 있었으나 그는 연민의 공감대를 보여주지 못했다고 비판했다. 작가 밴스는 2016년 발간한 오하이오 주에서의 자신의 어린 시절 빈곤을 기술한 전기 시골뜨기의 비가: 한 가정과 위기에 처한 문화에 대한 회고록(Hillbilly Elegy: A

Memoir of a Family and Culture in Crisis)으로 전국적인 명성을 얻게 되었고 농촌 백인 빈곤층의 대변인과 같은 인물이 된 사람이다. 그는 "바로 이런 태도가 많은 사람들이 민주당을 팽개치고 나와 도널드 트럼프에게 향하게 한 것임을 보여준다"고 설명한다. 아울러 "바로 이런 인식으로 인해 오바마 대통령이, 그리고 솔직히 말해 공화당 내의 일부 인사들까지, 나와 같은 사람들을 깔보는 것이다."라고 덧붙인다.

트럼프와 공화당은 백인 빈곤층을 성공적으로 붙잡았다. 이들 계층은 자신들이 뒤처져 있다는 두려움을 갖고 있었고, 무시당하고 있다는 것에 대해 분노했으며, 소수자와 외국인에 대한 불만이 가득했다. 공공 종교연구소(Public Religion Research Institute)와 아틀란틱(The Atlantic)의 설문 조사에 따르면, 미국적인 생활 방식이 외국의 영향으로부터 보호되어야 한다고 주장하거나 자기 자신의 국가에서 마치 이방인이 된 것 같은 느낌을 갖는다고 이야기하는 백인 노동 계층 유권자들 중 거의 80%가 2016년 트럼프에게 투표했다. 이 부류의 유권자들은 2020년 선거에서도 대부분 트럼프에게 붙어 있었다. 비록 민주당의 조 바이든 후보가 백인 대학 졸업자와 같은 다른 유권자 집단들의 지지를 얻어 선거에서 승리했지만 말이다. 앞으로도 백인 빈곤층이 민주당에서 떨어져 나오는 정치적 재조정 과정은 계속될 것으로 보인다. 현 시점에서도 공화당은 백인 빈곤층의 당이라고 상당히 믿을만하게 주장할 수 있을 것 같다.

카리사 용(Charissa Yong)은 스트레이츠 타임스의 미국 특파원이다. 그녀는 워싱턴 D.C.에 주재하면서 미 국내정치, 미·중관계, 그리고 지정학적 변화에 대해 깊은 관심을 가지고 있다. 2012년 신문사에 입사하여 6년 동안 대부분 싱가포르 국내 정치를 보도했으며 특히 세 번에 걸친 선거와 의회 내 토론을 담당했다. 2018년에는 지역특파원으로 동남아국가연합(ASEAN) 회의와 동남아에서 진행되고 있는 추세 등을 다루었다. 그녀는 런던 정경대학에서 국제관계 학사 학위와 비교정치 석사 학위를 각각 취득했다.

총기에 매료되는 현상과 총기 규제

제레미 아우 용
(Jeremy Au Yong)

총기 폭력 문제는 복합적이고, 감정적이며, 미국사회를 심각하게 양극화시키는 주제이다. 그런데 그중 최소 한 가지 부분은 상대적으로 분명하다. 지금까지 미국은 선진국 내에서 가장 총기 폭력이 많은 나라라는 것과 이는 미국인들이 현재까지 가장 많은 총기를 소유하고 있기 때문이라는 것이다.

정확한 숫자를 밝히는 것은 어렵지만 가장 믿을만한 통계에 의하면 무기경쟁이 다른 나라와 비슷한 상황에 있는 것도 아니다. 2018년 스위스 조사기관인 소화기 조사(Small Arms Survey)는 미국에 사람보다 총기가 더 많다고 추산했다. 즉 거주자 100명당 120.5정의 민간 무기가 있었다. 이를 합리적인 관점에서 보자면 리스트상 두 번째를 차지하고 있는 나라는 전쟁으로 피폐한 예멘으로서 거주자 100명당 52.8정의 무기가 있었다. 총기 소유 비율로 따지면 예멘은 미국의 절반에도 못 미치는 비율이었다.

이러한 4억 정 내외의 미국 내 민간소유 화기는 또 다른 놀라운 통계로 이어진다. 2021년 BBC 보도에 따르면 총기와 관련된 살인은 일 년 중 미국에서 발생하는 모든 살인의 70% 이상을 차지한다. 이는 영국에서의 총기 살인이 단지 4%에 불과한 점과 비교된다. 자살이나 총기사고로 관련된 사망까지 더하면 매일 미국에서 사망하는 사람은 100명이 넘는다.

●● 왜 미국은 그렇게 많은 총기를 가지고 있는가?

미국의 인구는 전 세계인구의 4% 내지 5%를 차지하고 있으나 그 인구가 2017년 말을 기준으로 전 세계 민간인 소유 화기의 거의 절반을 보유하고 있다고 소화기 조사는 밝히고 있다. 미국이 자신의 총기류를 좋아한다는 말이 결코 절제된 표현은 아닐 것이다.

총기 문화는 미국 문화의 중요한 부분이다. 미국 내 많은 지역에서 총기는 단지 도구가 아니다. 그것은 자유와 애국심의 상징이자 미국인 정체성의 핵심 부분이다. 총기는 그들의 영화 속에 있고, 노래에 있고, 매일매일의 생활 속에 있다.

매 주말 미국 어디에선가는 총기 쇼가 진행된다. 그것은 주말 벼룩시장만큼이나 흔하기에 벼룩시장으로 오인되기도 한다. 이 쇼의 분위기도 통상적이다. 판매자는 마을 회관의 접이식 탁자에 물건을 펼쳐놓고 눈요기로 둘러보는 손님들을 상대한다. 사람들은 가족들을 함께 데려오고, 부모들은 유모차를 밀면서 제안서를 정독한다. 큰 차이점이 있다면 거의 모든 판매 물품이 사람을 죽일 수 있다는 점이다.

소총은 집안의 가보가 되기도 하며 세대에서 세대로 전해진다. 특별히 귀중한 총은 집안 내 긍지의 대상이 되는 것이 일반적이며, 거실 벽의 가족사진과 노획품의 옆 자리에 전시된다.

미국 헌법 역시 총기에 대해 높은 지위를 부여했다. 헌법 입안자들이 무엇을 의미했던지 간에 "잘 규율된 민병대는 자유로운 주의 안보에 필수적이므로 무기를 소장하고 휴대하는 인민의 권리는 침해될 수 없다."라는 문안을 사용했을 때 이제 많은 사람들은 수정헌법 제2조가 화기(火器)에 대한 제한 없는 접근을 양도할 수 없는 권리라고 인정한 것으로 이해했다.

이런 배경 때문에 1996년 호주에서 총기 되사주기 운동을 성공시킨 사례와 같이 총기 숫자 감축을 목표로 하는 프로그램은 애시당초 성공할 가능성이 없는 이야기이다.

●●총기 구입을 어렵게 하는 것은 어떤가?

총기 규제 문제는 (결코 총기를 근절시키거나 총기 숫자를 줄이자는 것을 의미하는 것은 아님) 정치가 상황을 복잡하게 만드는 출발점이다. 미국 내 수많은 다른 의제와 마찬가지로 총기 규제 문제에서 당신이 어떤 입장을 취하는가는 당신이 어디에 속해있는가에 달려 있다.

전문가들은 총기 숫자가 많은 것이 문제의 원천이라는 것에 동의할 수 있겠지만 유권자들 사이에서는 이에 대한 컨센서스가 존재하지 않는다.

총기를 소유하고 있는 사람들은 총기가 문제의 원천이라는 주장의 유용성을 거의 받아들이지 않는다. 자기 자신의 삶의 경험에 비추어볼 때 총기를 소유하는 것이 총기난사와 연결되어 비난받을 수는 없기 때문이다. 그들은 총기를 소유하고 있고 자기 친구들도 총기를 소유하고 있으나 어느 누구도 다른 사람을 쏘지 않았기 때문이다. 그들은 대중문화나 정신건강 문제와 같은 다른 원흉을 지목한다. 그들은 총기를 비난하는 것은 단지 자신들의 자유를 침해코자 하는 변명이라고 생각한다.

총기 비소유자들 사이에서는 이야기가 달라진다. 그들은 총기를 가질 수 있다는 것이 문제의 근원이라고 생각한다. 그들은 총기를 규제하는 것이 명백한 해법이며 이에 반대하는 사람들은 이기적으로 자기 자신의 자유를 다른 사람의 생명에 앞세우는 것이라고 비판한다.

어느 사회가 동일한 문제에 대해 이처럼 강력하게 갈리는 견해를 갖고 있다면 이에 대한 해법은 불가능하다.

비록 총기 규제에 관한 일부 제안이 다수의 지지를 받는 경우처럼 공통의 기반이 생기는 상황이라도 소수의 목소리가 얼마나 크냐에 따라 진척이 이루어지기 힘들다.

●● 누가 관심을 보이고 누가 이기나?

표면적으로는, 최소한 총기 규제 정책에 있어 가장 손쉽게 달성할 수 있는 목표는 용이하게 이행할 수 있어야 한다.

대용량 탄창이나 돌격용 자동소총의 금지에 대해서는 컨센서스가 없지만 범죄경력 조회의 확대와 같은 사항에 대해서는 광범위한 지지가 있는 것으로 보인다.

갤럽이나 퓨 연구센터가 2015년부터 2021년까지 진행한 여론조사에 따르면 10명 중 8명 이상이 일관되게 소위 "총기 쇼의 허점"을 막아야 한다고 답변했다. 총기 판매 면허를 가진 모든 거래업자들은 총기 구매자에 대한 범죄 경력 조회와 함께 판매 내용을 기록해야 하지만 개인 판매자들은 이러한 요건으로부터 면제되어 있다. 실제로 총기 쇼에서 면허를 가진 판매업자는 구매자에게 범죄경력 조회를 요구하지만 바로 옆 매대에서 총기를 파는 개인 판매업자들은 유사한 화기를 귀찮은 서류작업 없이 판매할 수 있다. 이러한 허점을 틀어막는 것은 놀랍지 않게 대부분의 사람들에게 논란이 될 수 없는 제안이다.

동일하게 논란이 되지 않을 제안은 정신적인 질병이 있거나 테러 감시 목록에 올라있는 사람들의 총기 구매를 금지하는 것이다. 그러나 이들 중 어느 것도 입법이 되어 있지 않다. 각각의 제안이 모두 의회에서 막혀 있기 때문이다.

왜 분명 폭넓은 지지를 받고 있는 사안이 정책으로 전환되지 못하는가? 여론조사에서의 높은 지지가 간과하고 있는 점은 총기 규제 문제에 대한 집요함과 여론 분포에 있어 불균형이 있다는 사실이다.

많은 경우, 총기 규제 찬성론자들에게는 동 문제가 자기 투표를 결정할 여러 의제 중의 하나이다. 로비스트들은 총기 규제에 대한 지지가 높기는 하되 깊이는 얕다고 묘사한다. 대부분의 사람들에게는 총기 문제가 자신들의 중요 문제가 아니다. 그들은 총기 규제가 좋은 아이디어라고 생각하지만 적극적으로 이를 위해 캠페인을 하거나 후원금을 내려 하지 않는다.

반면, 총기 규제 반대론자들은 동 문제에 대해 치열하게 관심을 쏟는다. 동 사안은 통상적으로 최고의 관심사이고 만일 행동하지 않으면 정부가 와서 자신들의 정치적 정체성의 핵심 부분을 빼앗아 갈 것이라고 생각한다. 이 집단들은 총기 규제 정책에 대한 반대 로비를 위해 끊임없이 국회의원들에게 전화하며 총기 관련 로비를 미국에서 가장 많은 돈을 투입하는 로비 중 하나로 만들었다.

이러한 치열함의 차이가 왜 국회의원들은 총기 규제 찬성론자보다는 반대론자들로부터 더 많은 압력을 느끼고 있는지를 설명한다. 비록 찬성론자의 수가 반대론자의 수를 압도하더라도 말이다.

양 집단이 미 전역에 골고루 분포되어 있지 않다는 것도 도움이 되지 않는 측면이다. 시골 지역에 사는 사람들은 대체로 총기 규제에 반대한다. 반면, 총기 폭력이 큰 문제가 되고 있는 인구가 밀집된 도시 거주자들은 총기 규제에 찬성하는 성향을 보인다. 미국 의회의 구조를 보면 인구가 많은 주나 인구가 적은 주나 상원에서 동일한 의원 수를 갖는다. 이에 따라 시골에 거주하는 총기 찬성 소수자들의 목소리는 증폭이 되는 것이다.

바로 이 때문에 총기 규제에 관한 입법은 총기 난사 사건 직후에만 가능성이 있다. 바로 이때에만 치열함의 차이가 좁혀진다. 그러나 그 효과도 일시적이다. 총기 규제 찬성론자들은 이내 다른 우선순위 의제로 옮겨간다. 반면, 총기 권리를 주장하는 사람들은 그렇지 않다.

이제는 총기 난사 사건에 대해서도 노련한 대처가 있다. 이러한 비극이 발생한 바로 직후에 총기 권리를 주장하는 사람들이 강력한 입장을 유지하면 할수록 그들은 총기 규제 움직임을 오래 버틸 수 있다는 것을 알고 있다. 그리고 그들은 이런 종류의 싸움에서 경험이 많은 조직으로부터 지원을 받는다. 바로 전미총기협회(National Rifle Association: NRA)말이다.

●● 전미총기협회(NRA)의 힘

전미총기협회(NRA)는 워싱턴 D.C.에서 가장 영향력 있는 로비 단체 중 하나로 인정받는다. 이 단체는 공화당의 실력자로 판단되는 곳에 상당 규모의 자원을 아주 노련하고 전략적으로 결집시킨다. 이들은 2016년 선거에서 어느 외부 집단보다 더 많은 돈을 지출했다. 돈 뿐만이 아니었다. 협회는 회원들에게 아주 강한 장악력을 유지하고 있다. 전 NRA의 부회장 제이 워렌 캐시디(J. Warren Cassidy)는 한때 이 협회를 종교라고 묘사했다.

좌파 인사들에게는 NRA가 주된 선동자이자 제1의 악당으로 여겨진다. 이 단체야말로 강력한 총기 규제를 시행코자 하는 모든 노력에 대해 아주 강하게 싸워왔기 때문이다. 의회는 NRA가 반대하는 총기 규제 법률을 통과시키기 위해 투쟁해 왔지만 이들의 로비가 지지하는 법률 역시 통과시켰다. 심지어 도저히 이해할 수 없는 법률도 통과시켰는데, 예를 들면 총기 소유와 관련된 기록을 정부가 컴퓨터에 유지하는 것을 금하는 법률 같은 것이다.

NRA의 영향력은 아마도 세간의 이목을 끄는 총기난사 직후에 볼 수 있는데 이때는 총기 규제를 요구하는 목소리가 가장 강할 때이다. 1999년 두 명의 총격자가 12명의 학생과 선생님 한 명을 죽이고 이후 자신들에게 총을 쏘아 자살한 콜로라도의 콜럼바인 고등학교 사건이 있었을 때 재빨리 뛰어 나와 총기 규제 논의를 가라앉힌 단체가 바로 NRA였다.

총격 사건이 있은 지 채 한 달도 되지 않아 당시 NRA의 회장이던 배우 찰턴 헤스턴은 환호하는 군중 앞에 나타나 이 비극이 총기 제한에 대한 총기 소유자들의 태도를 바꿀 수는 없다는 점을 분명히 했다. 그는 빌 클린턴 – 앨 고어 정부가 자신들을 적으로 모략하려는 노력에 대해 단단히 맞서야 함을 강조하면서 군중들을 흥분 속에 몰아넣었다. 그는 다음과 같은 악명 높은 말로 자신의 연설을 마무리했다. "자유를 빼앗아가고자 하는 분열적인 힘을 쳐부수기 위해 금년을 시작하면서 나는 모두가 듣고 경청할 내 목소리를 통해 도전적인 말을 하고자 합니다. 특히 고어 부통령 당신에 대해서요: 내 차가운 죽은 손에서(From my cold, dead hands) 빼앗아 가시오."

　　똑같이 반항적인 말투가 2012년 NRA의 부회장이자 최고경영자였던 웨인 라피에르(Wayne LaPierre)에게서 나왔다. 총격범이 여섯 살에서 일곱 살에 이르는 어린이 20명과 어른 6명을 코넷티컷 주의 샌디 훅 초등 학교에서 사살한 직후였다.

　　총기 규제에 대한 국가적인 호소가 최고조에 도달할 때 다시 한 번 NRA는 광범위한 회원들의 입지 강화를 위해 개입한다. 2012년 라피에르는 새로운 논거를 최초로 제시했다. 그는 총기 난사사건 이후 이렇게 말했다. 총기를 널리 접할 수 있다는 사실이 이런 잔혹함을 야기했다고 비난받을 수는 없다. 사실은 그 반대이다. 오히려 총기가 충분치 않다. "총을 가진 나쁜 친구들을 멈추게 할 수 있는 유일한 방법은 총을 가진 훌륭한 친구이다."

NRA가 오늘날 이처럼 강경단체가 된 것은 총격사건에 대한 반작용 때문이었다. 1960년대에는 NRA가 총기 안전과 관련된 단체였으며 그들의 기본 임무는 사람들이 어떻게 총기를 사용하고 이를 안전하게 보관할 것인가를 도와주는 일을 하는 것이었다. 이후, 세간의 이목을 끄는 암살사건이 1960년대에 연이어 발생했다. 존 에프 케네디 대통령, 인권운동가 마틴 루터 킹 목사, 로버트 케네디 상원의원의 암살은 의회로 하여금 몇십 년 만에 처음으로 포괄적인 총기 규제 법안을 통과시키도록 했다. 이러한 움직임이 NRA 내의 좀 더 극단적인 분파들을 뒤흔들어 놓았으며 이들 강경파들은 1977년 팽팽하게 맞서던 총회에서 좀 더 온건했던 지도부를 최종적으로 무너뜨렸다.

이후 동 단체는 점점 더 우익 쪽으로 이동해 갔으며 회원들은 거의 자기들끼리 스스로 보강해 나가는 피드백의 고리 속에서 움직였다. NRA는 회원들에게 정부가 그들의 총을 가지러 올 것이라는 것을 끊임없이 경고하고, 회원들은 NRA 지도부가 결코 의회와 타협하지 않을 것이라는 점을 확신해야 한다고 주입한다.

총기 규제 문제가 교착 상태에 빠진 상황에 대해 NRA에게 유일한 책임을 물을 수는 없겠지만 그들의 손에는 많은 피가 묻어있는 것도 사실이다.

이 모든 것이 총기 관련 토의를 마비 상태에 몰아넣고 있으며 가장 낙관적인 생각을 가진 사람들조차도 가까운 장래에 의미

있는 변화가 나타날 것이라는 희망을 갖지 못한다.

미국은 너무 많은 총기를 가지고 있으나 그에 대해 무언가를 할 수 있는 대안이 너무 없다.

제레미 아우 용(Jeremy Au Yong)은 근 20년간 기자로 생활했다. 그는 2013년부터 2016년까지 워싱턴 D.C.에서 스트레이츠 타임스의 미국 지국장을 역임했고, 2004년부터 싱가포르의 국내 정치를 다루어 왔다. 현재 그는 스트레이츠 타임스의 모바일 부문 편집자이다.

과학에 대해 회의를 품고 부정하는 현상

오드리 탄(Audrey Tan)

2020년 전 세계가 호흡기 비말을 통해 쉽게 전파되는 미세 바이러스에 무릎 꿇고 있을 때 안면마스크를 착용하는 문제가 미국 내 논쟁 목록에서 오랫동안 우선순위를 차지했던 낙태, 총기 규제, 기후변화 문제와 어깨를 나란히 하며 뜨거운 논란거리로 등장했다. 그해의 상반기 시점에 여타 정부들은 코로나 바이러스 감염을 줄이기 위해 마스크 착용을 의무화했다. 이는 증상이 없는 사람들도 바이러스를 전파할 수 있다는 것이 밝혀진 코로나 19 대역병의 초기 시점부터 과학적 근거를 바탕으로 취해진 정책 개입이었다. 과학적 연구는 호흡기 질병을 일으키는 코로나 바이러스인 SARS-CoV-2가 감염자의 분비물인 침이나 기침 비말과의 직·간접적 또는 밀접 접촉을 통해 전파될 수 있다는 것을 밝혀냈다. 세계보건기구(WHO) 역시 이러한 연구 결과를 지지했다.

그러나 미국에서는 정치가 과학을 빨리 앞질러 나갔다. 대역병은 2020년 미국 대통령 선거와 동시에 진행되는 것이었고 공중 보건 상황을 어떻게 빨리 관리하느냐가 공화당과 민주당 모두에게 뜨거운 감자로 떠올랐다.

공화당 후보 도널드 트럼프가 아직 총사령관이던 2020년 시절, 그는 지속적으로 마스크 착용의 효과성을 조롱했고 자신의 재선 가능성을 높이기 위해 코로나 19 상황의 심각성을 경시했다. 특히 코로나 바이러스에 영향을 덜 받았지만 사업과 여가활동이 감축되는 것을 견뎌야 하는 지역 사회로부터의 지지를 확보하는 것이 중요했다. 그런데 마스크는 코로나 19가 평범한 독감이 아니라는 것을 상기시켜주는 눈에 보이는 표식이었다.

2020년 9월 29일, 트럼프와 민주당 대통령 후보 조 바이든 간의 첫 번째 후보 간 토론 시에 트럼프는 마스크를 착용한 바이든을 조롱했다. 며칠 후인 10월 2일, 트럼프는 자신이 코로나 바이러스 검사에서 양성 반응이 나왔다고 밝혔다. 그런데 그는 병원에서 백악관으로 돌아올 때 많은 사람들이 지근거리에 있었음에도 사진 촬영을 위해 마스크를 벗었다.

그의 오만한 태도는 동료 공화당 정치인들과 미국 사회의 다른 사람들에게 연쇄적 효과를 가져왔다. 마스크를 쓰지 않는 사람들은 언론을 통해 얼굴을 가리는 것이 코로나 19의 전파를 막는데 별 효과가 없는 것으로 믿는다고 이야기했다. 예를 들면, 트럼프 지지자인 버지니아 주 패어팩스 군의 행정보조인 크리스탈 린은 BBC와의 인터뷰에서 "마스크는 어떤 경우에도 당신을 보호해 주지 않을 것"이라고 언급했다.

반면 많은 민주당 인사들은 다른 방향을 택하여 공중 보건 지침을 고수하면서 자기 주변 사람들에게 마스크를 쓰도록 독려했다. 그 이후 백신이 가능해지고 경제를 다시 여는 문제에 대한 토론이 시작되는 등 코로나 19 상황이 개선된 상황에서도 미국 내 일부 진보 인사들은 더 엄격한 조치를 고집한다고 뉴스 사이트인 The Atlantic은 2021년 5월 보도했다. 여기에는 놀이터에의 접근 금지, 해변 폐쇄, 학교에서의 직접 교습 금지 등을 포함한 것이었다. 동 보도는 "이런 하위 집단에서는 코로나 19에 대한 성실한 대응이 자신들의 정치적 정체성을 표현하는 것이다. 비록 그와 같은 수단들은 질병의 위험성을 과대평가하고 공중 보건 지침에서 허용하는 한계보다 훨씬 엄격한 기준을 설정하는 것이지만 그렇다"라고 설명했다. 관찰자들은 이런 현상은 공중보건 위기를 관리하던 트럼프 행정부의 자유방임적 접근에 대한 반작용일 가능성이 크다고 설명한다.

●● 과학에 대한 믿음에 영향을 미치는 정치적 성향

미국에서는 마스크가 당초 이를 생산한 의도와는 달리 훨씬 큰 의미를 나타내게 되었다. 이는 또한 각 개인의 정치적인 소속을 나타냈고 과학적 근거가 보여준 것에 대해 의심을 품거나 이를 완전 무시하는 미국의 역사를 다시 한 번 환기시켰다. 공화당과 민주당을 가르는 요즘 아주 인기 있는 또 다른 주제는 바로 기후 변화 문제이다.

민주당 인사들은 오늘날 지구에서의 위기 징후를 인간이 야기했다는 점을 수용하는 데 반해 공화당 인사들은 기후 변화를 자연적인 현상이라고 하거나 중국 측의 농간 이상도 이하도 아니라고 주장한다. 트럼프 대통령은 재임 기간 중 기후 변화와 관련된 내용들을 상당수 연방 기관의 웹사이트에서 제거하거나 파리 협정으로부터 미국을 탈퇴시켰다.

역사적으로 볼 때 공화당은 친기업적이며 정부 개입은 제한되어야 함을 지지해 왔다. 예를 들어, 2016년 대통령 선거가 시작되기 전, 공화당 후보였던 테드 크루즈는 정부의 전 내각 부처를 없애고 국세청도 폐지할 것을 주장했다.

반면, 민주당 인사들은 정부의 관여가 더 많아져야 함을 원한다. 예를 들어, 2021년 3월 바이든 정부에 의해 제안된 미국의 일자리 계획(The American Job Plan)은 고속도로 수리에서부터 상업 건물의 개선, 청정에너지 분야에서의 일자리 창출에 이르기까지 정부의 개입을 상정했다. 백악관에 따르면 동 계획은 "기후 변화나 독재적 중국의 야망과 같은 현재 미국이 당면한 가장 큰 도전"에 대처하는 데 도움을 줄 것이라고 한다. 인간이 기후 변화를 야기했으며 그래서 이를 완화시키기 위한 책임과 수단을 가지고 있다고 인정하는 것은 공화당이 역사적으로 반대해온 정부의 더 큰 통제 필요성을 수긍하는 것이다.

미국에서는 사람들이 흔히 민주당 성향이나 공화당 성향으로 자신의 정체성을 밝히는데 과학에 대한 각 개인의 신뢰 역시 자신의 정치적 정체성과 매우 밀접하게 엮여 있다. 그 결과, 논란이 되는 문제에 대한 토론도 과학 그 자체에 대한 것이 아니라 양쪽이 자신의 입장을 지배적인 의견으로 만들고자 하는 보다 큰 "문화적 전쟁"의 한 부분이다. 사회학자인 제임스 데이비슨 헌터 (James Davison Hunter)는 1991년에 쓴 자신의 저서 문화 전쟁: 미국을 규정하기 위한 투쟁(Culture Wars: The Struggle to Define America)에서 문화가 "정치적 질서의 도덕적 기반을 제공한다."고 역설했다.

오늘날 미국에서 과학을 부정하는 현상 역시 이러한 렌즈를 통해 이해될 수 있을 것이다. 문화의 축은 고정되어 있는 것이 아니며 미국의 역사를 통해 변화해 왔다. 월스트리트 저널은 2018년 헌터와의 인터뷰를 통해 미국의 과거에서 가장 뚜렷한 단층선은 종교적인 집단들 사이에 놓여 있었음을 확인했다. 비록 1960년대에 이르러 종교 교파적 갈등이 시들해지기 시작했지만 말이다. 미국이 문화적으로 더 다양화됨에 따라 문화의 새로운 축은 상이한 종교적 집단 상호간이 아니라 종교 집단 내부에서 나타났다. 즉 주로 유대-기독교적 배경을 가진 보수계와 진보계가 서로 겨루게 된 것이다.

오늘날 공화당은 흔히 우파적 정치와 결부되어 있고 민주당은 좀 더 좌파적 정치에 기울었다고 여겨진다.

이러한 문화적 전쟁이 과학 분야에서 진행되는 또 다른 사례는 미국 학교에서의 생명의 기원에 대한 가르침인데 이를 과학과 신 가운데 누가 더 잘 가르칠 수 있느냐의 문제이다. 찰스 다윈의 진화론에 대한 과학적 컨센서스가 있음에도 불구하고 지구상에 생명이 움튼 것이 자연의 선택에 의한 진화 때문인지 아니면 신의 손 때문인지에 대한 논쟁이 아직도 계속되고 있다. 많은 보수계 인사들은 진화론을 홍보하는 것은 자신들이 동의할 수 없는 다른 관례, 즉 낙태나 안락사 문제를 정당화시켜 준다며 반대한다.

미 대법원이 1987년 에드워즈 대 아귈라드 사건(Edwards v. Aguillard)[13]에서 공립학교에서 진화론을 가르칠 경우 동시에 창조론도 가르치는 것이 필수라고 한 법률을 위헌으로 판결한 이래 30여 년이 지났다.

2020년 펜실베이니아 주립대학과 국립 과학교육 센터의 연구자들이 발표한 논문에 의하면 공립 고등학교의 생물 교사 중 67%는 진화론이 사실이고 창조론은 과학으로서 신빙성이 없다고 가르치는데 이는 2007년도의 51% 수준에서 상승한 것이다.

자신들의 신념을 확보하기 위한 양 집단의 싸움은 교실 안

---

13) 1987.6.19. 미 대법원이 공립학교에서 창조론은 가르치지 않으면서 진화론만 가르치는 경우를 금지한 루이지애나 주 법률이 특정 종교를 세우는 것을 금하는 수정헌법 제1조 위반이라며 위헌 판결한 사건이다. 고등학교 교사인 Don Aguillard가 루이지애나 주지사 Edwin Edwards를 상대로 소송을 하여 하급심, 항소심, 대법원에서 모두 승소하였다.

에서나 밖에서 계속 맹위를 떨칠 것으로 보인다.

●● 과학을 왜곡하는 기업들

미국에서 과학을 부정하고 회의하는 현상을 만드는 또 다른 행위자가 있다. 이익추구에 함몰된 미국 기업들은 자신들의 제품을 불리하게 하는 과학적 근거들을 숨기거나 왜곡해 왔다. 그들은 또한 정책 형성에 영향력을 미치고자 선거 운동에 기부금을 제공한다.

1950년대에 담배회사들이 홍보활동을 통해 담배가 인체 건강에 야기하는 해악을 알려주는 신생 과학을 약화시키고 왜곡했던 사례는 아마 가장 유명한 사례라 할 수 있다.

하버드 대학에서 과학과 의학의 역사를 가르치는 알란 엠 브란트 박사(Dr. Allan M. Brandt)는 미국의 공중보건 저널(The American Journal of Public Health)의 2012년도 논문에서 담배산업이 "새로운 영역"으로 이동했다고 설명했다. 즉, "과학적 지식을 만들어 내는 새로운 영역인데 연구 개발이 목적이 아니라 흡연은 치명적 질병을 야기한다는 것과 같이 이미 알려진 사실을 무력화 하는 일이다. 만일 역사적으로 과학은 새로운 사실을 만드는 데 전념해 온 것이라면 이 산업이 지금 하는 작업은 과학적 사실을 '파괴하는' 특별한 전략을 개발하는 것이다." 자신들에게 불리한 과학에 대응하기 위해 담배 산업은 의심을 퍼트리고 선거 운동에 대한 기부를 통해 영향력을 사왔다. 세계보건기구는 미국의 담배 회사들이 1997년부터 2007년까지 연방선거의 후보자, 정당, 그리고 정치활동위원회에 3,470만 미 달러 이상을 기부한 것으로 확인했다.

대규모 석유 업체들도 동일한 전략을 쓰고 있는데 기후 변화에 관한 과학, 즉 화석연료를 연소하는 것이 지구 온난화에 기여한다는 설명은 아직 결론에 이르지 못한 것으로 주장한다. 수많은 증거가 인간의 활동과 지구평균온도의 상승 간에 관련이 있다는 것을 보여주고 있음에도 그렇다.

진실로 과학사 교수인 나오미 오레스케스(Naomi Oreskes)와 미 항공우주국(NASA)의 역사학자 에릭 콘웨이(Eric Conway)가 함께 저술한 의혹의 상인(Merchant of Doubt)이라는 책자는 그 제목 자체가 딱 들어맞는 것이라고 말할 수 있다. 이 책은 지구 온난화나 담배 연기와 같은 주제에 대해 이미 확립된 과학적 증거가 어떻게 회사들에 의해 혼란스럽게 변하는가를 다루고 있다. 이러한 노력은 자신들에게 유리한 과학을 만들고, 선거 기부금 제공을 통해 이를 전파하며, 미국의 과학자 사회에 대한 신뢰를 깎아내리는 반과학적인 미사여구에 먹거리와 연료를 공급하는 작업인 것이다.

과학을 부정하거나 의심하는 것이 미국만의 유일한 현상은 아니다. 2020년 자이르 볼소나로(Jair Bolsonaro) 브라질 대통령 역시 코로나 19를 작은 독감 정도로 일축했고, 인도의 나렌드라 모디(Narendra Modi) 총리는 인도인들이 소의 오줌과 똥으로 만든 "면역력 촉진제"로 눈을 돌릴 때 조용히 이를 지지했다.

그렇지만 과학을 부정하는 미국 내 현상은 독특한 것으로서 이는 정치적으로 어디에 속하느냐가 흔히 그 사람의 과학에 대한 믿음의 확실한 징표로 작용하기 때문이다. 2019년 Pew Research Center의 설문 조사는 과학 및 정책 결정과정상의 과학자의 역할에 대한 미국인들의 인식이 그들의 당파적 시각과 연계되어 있음을 밝혔다. 예를 들면, 동 설문 조사는 민주당 인사들은 공화당 인사들보다 과학자의 판단에 대해 더 큰 신뢰를 보여주었다. 동일한 설문 조사는 민주당 쪽으로 기울어진 사람들 중 73%는 과학자가 정책 토론에서 적극적인 역할을 해야 한다고 생각한 반면, 공화당 쪽으로 기울어진 사람들 중에는 56%만 그렇게 생각했다. 이러한 미국의 현상은 정치, 상업, 그리고 역사에 그 연원이 있다.

그러나 코로나 19 대역병이 보여준 것처럼 과학을 부정하는 현상의 결과는 많은 사람들의 생명과 생계를 포함하여 다른 방식으로 우리에게 더욱 가까이 다가왔다. 코로나 19의 위협은 결국 사라질 것이다. 그러나 이 대역병과 다가올 기후 변화의 유령은, 전 세계가 이미 그 효과를 경험하고 있지만, 사회 내 모든 부문들이 과학을 심각하게 생각하는 것이 중요함을 일깨워준다.

오드리 탄(Ms Audrey Tan)은 스트레이츠 타임스의 과학 환경 특파원이다. 그녀는 또한 생물학, 백신, 치료학 등 코로나 바이러스에 대한 과학적 지식의 진화를 추적하는 팀의 일원이다. 그녀는 기후 과학에서부터 생물다양성의 보존에 이르기까지 다양한 환경관련 보도를 통해 언론인으로서의 경험을 쌓아왔다. 2021년 기후 변화와 코로나 19에 대한 보도로 영어/말레이어/타밀어 미디어 그룹인 싱가포르 프레스 홀딩스의 올해의 기자로 선정되었다.

●● 14
낙태 전쟁

> 리디아 림(Lydia Lim)

　　미국에서 낙태 문제에 관해 상반된 양쪽 편에 있는 사람들에게는 그 싸움이 죽느냐 사느냐의 문제이며 태어나지 않은 아이의 생명권과 어느 생명을 택할지에 대한 엄마의 권리를 서로 다투게 한다. 미국 사회의 여러 측면을 비추는 그 배경이 되는 이야기는 대단히 흥미롭다. 세속적이면서도 종교적인 국가, 여성의 권리 보호를 확대하려는 전투에 대한 엄중한 감시, 연방법과 주법의 복잡한 결합, 이를 관장하는 미국 헌법의 수호자이자 해석자인 대법원, 그런데 그 대법원의 구성을 결정하는 당파적 정치가 얽혀 있는 것이다.

　　1973년 대법원은 기념비적인 로우 대 웨이드(Roe v. Wade) 사건에 대해 판결하면서 낙태에 대해 지나치게 과도한 제한을 하는 주법을 위헌이라고 판시했다. 대법원은 헌법이 여성의 낙태권을 태아의 생존 능력에 우선하여 보호한다고 언급했다. 그 당시에는 임신 24주째가 될 때까지 태어나지 않은 태아는 자궁 밖에 나왔을 때 생존할 수 없는 것으로 인식되었다. 로우 사건은 24주 이전 시점의 여성의 낙태권을 명기한 것이다.

그런데 그 판례가 나온 지 거의 50년이 지난 현 시점에도 낙태 문제는 계속 되고 있는 현안이다. 2021년 텍사스 주의 주의원들은 6주째 시점의 낙태를 사실상 효과적으로 금지시키는 주법을 통과시켰다. 이 시점은 엄마가 될 사람 자신도 임신 여부를 잘 알 수 없을 때인데도 말이다. 이 제한 조치는 대법원이 가로막지 않기로 결정하자 2021년 9월 효력을 발생했다.

팩스턴 스미스(Ms Paxton Smith)라는 이름의 텍사스의 젊은 여성은 고등학교 졸업식 연설에서 즉흥적으로 이러한 금지조치가 여성의 자기 몸에 대한 자율성을 빼앗는 "인간성 말살" 조치라고 이야기하여 낙태찬성파 진영에 충격을 주었다. 그녀는 "만일 내 피임조치가 실패하거나 내가 강간을 당하면, 나의 희망과 노력 그리고 나 자신에 대한 꿈이 더 이상 가능하지 않을 것입니다."라고 부연했다.

로우 판결에 대한 반발은 수십 년에 걸쳐 진행되었으며 여성 권리에 대한 투사인 루스 베이더 긴즈버그(Ruth bader Ginsberg) 대법원 판사가 예견했던 일이었다. 그녀는 동 판결이 "역효과를 내는" 결정으로서 오히려 낙태 반대, 생명 옹호 운동에 활력을 불어넣었다고 주장했다.

실제로 동 판결 이후 수십 년간 여러 주들은 낙태를 방해하겠다는 분명한 목적으로 병원, 클리닉, 의사, 가정 상담사들을 규제하는 입법을 했다.

엔 이 에이치 헐 교수와 피터 찰스 호퍼 교수는 자신들의 공저인 로우 대 웨이드: 미국 역사 속에서 낙태권리에 관한 논쟁 (Roe v. Wade: The Abortion Right Controversy in American History)에서 "판사실과 입법부 의사당에서 로우 옹호파와 반대파가 싸우면서 나오던 격앙된 목소리가 길거리로 쏟아져 나왔다."고 관찰했다. 그들은 로우가 아마도 20세기에 있어 가장 분열적인 사법적 결정일 것이라고 기술했다.

●● 종교, 권력 그리고 생명권

미국 내 최초의 생명 옹호 조직인 생명권 연맹(the Right to Life League)은 1967년 미국의 가톨릭 주교회의(USCCB)에 의해 만들어졌다. 가톨릭 교회는 미국에서 가장 큰 종교 기관이기 때문에 주교회의는 굉장히 영향력이 있는 모임이다.

주교들의 낙태에 대한 입장은 가톨릭의 공식 교리에 근거하고 있다. 가톨릭에서는 생명은 임신할 때 시작되는 것이며 "아이의 생명은 다른 모든 의견보다 우월하다"고 가르친다.

로우 판결에 대응하여 교회 지도자들은 생명 옹호 운동을 전개했다. 조직의 틀을 짜고, 자금을 대고, 광범위한 의사소통 망을 만들고, 사람들의 힘을 결집하고 정치적 영향력을 확보하여

"이 운동을 규합해 나갔다"고 사회학자 지아드 먼슨(Ziad Munson)은 항의와 종교: 미국 내 생명 옹호 운동(Protest and Religion: The U.S. Pro-Life Movement)에서 설명하고 있다.

현재 가톨릭 교회의 주교회의는 보수파가 장악하고 있으며 이 문제에 대해 조 바이든 대통령과 공개적으로 대립의 길을 가고 있다.

2021년 1월 20일 바이든이 가톨릭 신자로서는 두 번째로 제46대 미 대통령에 취임했을 때 주교들은 다음과 같은 성명을 발표하며 불만을 표출했다. "우리의 새 대통령은 도덕적 해악을 증대시키고 인간의 생명과 권위를 위협할 특정한 정책들을 추구하겠다고 약속했습니다. 특히 무엇보다도 낙태, 피임, 결혼, 그리고 성정체성 분야에서요."

최근의 추산에 따르면 미국 성인 전체 인구의 20~25%를 차지하는 가톨릭 신자들은 낙태 문제를 두고 거의 반으로 쪼개졌다. 2019년 Pew Research Center의 설문 조사에 따르면 절반이 넘는 신자들(56%)은 낙태가 언제나 또는 대부분의 경우에 합법적이 되어야 한다고 주장한 반면, 10명 중 4명(42%)은 언제나 또는 모든 경우에 불법이 되어야 한다고 답변했다.

전체 미국인들과 마찬가지로 가톨릭 신자들도 동 문제에 관해 정당에 따라 갈라졌다. 동 설문 조사는 자신을 공화당원이라고 하거나 그쪽 성향이라고 밝힌 사람들 중 대부분(63%)은 낙태가 언제나 또는 대부분 불법이어야 한다고 답변한 반면, 자신을 민주당원이거나 그쪽 성향이라고 밝힌 가톨릭 신자들은 더 많은 비율로(77%) 낙태가 언제나 또는 대부분 합법이어야 한다고 응답했음을 밝혔다.

그런데 생명 옹호운동의 근간을 이루는 종교 집단은 복음주의 기독교도들이다. 백인 복음주의 신교도의 77% 정도는 낙태가 언제나 또는 대부분 불법이어야 한다고 이야기한다. 어떻게 그리고 왜 이 집단들이 주로 가톨릭 신도들의 관심사였던 이 문제와 운동에 동질감을 갖게 되었는지에 대해서는 논란이 있다.

로우 사건의 결정에 대한 복음주의 인사들의 초기 반응은 복합적이었다. 심지어 일부 복음주의 주도기관들은 낙태권에 대한 지지를 표명했다. 그러나 1970년대 후반에 이르자 다수 복음주의 지도자들은 낙태권에 대한 반대 목소리를 높이기 시작했다. 제리 팔웰(Jerry Falwell Sr) 같은 사람들은 로우 사건에 대해 도덕적으로 분노했고 이를 뒤집어버리기로 결심했다고 주장했다. 남부 침례교 목사이자 텔레비전 전도사인 팔웰은 보수적인 사회 가치를 증진시키기 위해 1979년 도덕적 다수(Moral Majority)라는 단체를 공동 설립했다. 이 정치적인 조직은 기독교인의 권리를 공화당과 연결시켰고 1980년 로널드 레이건 대통령의 당선을 지원했다.

그러나 그와 같은 주장은 빈축을 사게 되었다. 2014년

Politico잡지에 기고한 "종교적 우파의 진짜 기원(Real Origins of the Religious Right)"에서 다트머스 대학교 종교학 교수인 랜달 발머(Randall Balmer) 교수는 다음과 같이 관찰한다. "로우 사건 이후 만 6년이 지난 1979년에 이르러 복음주의 지도자들은 보수적 행동주의자인 폴 웨이리치(Paul Weyrich)의 지시에 따라 도덕적 이유 때문이 아닌 지미 카터 대통령의 재선을 막기 위한 구호로 낙태 문제를 붙잡았다. 왜 그랬을까? 낙태 반대 운동이 종교적 우파의 본심이었던 "흑백 분리주의 정책을 쓰는 학교의 유지"라는 목적 달성을 위해 더 구미에 맞는 주제였기 때문이다. 진실한 도덕적 분노 때문이었건 아니면 인종정치에 따른 기회주의였건 복음주의 인사들 사이에 한번 반낙태 열정에 불이 붙자 그 결과는 1980년대 이후부터 기독교 우파들이 가톨릭에서 진행해 오던 운동에 결합하는 양상으로 나타났다. 2020년 대통령 선거기간 중 낙태 권리에 대한 반대는 압도적인 수의 백인 복음주의자가 포함된 도널드 트럼프의 정치적 기반을 공고히 하는 데 도움을 주었다.

●●선택할 수 있는 여성의 권리

미국 여성의 역사에서 로우 판결은 분수령을 이루는 사건이었고 보수층이 여성 해방에 대해 두려움을 갖고 있는 모든 것을 대변한 것이었다.

"낙태는 더 이상 범죄가 아니라는 로우 선언은 이 사건을 일종의 상징으로 만들었다"고 헐 교수와 호퍼 교수는 자신들의 책에 기술했다. "낙태의 권리를 찬성하는 사람들에게는 자율성, 선택, 그리고 종국적으로 여성이 자신의 생식생활을 통제함을 상징하고, 낙태를 선택할 것인지에 직면한 여성들에게는 낙태가 잠재적인 생명을 종료시킨다는 것을 누구보다 잘 알고 있다는 점에서 자아 성찰과 함께 흔히 죄책감의 원천이 되며, 반대하는 사람들에게는 "태어나지 않은" 세대에 대한 폭력이라는 점뿐만 아니라 가정과 가족을 파괴하고 여성이 아버지나 남편이나 아이들에게 갖고 있거나 가져야 할 의무를 저해한다는 공포의 상징이다."

낙태 찬성론자 진영은 생명 옹호론자들과 가치에 대한 다툼은 하지 않으려 한다. 대신 합법적인 낙태에 대한 접근이 여성 보건의 핵심 요소라는 점을 주장한다. 그들은 합법적인 낙태가 존재하지 않을 경우 미국 여성들은 흔히 안전하지 않고 불법적인 낙태로 향하게 된다고 지적한다. 1973년 미국이 낙태를 합법화 한 이래 임신과 연계된 사망자 수와 안전하지 못한 낙태의 합병증으로 인한 입원자의 수가 급격히 줄어들었다. 미 질병관리예방센터(CDC)는 낙태와 연계된 사망자 수가 1970년 1백만 명의 정상 출산 사례당 40명 선에서 1976년에는 8명 선으로 줄어들었다고 밝혔다.

낙태 찬성론자들은 아이를 가질 것인지 여부, 그리고 언제 어떻게 가질 것인지 여부를 선택할 수 있는 능력은 여성의 경제적 성공, 교육적 성취, 그리고 일반적인 건강 및 복리에 연계되어 있다고 주장한다. 예를 들면, 미국 진보센터(The Center for American Progress)는 생식 건강에 대해 다양한 수준의 접근성을 가진 여성들의 경제적 성과를 분석했다.

2017년 동 진보센터는 좋은 생식 건강 환경을 가진 주에 사는 여성들은 생식 건강에 대한 접근이 제한된 주에 사는 여성들에 비해 더 높은 소득을 얻고 성별직종분리에 직면할 가능성도 낮다는 점을 발견했다. 좋은 생식 건강 환경이란 가족계획 사업에 의료지원을 요청할 자격이 확대되어 있고 의학적으로 필요한 낙태를 위해 주 정부의 공공 자금 지원이 가능한 환경 등이 포함되어 있다.

1976년 의회는 수백만의 사람들에게 의료 혜택을 제공하는 연방과 주의 공동 프로그램 메디케이드(Medicaid)가 낙태 치료를 지원하는 것을 방지하는 하이드 수정조항(Hyde Amendment)을 제정했다. 생식 건강 옹호자들은 동 수정 조항이 저소득 유색인종 여성들에게 불균형적인 영향을 미친다고 주장했는데 왜냐하면 이들은 주로 메디케이드를 통해 건강 보험을 제공받고 있었기 때문이다.

낙태 옹호자들은 이 수정 조항은 낙태 제한 조치가 어떻게 유색인종 여성과 빈곤층 여성에게 가장 심한 타격을 입히고 있는지를 보여주는 하나의 예라고 주장한다. 연구와 정책을 담당하는 가트마커 연구소(Guttmacher Institute)는 2016년 보고에서 의도하지 않은 임신 비율은 저소득 여성, 18세에서 24세 사이의 여성, 동거 여성, 유색인종 여성들 가운데에서 가장 높았다고 설명했다. 이 비율은 고소득 여성, 백인 여성, 대학 졸업 여성 및 결혼한 여성 사이에서 가장 낮았다.

흑인과 히스패닉 여성들은 백인 여성들보다 낙태시술을 받을 확률이 더 높았다. 가트마커 연구소에 따르면 2017년 가임 연령에 있는 여성 1,000명당 낙태 비율은 흑인 여성이 27명, 히스패닉 여성이 18명, 백인 여성이 10명이었다. 여성들이 낙태를 고려하는 사유로 인용하는 가장 공통적인 이유는 또 다른 아이를 가질만한 형편이 되지 못했기 때문이었다.

●● 대법원과 사회적 변화

트럼프 대통령은 로우 대 웨이드 판결을 겨냥하여 자신의 보수 지지층에게 이 기념비적 결정을 뒤집을 대법원 판사를 임명할 것이라고 반복적으로 약속했다. 그는 2020년 10월 긴즈버그(Ginsburg) 대법관의 사망으로 생긴 공석에 애미 코니 바렛트(Amy Corney Barrett) 판사를 임명하여 이 목표에 한 걸음 더 다가갔다.

2021년 12월 1일 대법원은 생존능력이 없는 태아에 대한 낙태(pre-viability abortion)에 대해서도 이를 금지하는 모든 주의 법들이 위헌인지 여부를 심사할 미시시피 주의 사례에 대해 심리를 예정하고 있다. 돕스 대 잭슨 여성보건소 사건(Dobbs v. Jackson Women's Health Organization)[14]은 로우 판례에 대한

_____

14) Dobbs v. Jackson Women's Health Organization 케이스는 현재 대법

심각한 도전이었다. 미시시피 주는 임신 15주가 경과한 시점에서 대부분의 낙태를 금지하고 있는데 이는 태아가 생존할 가능성을 갖기 훨씬 이전으로서 생존이 가능하려면 통상 22주에서 24주를 경과해야 한다. 미국의 제5순회 항소법원의 합의체는 이 법이 로우 판결에 어긋난다며 동 시행을 금지시켰다. 미시시피 주의 법률은 여러 보수적인 주들이 지난 해 무렵쯤에 낙태를 금지하거나 심각하게 제한하기 위해 통과시킨 법들 중의 하나였다.

2019년 이래 생존 능력이 없는 태아에 대한 낙태에 대해서도 이를 금지하는 조치가 10여 개 주에서 진행되었다. 알라바마, 아칸소, 조지아, 켄터키, 루이지애나, 몬태나, 미주리, 오하이오, 오클라호마, 사우스캐롤라이나, 유타, 테네시 주가 그들이다. 그런데 현재의 대법원은 낙태를 반대하는 판사가 다수로 구성되어 있기에 낙태 옹호론자들은 로우 판결이 뒤집히거나 약화되어 더 이상 각 주의 입법부가 통과시킨 낙태 반대 조치들에 대한 방벽 역할을 하지 못할까 하는 심각한 두려움을 갖고 있다.

만일 로우 판결이 뒤집힌다 하더라도 50개 주 중 절반 이상

원에서 심리가 진행 중인 사안으로 2018년도 미시시피 주가 제정한 수태기간에 대한 법률(Gestational Age Act)이 임신 15주 이후의 낙태를 금지하는 내용을 담고 있기에 주내 유일의 낙태 시술병원인 Jackson Women's Health Organization은 주정부를 상대로 동 법의 위헌성 여부를 제소하였다. 하급심과 항소심은 원고 승소 판결을 하여 동 법의 시행에 대해 예비적 금지 가처분 조치를 내렸다. 이에 주 정부는 2020년 6월 주 보건국 담당자인 Thomas Dobbs 명의로 대법원에 상고했고 2021년 12월 구두 변론이 있었다. 최종 판결은 2021−2022 회기의 종반 정도에 내려질 것으로 예상하고 있다.

의 주에서는 합법적인 낙태로의 접근에 변화가 없을 것이다. 그러나 미국 남부와 중서부의 많은 곳에 살고 있는 사람들에게는, 특히 빈곤층에게는, 그러한 접근이 효과적으로 봉쇄될 것이라고 뉴욕 타임스는 2019년 보도했다.

미들베리 대학교의 경제학자이자 독창적인 연구의 공동 저자인 카이틀린 노울레스 마이어스(Caitlin Knowles Myers) 교수는 "로우 판결 이후의 미국 사회는 낙태가 전혀 불법이 아닌 그런 곳이 아니라, 낙태에 대한 접근에 엄청난 불평등이 있는 그런 곳이다"고 설명한다. 그녀는 "이제 낙태를 규제하는 큰 힘은 각 주를 향하고 있으며 주에서의 정치가 훨씬 더 중요해졌다"고 부연한다.

미국 내 낙태 전쟁이 새로운 국면에 들어선 현 상황에서 긴즈버그 대법관이 표명한 희망 사항들은 숙고할만한 가치가 있다. 그녀는 대화 재개와 "1970년대 초에 진행된 바 있던 정치적 운동의 부활"을 통해 "이 사활적인 사안에 대한 항구적인 해결책을 만들어낼 수 있을 것"이라고 희망하고, 결국 미국은 시계의 추와 같아 "추가 어느 한쪽 방향으로 너무 많이 나가버리면 반드시 되돌아오게 된다"고 이야기했다.

리디아 림(Ms. Lydia Lim)은 1999년 스트레이츠 타임스지에 입사하여 정치담당 특파원과 의견란의 부편집자 등 다양한 업무를 수행했다. 그녀는 2010년 미 스탠포드 대학에서 존 에스 나이트 저널리즘 펠로우(John S, Knight Journalism Fellow)를 역임했다.

기독교 민족주의자와 복음주의자 그룹

멜리사 심(Melissa Sim)

2021년 1월 6일 미 국회의사당에 난입한 폭도들이 들고 있던 "미국을 다시 위대하게"라는 팻말들 가운데에 종교적 편향성이 있는 현수막과 깃발들이 있었다.

"미국을 다시 경건하게"나 "예수 2020"은 몇 가지 사례 중의 하나였다. 이러한 표식들은 조 바이든의 2020 대통령 선거 승리 공식화를 저지하기 위해 조직된 폭동이 분명히 열정적이고 분노에 찬 현직 트럼프 대통령의 지지자 무리와 연계되어 있을 뿐만 아니라 기독교 민족주의라고 불리는 정치적 운동의 부상과도 연결되어 있다는 것을 의미했다.

"예수는 나의 구세주이며, 트럼프는 나의 대통령"이라는 용어는 아마 이러한 이념적 지향을 가장 간결하게 압축시켜 설명하는 말일 것이다. 사회학 교수인 앤드류 엘 화이트헤드(Andrew L. Whitehead)와 새무엘 엘 페리(Samuel L. Perry)는 상기 용어는 "기독교가 미국 시민 사회"에 융합된 것을 묘사하는 것이라고 설명한다.

기독교 민족주의자라는 정체성의 핵심은 미국은 "기독교 국가"이고 "기독교 국가"로 유지되어야 한다는 믿음이며, 공공 영역에서 "기독교의 특권적 위치"를 유지시키기 위해 투쟁해 나가야 한다는 것이다.

그런데 이런 유형의 "기독교"는 대부분의 사람들이 알고 있는 신앙과는 달리 토착주의(nativism),[15] 백인 우월주의, 가부장제, 이성애규범성(heteronormativity)[16]을 수용하고 있으며 권위주의적 통제와 군국주의를 신의 이름으로 인정해주기까지 한다. 이는 인종적이고 정치적이면서 또한 종교적이다. 화이트헤드 교수와 페리 교수는 자신들의 저서 신을 위해 미국을 되찾기: 미국에서의 기독교 민족주의(Taking back America for God: Christian Nationalism in the United States)에서 이를 설명하고 있다.

기독교 민족주의자들은 (이 집단의 구성원들은 자신들에게는 이 용어를 사용하지 않음) 미국이 성공한 것은 신이 계획한

---

15) 토착주의 또는 원주민주의(nativism)는 태생적으로 그 지역의 국적을 가진 원주민의 권리를 옹호하는 사상이다. 이 사상은 이민자들의 유입을 반대하며 그들의 이익을 억제하는 정책을 옹호한다. 미국에서는 주로 공화당이 이런 형태의 정책을 추구한다.

16) 이성애규범성(異性愛規範性)은 이성애적 관계를 규범으로 보고 다른 모든 형태의 성 행위를 이 규범에서 벗어난 일탈로 보는 경향을 지칭하는 용어이다.

것이며 연방 정부는 "기독교적" 가치를 옹호해야 한다는 주장을 강력히 지지한다. 예를 들면, 정부는 공립학교에서 기도를 다시 도입해야 한다는 것이다.

여러 믿음에 더해 앵글로 프로테스탄트 문화는 방어되고 보존되어야 한다는 개념이 추가된다. 바로 여기에 토착주의나 백인 우월주의 사상이 몰래 기어들어 기독교 민족주의자의 마음속에는 열등한 종교, 인종, 시민들에 대한 인식이 형성된다.

전문가들은 미국 인구의 약 1/4에 가까운 사람들이 기독교 민족주의를 적극 수용하고 있다고 하며, 비록 일부 적극 지지층에 흑인들도 있지만 미국을 휩쓸고 있는 이 현상은 본질적으로 백인 기독교 민족주의라고 설명한다.

이 백인 기독교 민족주의자들은 무슬림과 같은 종교적 소수자를 두려워하고 불신하는 경향이 강하며, 이민 반대 의견을 지지하고, 타인종 간의 결혼에 불편함을 느끼며, 심지어 흑인에 대한 경찰의 폭력을 용인한다.

연구는 또한 기독교 민족주의자들은 사형 제도를 선호하고 강력한 군대를 지지하며 총기규제에 반대한다는 것을 보여준다.

●● 기독교 민족주의는 언제 나타났는가?

비록 용어 자체는 새로운 것일지 몰라도 이러한 운동은 복음주의 기독교인들이 정치 과정에 더 많이 관여하기 시작하면서 수십 년간에 걸쳐 형성된 것이다.

1950년대에 복음주의자인 빌리 그래함 목사의 영향력과 명성은 계속 상승했다. 그는 복음주의적 신념을 정치와 결부시킨 사람으로 알려져 있고 미국식 생활 방식이 사라질지도 모른다는 공포를 성공적으로 활용하였다.

거의 동일한 시대에 많은 복음주의 기독교도들은 정치의 장으로 몰려들었다. 학교에서의 인종분리 철폐를 명령한 1954년 브라운 대 교육위원회 사건(Brown v. Board of Education case)[17]에 대한 대법원 판결에 따른 영향 때문이었다. 그들은 인종 분리 학교에 대한 세금 감면 조치를 불허한 정책에 분노하였는데 이들 학교 대부분은 교회와 연계되어 있었다.

---

17) 1954년 미 대법원이 공립학교에서의 인종 분리를 인정하는 주의 법률은 비록 분리된 학교가 질적으로 동일한 경우라 하더라도 헌법에 위배된다고 결정한 기념비적 판례이다. 1951년 미국 캔자스 주 토페카에 거주하던 흑인 올리버 브라운(Oliver Brown)은 딸을 버스를 타고 멀리 가야 하는 흑인학교가 아닌 집에서 가까운 초등학교에 등록시키고자 했으나 거부당하자 토페카 교육위원회를 상대로 소송을 제기했다. 하급심은 1896년의 Plessy v. Ferguson 사건의 판결인 분리된 학교의 시설이 동일한 수준의 질을 유지하고 있다면 인종에 따라 학교를 분리하는 것이 헌법에 위배되지 않는다며 seperate but equal 원칙(백인과 흑인을 분리는 하지만 교육, 교통수단, 직업 등에서는 차별하지 않는다는 원칙)을 확인하였으나, 대법원은 별도의 교육시설이라는 것이 본질적으로 불평등이라며 만장일치로 동 주 법을 위헌으로 판결했다. 이에 대해 많은 남부 백인 주민들은 이날을 검은 월요일 – 진주만과 같은 날로 지칭하며 저항해 나갔다.

이것이 보수주의 인사들의 연합체인 종교적 우파의 시작이었고 이들은 1970년대에 들어 더욱 잘 조직되었는데 그 구성원들이 지난 수십 년간에 걸쳐 미국 사회에서 진행된 도덕적/정신적 퇴락을 저지해야 한다고 믿었기 때문이다. 이들은 학교에서 주관하는 기도를 1962년 대법원이 금지시킨 것과 1973년 낙태를 전국적으로 합법화한 로우 대 웨이드 판결에 대해 싸워 나갔다.

이 모든 상황이 진행되는 가운데 종교 지도자이자 텔레비전 전도사인 제리 팔웰(Jerry Falwell)은 1979년 가정 친화 및 미국인 친화를 표방하며 도덕적 다수(Moral Majority)라는 조직을 설립했다. 이 조직은 1980년 레이건 대통령이 대통령 선거에서 승리하도록 충분한 지지를 규합한 중요한 정치 행위자가 되었다.

그러면 종교적 우파와 기독교 민족주의자들은 동일한 집단인가? 전문가들은 차이점이 존재한다고 본다.

연구자인 캐서린 스튜어트(Katherine Stewart)는 자신의 책 권력숭배자들: 종교적 민족주의의 위험한 발흥(The Power Worshippers: Inside the Dangerous Rise of Religious Nationalism)에서 종교적 우파를 미국의 다원적, 민주적 정치 체제 내에서 작동하는 사회 운동이라고 기술했다. 반면, 기독교 민족주의는 좀 더 정치적인 운동으로 다원적 미국 사회에 해악이 될 수 있는 어떤 결과를 추구하는 것이라고 표현했다.

두 개의 용어에 대한 맥락을 잘 잡는 방법은 기독교 민족주의는 자신의 정체성을 종교적 우파라고 밝힌 사람들 사이에서 가장 잘 수용된다고 설명하는 것이다.

사업가인 도널드 트럼프가 2016년 제45대 대통령으로 당선되었을 때 기독교 민족주의는 큰 활력소를 얻은 것이나 다름없었다.

그의 반이민적이고 인종차별적인 언급들은 기독교 민족주의자들에게 반향을 불러일으켰다. 그는 비록 개인적으로는 종교적인 것과 거리가 멀었지만 대통령직을 수행하는 기간 동안 신중하게 이 집단에게 호소하는 이미지를 만들어 냈다.

그는 사진 촬영이 있을 때 성경책을 쥐고 있거나, 지난 100여 년간의 자신의 어느 전임자보다 주요 대중 연설에서 종교적인 언사를 더 많이 사용했다. 연구자인 세리 휴즈(Ceri Hughs)는 2020년 국제의사소통 저널(International Journal of Communication)에 게재한 글에서 이를 확인한다.

이후 트럼프의 선거운동 구호인 "미국을 다시 위대하게"가 등장했는데 이는 로널드 레이건 전 대통령의 구호인 "함께 미국을 다시 위대하게 만듭시다"를 복사한 것으로 기독교 민족주의자들은 이를 "기독교" 국가로서의 미국의 영광을 다시 회복하자는 호소로 해석했다.

그렇기에 2016년 선거와 2020년 선거에서 기독교 민족주의에 대한 지지 여부는 유권자가 트럼프를 지지했느냐 여부를 판단하게 하는 핵심 예측 변수였다.

트럼프는 대통령직을 국가의 가장 강력한 설교대로 활용하면서 기독교 민족주의에 큰 목소리를 실어주었다.

●● 미국의 시민 생활에 미치는 영향

2016년 대통령 선거 운동이 시작되자 트럼프는 무슬림의 입국 금지를 요구하고, 멕시코 이민자에게 강간범이라는 딱지를 붙이는가 하면, 다른 국적자와 정치적 반대자에게 수많은 인종적 비방을 했다.

이와 같은 정서는 기독교 민족주의자들로 하여금 대담하게 우리(백인, 기독교인, 자연적으로 미국에서 태어난 시민)와 다른 사람(비 백인, 비 기독교인, 그리고 이민자 집단) 사이에 뚜렷한 선을 긋도록 만들었다.

이러한 구분은 열등한 이류 시민들을 만들어냈고 이미 기록적 수준에 도달해 있던 인종적, 종교적 긴장을 더욱 악화시켰다. 2021년 3월의 갤럽 여론조사에 따르면 지난 20여 년 사이에 가장 높은 수치인 46%의 미국인들이 인종 간의 관계 현황에 대해 매우 불만족스러움을 나타냈으며 기독교 민족주의는 문제를 더할 뿐이라고 답변했다.

동 연구에 따르면 기독교 민족주의자들은 흑인 사회에 대한 경찰의 무자비함에 관한 보도들은 언론에 의해 과장되었으며 진짜 문제가 아니라고 믿는 경향이 높았다.

최근의 코로나 바이러스 대역병 문제와 관련하여 기독교 민족주의와 관련된 사람들은 마스크를 착용하거나 얼굴을 만지지 않도록 하는 것과 같은 주의조치를 하지 않는다는 답변을 많이 했다. 아울러 백신 접종을 삼가려는 경향도 높았다. 그래서 전문가들은 기독교 민족주의 이념이 상당수 미국인들의 자발적 접종을 막고 있으며 이에 따라 집단 면역도 지체시키고 있다고 경고한다.

연구자들이 가장 우려하는 문제 중의 하나는 기독교 민족주의자들과 반민주적 정서 간에 강력한 연계가 있다는 점이다.

기독교 민족주의자는 미국에서 "투표를 하는 것이 너무 쉽고" 그래서 "투표자 사기가 만연되어 있다"고 쉽게 믿으며, 통상적으로 소수민족 공동체의 투표를 어렵게 만드는 정책을 지지한다.

기독교 민족주의자들은 선거인단 제도의 유지를 선호한다. 선거인단 제도는 백인 투표자에게 더 큰 권력을 제공하는데 백인들이 경합주(swing state)에서 과다 대표되고 있기 때문이다. 현 체제는 근본적으로 백인, 기독교 남성이 권력의 자리를 계속 유지할 수 있도록 최적화되어 있으며 기독교 민족주의자들은 동 제도가 계속 유지되어야 한다고 믿는다.

여기서 우리는 태생의 차이와 사회적 계층에 대한 관념이 어떤 방식으로 정치적 과정에 참여시킬 사람을 선정하고 그들이 국가 장래에 대한 결정을 하도록 할 것인가에 대한 굳건한 신념으로 전환되는지를 알 수 있다.

기독교인들이 자기 자신의 국가에서 박해를 받고 있고 기독교 국가로서의 미국이 협박을 받고 있다는 두려움은 트럼프가 "도둑맞은 선거"라는 주장을 계속 반복함으로써 더욱 힘을 받았다.

국회의사당에 대한 공격이 있기 바로 직전의 집회에서 트럼프는 지지자에게 다음과 같이 말했다. "여러분들이 치열하게 싸우지 않는다면 여러분들은 더 이상 조국을 갖지 못할 것입니다." 그와 같은 단어들은 기독교 민족주의자들의 주장에 반영되어 손쉽게 폭력과 소요를 촉발시켰다. 이는 2021년 1월 6일 워싱턴에서 발생했으며, 언제든 다시 또 발생할 수 있는 것이다.

●● 복음주의 집단들의 반격

모든 이들에게 종교적 자유를 보호해주기 위해 설립된 조직인 종교적 자유를 위한 침례교 합동 위원회(Baptist Joint Committee for Religious Liberty)는 2019년 기독교 민족주의에 대항하는 기독교인(Christians against Christian Nationalism)이라는 운동을 출범시켰다. 이 운동은 많은 기독교 단체들의 지원을 받고 있다.

그들의 웹사이트에 올라와 있는 성명은 기독교 민족주의를 종교 공동체와 미국 민주주의에 대한 지속적인 위협이라고 묘사하고 다음과 같이 부연한다. "기독교 민족주의는 기독교가 국가에 의해 특권을 받아야 함을 요구하며, 훌륭한 미국인이 되기 위해서는 기독교인이 되어야 함을 암시한다. 이는 흔히 백인 우월주의 또는 타인종을 예속시킨다는 개념과 겹치거나 그에 대한 바람막이를 제공하는 것이다."

현재까지 이 운동은 2만 명 이상의 서명을 끌어 모았다.

2021년 2월 100여 명 이상의 목사, 성직자, 저명한 복음주의 전도사들에 의해 기독교 민족주의에 대해 "No"라고 이야기할 또 다른 호소 운동이 출범하였다.

온라인에 게재된 그들의 공개서한에는 다음과 같은 내용이 담겨 있다. "우리는 모든 목사, 성직자, 신부들께서 예수 그리스도에 대한 약속이 폭력에 대한 요구, 백인 기독교 민족주의에 대한 지지, 음모론, 그리고 모든 종교적/인종적 편견과는 양립할 수 없다는 사실을 과감하게 밝혀주시길 촉구합니다."

비록 저항하는 집단들이 출현하기는 하지만 수백만의 사람들은 기독교 민족주의라는 위험한 사상의 물결에 계속 올라타고 있다. 이 물결은 미국의 다원적인 사회와 민주적인 이상을 중대한 위협 속에 빠뜨리고 있다.

멜리사 심(Ms Melissa Sim)은 언론인이자 연극인이다. 그녀는 스트레이츠 타임스지에서 15년간 근무했으며 2013년부터 2016년까지 미국특파원을 역임했고, 2019년부터 2020년까지 생활면의 부편집인 업무를 수행했다.

인종과 미국 내 이민의 정치

추아 무이 홍
(Chua Mui Hoong)

미국은 이민에 대해 오랫동안 모호성을 유지해온 이민자의 나라이다. 많은 사람과 사상이 함께 뒤섞여 있는 용광로(melting pot)라는 명성에도 불구하고 이민에 대한 미국 사회의 태도는 양면성을 유지해 왔는데 지난 세기에 걸친 많은 이민 관련 법률들은 우선순위와 선호 사항이 계속 변화해 왔음을 보여준다. 오늘날에도 이민 문제는 갈등이 들끓는 주제로 남아 있다.

오늘날의 특별한 관심사항은 소수 인종 집단의 숫자가 늘어나는 것과 이에 상응하여 백인 다수 인구가 감소하고 있는 문제이다. 2025년이 되면 백인들의 숫자는 다른 인종을 합친 숫자에 추월당할 것이라는 인구조사의 예측치가 언론의 큰 관심을 받았으며, 그 결과 문화적인 가치와 정치적인 힘에서 변화가 오게 될 가능성에 대해 많은 우려를 야기했다. 그러나 미국의 이민 역사를 자세히 들여다보면 이러한 결과는 충분히 예측된 것이었다. 물론 동 인구조사 결과 보고서를 더 잘 이해할 경우 전반적인 모양새는 그렇게 양극화되어 있는 것은 아니다.

●● 18세기부터 20세기 중반까지의 이민

미국이 독립한 1776년 이전의 시대에는 유럽과 아프리카에서 이민자들이 물밀 듯이 몰려왔다. 이들은 무엇보다도 주로 농부, 연한(年限)계약노동자(indentured servant), 가사노동자 등으로 일을 했다. 초기 정착민들은 메인 주에서 조지아 주까지 대서양 연안에 면한 지역에 식민지를 건설했고 서부 내륙지역으로 이를 확장했다. 17세기에는 영국 출신 정착민들이 주류 집단을 형성했고 주로 노예들인 아프리카인들이 뒤를 따랐다. 18세기에는 독일계, 스코틀랜드−아일랜드계, 네덜란드계, 프랑스계 정착민들이 대규모로 넘어 왔다. 1776년에는 약 250만 명의 사람들이 이 지역에 거주했다.

1776년부터 1911년까지 빠르게 진행된 이민 상황은 주기적으로 외국인혐오 현상을 불러일으켰고 이는 다시 인종을 기반으로 한 이민 정책으로 나타났다.

미 의회는 1790년 귀화법(Naturalization Act)을 제정하여 백인과 자유이민자가 미국에서 2년간 거주하게 되면 시민권을 부여했다. 1800년대에는 미국이 루이지애나 구입지, 플로리다, 텍사스 오레곤으로 영토를 확장해 나감에 따라 이민자도 급증했다. 1830년대부터 1850년대까지는 연간 이민자 수가 약 15만 1천명에서 170만 명까지 증가했다.

주목할 만한 한 집단은 아이리쉬(아일랜드계)였다. 약 450

만 명의 아이리쉬가 1820년부터 1930년 사이에 미국에 도착했다. 1840년대에는 대기근을 피해 도망쳐 나온 이민자가 미국 전체 이민자 수의 약 절반을 차지했다. 그들의 엄청난 숫자와 국고에 대한 청구를 두려워 한 매사추세츠 주나 뉴욕 주는 그들을 배에 한가득 실어 다시 유럽으로 돌려보냈다. 어떻게든 남을 수 있게 된 사람들은 현지인들이 피하는 직업들을 붙잡았다. 남자들은 광산, 철도, 운하 등에서 일을 하고, 여성들은 가사노동자로 일했다. 그들은 가톨릭 교도였기에 신교도들이 다수인 미국에서 차별을 겪었다. 그들은 18세기에 정착해서 이미 미국의 상류층으로 진출한 이전 세대 아이리쉬들에 비해 교육도 덜 받았고, 가난하고, 사회적 지위도 낮아 집단 내 갈등이 촉발되었다. 시간이 흐름에 따라 새로운 아이리쉬 이민자들도 새로운 조국에 잘 정착하게 된다. 2019년 인구조사에 따르면 미국인 전체의 약 10%가 자신이 아일랜드 혈통을 가진 것으로 밝혔다. 조 바이든 대통령을 포함한 역대 미국 대통령 46명 중 절반도 아일랜드 혈통을 가졌다.

캘리포니아로의 중국인 이민자 수가 급증하여 1860년에는 주 전체 인구의 9%까지 도달하자 반중국인 정서가 증가했다. 1882년 의회는 중국인 배척법(Chinese Exclusion Act)을 통과시켜 중국으로부터의 모든 이민을 중단시켰다. 이와는 대조적으로, 유럽 출신 이민자들은 환영받았고 1862년 자영농지법(Homestead Act)을 통과시켜 귀화한 시민들에게 명목상의 가격만 받고 일정 규모의 토지도 불하했다.

1900년대 초에는 외국인 혐오증이 매우 보편화되었다. 남유럽과 동유럽에서 많은 이민자가 미국에 몰려오자 의회는 이민 정책의 운용을 위해 1907년 딜링햄 위원회(Dillingham Commission)를 설치했다. 9명의 위원으로 구성된 위원회는 1911년 41권에 이르는 보고서를 내고 일부 이민자들은 다른 이민자들에 비해 더 바람직하다는 결론을 내렸다. 동 보고서는 동유럽과 남유럽 출신 이민자들은 미국 사회에 통합이 잘 안되고 미국 사회의 질을 낮춘다고 주장했다. 인류학자인 프란쯔 보아스(Franz Boas)는 이민자에 대한 생리학적 연구의 일환으로 이민자 어린이들의 머리를 측정한 후 미국의 환경이 어린이들을 유럽인이 아닌 미국인처럼 보이게 만들었다는 긍정적인 결론을 내렸다.

이민자에 대한 의존과 두려움이 공존하는 환경 속에서 동 위원회는 다음 50년간의 미국 이민정책을 구성할 두 가지 핵심 제안을 소개했다. "양질의" 이민자를 구분하기 위한 일종의 대리 시험으로서 읽기와 쓰기 능력 검사(literacy test)와 동유럽과 남유럽으로부터의 이주에 상한선을 두기 위해 국적과 인종에 따른 쿼터 제도의 도입이 그것이다. 쿼터 제도는 러시아 혁명, 오스트리아 헝가리 제국의 붕괴, 두 차례의 세계 대전으로 삶의 터전에서 쫓겨난 수백만 명의 이민자들이 유입되는 것을 통제했다.

●● 기술에 기반한 이민과 가족 간의 유대

1965년 제정된 획기적인 이민국적법(Immigration and Nationality Act: INA)은 정치적 망명자, 적절한 직무기술 보유자, 그리고 미국에 친척이 있는 사람을 우대하기 위해 쿼터 제도를 폐지했다. 이 법은 그 당시에 당파를 불문하고 대중적으로 폭넓은 지지를 받았다.

수십 년을 지나는 동안 INA는 더욱 다양한 이민자 집단을 불러들여 미국 사회를 개조했다. 1960년에는 외국에서 태어난 국민의 비율이 단 5%에 불과했다. 그런데 2018년에는 13.7%에 해당하는 4천 480만 명이 외국에서 태어난 국민으로 나온다. Pew Research Center는 2065년에 동 비율이 18%에 달할 것이며 숫자는 7천 800만 명에 이를 것으로 추산한다.

외국에서 태어난 인구의 구성 비율 역시 변화되었다. 2018년에 가장 큰 몫은 멕시코 출신들이(25%) 차지했다. 다른 라틴 아메리카 국가 출신들의 총합도 25%로 그 뒤를 따랐다. 28%는 아시아에서 온 이민자들이었고, 유럽·캐나다·북미지역 출신들은 단지 13%에 불과했다. 반면, 1960년에는 각각의 지역으로부터 온 이민자 숫자의 상응하는 비율이 6, 3, 4 그리고 84%였다.

●● 이주 노동자와 불법 이민

미국 내 이민 문제는 큰 규모의 미등록 불법이민으로 인해 더욱 복잡해졌다. Pew Research Center의 인구통계학자들은 1990년에는 약 350만 명의 미등록 불법이민자들이 있었지만 2000년에는 860만 명, 2017년에는 1,050만 명이 있는 것으로 추산한다. 이중 약 절반은 미국 국경 바로 너머의 멕시코로부터 온 사람들이다.

불법 이민자의 숫자가 증가한 것은 약 200년 전부터 존재했
던 이민 정책에 그 기원이 있다. 이민법이 19세기와 20세기에 걸
쳐 아시아로부터의 이민을 억제하자 미국의 고용주들은 농업, 광
업, 철도건설 및 유지와 관련된 노동자들을 멕시코에서 구했다.
1930년에 이르자 멕시코 출신의 인구는 150만 명 이상으로 추산
되었으며 대부분 텍사스, 캘리포니아, 애리조나에 거주했다.

그러나 1930년대의 대공황시대에는 미국에서 태어난 사람
들까지 포함하여 수십만 명의 멕시코 출신 노동자들이 고국으로
되돌아갔다. 허버트 후버(Herbert Hoover) 대통령이 "미국의 일
자리는 진짜 미국인들에게"라는 정책을 견지하라는 대중들의 압
력에 굴복한 결과였다.

1942년 미국은 전쟁 기간 중 남성 노동자의 부족 사태에 직
면하자 적정한 임금과 괜찮은 음식 및 주거를 보장하는 이주 노
동자 프로그램을 도입했다. 1950년부터 1954년 사이에 매년 20
만 명 이상의 노동자가 미국에 입국했다. 이는 멕시코에서 매년
평균 6만 명이 들어왔던 것에 비해 크게 증가한 숫자였다. 1955
년에서 1960년 사이에는 이 숫자가 40만 명 선까지 이르렀다.
대부분 멕시코 출신이었으나 소수는 자메이카, 바하마, 바베이도
스, 온두라스 등지에서도 들어왔다. 1980년 미 상원 보고서에 따
르면 1964년에 동 프로그램이 종료될 때까지 약 5백만 명에 이

르는 이주노동자 계약이 이루어졌다.

이에 상응하여 허가받지 않은 이민자 비율도 증가했다. 미국으로 들어가는 통로와 멕시코에 비해 7~10배 많은 임금을 제공하는 수익성 있는 노동시장에 접근하는 데 친숙해진 결과였다.

여성을 포함한 더 많은 라틴 아메리카 출신 이민자들이 1970년대와 1980년대에 미국에 들어왔다. 동 지역이 정치적 혼란과 경제적 격변 상황을 겪고 있었기 때문이다.

라틴계 인구는 기하급수적으로 증가했다. 1970년에는 960만 명으로 미국 전체 인구의 5% 미만이었으나, 2020년에는 6,060만 명으로 전체 인구의 18%를 차지하면서 두 번째로 많은 인종 집단을 구성했다. 이와 비교하여 비 히스패닉계 백인들은 60%, 흑인은 13%, 아시아계는 6%를 각각 차지했다.

●● 다수자와 소수자 간의 교차

백인 인구는 노령화됨에 따라 인구증가율도 점차 감소했다. 2045년에 이르면 미국 전체 인구의 절반 이상이 소수자 집단에 속하고 백인 인구를 능가하게 될 것으로 예상된다. 인구는 백인(49.7%), 히스패닉(24.6%), 흑인(13.1%), 아시아계(7.9%), 복합인종 공동체(3.8%)로 구성될 것으로 예상된다.

이러한 변화는 두 가지의 인구학적 힘이 작용한 결과이다.

첫째는 노령화되는 백인 인구로서 2024년까지는 그 숫자가 증가하나 이후에는 사망자 수가 출생자 수보다 많아 감소하는 추세이다. 두 번째로는 다른 인종 집단의 빠른 인구증가율이다.

다수자와 소수자 간의 교체에 대한 뉴스는 지난 10년 동안 격렬한 토론을 촉발했다. 많은 백인 미국인들은 국가의 문화와 가치가 침식되고 정치권력의 변화가 발생할 것을 두려워했다. 그러나 자료를 좀 더 가까이 들여다보면 그러한 공포는 과연 무엇이 "백인"을 의미하는가에 대한 극단적 견해를 취했을 경우에만 해당될 것이다.

소수 인종의 증가에는 인구 조사 방식의 변화에 일부 그 원인이 있다. 2000년 이후에는 인구조사 응답자들이 한 가지 이상의 인종에 표시할 수 있게 되었다. 복합 인종으로서의 정체성을 가진 사람은 비록 백인 선조를 가지고 있더라도 소수자 그룹에 속하는 것으로 분류된다. 예를 들어, 백인 아버지와 아시아계 어머니를 가진 사람은 소수자에 속하는 것으로 분류된다. 아버지의 인종에 따르는 가부장적인 체제에서는 이 사람은 백인으로 분류될 것이다. 미국의 분류방식은 20세기에 일부 남부 주에서 채택했던 "피 한 방울 원칙(one drop rule)"으로 회귀하는 것인데 동 원칙은 흑인 피 한 방울이라도 섞인 사람은 백인으로 인정하지 않는 것이었다.

모든 혼혈 인종 사람들을 하나로 뭉쳐 비 백인이라고 할 경우 불가피하게 소수 인종 집단은 확대시키고 백인 집단은 축소시키게 된다. 그렇기에 "교체"라는 말은 100% 백인이라고 정체성을 밝히는 사람의 숫자가 특정 연도에 50% 이하로 떨어진다는 것을 의미한다. 나머지 인구들은 백인과 다른 인종적 유산을 공유하는 집단을 포함하여 다른 많은 공동체로 구성되어 있다.

이와 같이 백인과 비 백인을 엄격히 분류할 경우 색깔에 따른 구분이 좀 더 혼합적으로 되어가는 최근의 경향을 반영하지 못한다. 많은 젊은 미국인들은 자신들의 정체성을 복합인종이자 가장 빠르게 증가하는 집단으로 생각한다. 2018년부터 2060년 사이의 복합인종의 예상 성장률은 아시아계가 176.93%, 히스패닉계가 86%이다.

아틀란틱(The Atlantic)에 기고한 2021년도 논문에서 연구자인 리차드 알바(Richard Alba), 모리스 레비(Morris Levy), 도웰 마이어스(Dowell Myers)는 다음과 같이 설명했다. "사실 인종적 다양성은 전체 국가적인 수준에서 뿐만 아니라 미국 가정 내에서 그리고 개별 미국인 내에서 증대되고 있다. 거의 아시아계 10명 중 3명, 라틴계 4명 중 1명, 흑인 5명 중 1명의 신혼부부들은 다른 인종 집단의 구성원과 결혼한다. 이러한 결합의 3/4 이상은 백인 배우자와의 결혼이다. 점점 더 많은 미국인들에게 인종 통합이라는 것은 그들의 가장 가까운 관계 속에 내재되어 있다."

비평가들은 이런 다문화 인구의 증가가 백인과 비 백인을 구분하는 의미를 점차 감소시키고 있다고 지적한다. 소수자들이 노령화되고 있는 인구의 활력을 회복시키고 있다는 새로운 주장까지 등장했다. 연구는 또한 이 의제를 어떤 틀로 어떻게 이야기 하는가가 백인들의 반응에 큰 영향을 미친다는 것을 보여주었다. 아틀란틱이 보고한 바에 따르면, 실험에서 혼혈 결혼과 다인종 인구의 증가를 설명하는 뉴스 보도에 접한 백인 미국인들은 2040년대 중반까지 다수자-소수자의 사회에서 백인 인구가 감소한다는 잘못된 이야기를 서술하고 있는 뉴스를 받은 백인들에 비해 "불안감과 분노를 더 적게 표현하고, 백인에 대한 차별을 적게 예상했으며, 교육과 같은 공공재에 기꺼이 투자할 의사를 더 많이 밝혔다."

월스트리트저널은 2021년 알바 박사가 자신이 저술한 책인 거대한 인구통계학적 환상(The Great Demographic Illusion)에 서 "얼마나 많은 비 백인들이 그들 이전의 백인들만큼 미국의 주류에 동화되고 있는지"를 설명했다.

인종의 이동은 정치적으로 큰 영향을 미칠 것으로 예상되는데 특히 민주당이 소수계 인종의 지지를 더 많이 받고 있기 때문이다. 백인 유권자의 비율은 1980년 87%에서 2016년 74%로 떨어졌다.

이민 문제는 미국 정치를 갈라치기하는 사안이다. 민주당원

10명 중 8명은 이민이 미국 사회를 강화시킨다고 주장하는 반면 공화당원은 10명 중 4명만이 그렇게 답변했다. 여론 조사에서는 교육을 덜 받은 백인일수록 가장 강하게 이민에 반대했다. 그러나 여론 조사는 1990년대에 비해 2010년대에는 이민자들에 대해 좀 더 긍정적인 견해가 있다는 점을 보여준다. 특히 어릴 때 미국에 도착한 미등록 이민자에게 거주권을 부여하자는 것에 대한 지지가 있다. 그러나 일부 주는 미등록 이민자에게 운전면허증이나 대학등록금에 대한 지원을 거부하고 있다.

과거 수십 년간 경험했던 것처럼 미국은 현재에도 이민 역사상 매우 중요한 시점에 놓여있다. 과거와는 달리 이제는 인종에 기반을 둔 정책을 통해 이민자의 입국을 금지할 수는 없다. 이미 수백만의 시민들이 다인종의 유산을 지니고 있기 때문이다. 유일한 선택 방안은 어떤 설명을 취할 것인가에 달려 있다. 하나의 설명은 상실과 백인의 몰락을 강조하고 또 다른 설명은 다인종으로 이루어진 주류와 그에 따른 장점을 이야기하는 것이다.

추아 무이 홍(Ms Chua Mui Hoong)은 스트레이츠 타임스지의 부편집인이다. 그녀는 하버드 대학교 케네디스쿨을 졸업했다. 그녀는 2018년도에 발간된 분열된 싱가포르: 변화의 기로에 서있는 국가에 대한 소론(Singapore, Disrupted: Essays on a Nation at the Crossroads of Change) 등 여러 책자의 저자 및 편집자이다.

17
아프리카계 미국인

토미 코(Tommy Koh)

세계는 미국 내 아프리카계 미국인들의 상황에 대해 당연히 혼란스러워 한다. 한편으로 세계는 2008년 선거에서 아프리카계 미국인인 버락 오바마를 제44대 미국 대통령으로 선출한 것을 축하한다.

다른 한편으로 세계는 워싱턴포스트지가 2015년부터 관리하는 데이터베이스에서 2015년부터 2021년 중반까지 6,355명의 흑인들이 경찰에 의해 피살된 것을 알고 나서 충격을 받는다. 아프리카계 미국인인 조지 플로이드, 브레나 테일러, 에릭 가너 등은 2020년 흑인 목숨도 중요하다는 운동을 촉발시켰다.

이번 글에서 나는 이런 모순에 대해 조명해 보고자 한다. 현재를 이해하기 위해서는 과거로부터 시작해야 한다.

●● 노예무역

노예제도는 인류가 고안해낸 가장 악랄한 제도이다. 그렇지만 동 제도는 모든 고대 문명에서 실행되었다. 노예제도는 싱가포르를 포함한 동남아 지역에서도 널리 실행되었다. 싱가포르에서는 1823년 영국 총독이던 스탬포드 래플스에 의해 폐지되었다.

16세기부터 19세기까지 서부 아프리카와 중앙아프리카 지역에 살던 수많은 무고한 아프리카 남녀가 아프리카 및 아랍출신 노예상인들에 의해 납치되어 포르투갈, 영국, 스페인, 프랑스, 네덜란드, 덴마크 노예상인들에게 팔렸다. 아프리카인들은 자신의 의지와 상관없이 미국으로 실려 왔다. 400년의 기간 동안 약 1,200만 명의 아프리카인들이 대서양 너머로 이송된 것으로 추산된다. 많은 사람들이 대서양을 항해하는 도중에 사망했다.

●● 미국의 원죄

대서양을 횡단한 노예들은 1619년 당시 영국의 식민지이던 미국에 들어왔다. 아프리카 노예들은 소유주에 의해 값싼 노동력의 원천으로 취급받았다. 17세기와 18세기에 노예들은 담배, 쌀 그리고 인디고[18] 대농원에서 일을 했다.

---

18) 인디고(Indigo)는 특유의 남색을 내는 천연염료이다. 근대 이전에는 달리 푸른빛을 얻을 수 있는 염료가 없었기에 매우 귀중하게 취급되었다. 데님과 같은 면직물의 날염에 많이 쓰였다.

조면기(繰綿機: cotton gin)가 발명된 이후 주요 환금성 작물이 담배에서 면화로 대체되자 미국 남부는 전 세계에서 가장 큰 면화생산지가 되었다. 면화 농장에서의 작업을 위해 노예들이 필요하게 되었다.

●● 북부와 남부의 긴장

초기에 13개 미국 식민지들은 모두 노예를 보유하고 있었다. 시간이 지남에 따라 북부 주의 정서는 노예제도에 반대하는 방향으로 돌아섰다. 1808년 미국 의회는 아프리카 노예무역을 불법화했다.

그러나 이것이 국내의 노예무역에는 영향을 미치지 못했으며 국내에서는 노예거래가 계속 번창했다. 1860년의 시점에 미국에는 약 4백만 명의 아프리카계 노예가 있었으며 이들은 대부분 면화를 생산하는 남부 주에 거주하고 있었다. 노예제도를 폐지한 북부 주와 노예를 소유한 남부 주 간에는 정치적 분열이 생겼다.

1860년 노예폐지론자인 아브라함 링컨이 대통령에 당선되자 상황은 급박해졌다. 11개 남부 주들은 분리 독립을 선언했고 남부와 북부 주 간에 내전이 발발했다. 미국의 남북전쟁은 1861년 4월 12일 시작되었으며 1865년 4월 9일 종료되었다.

전쟁 초기에 링컨 대통령은 동 전쟁이 합중국을 보전하기 위한 것이라고 설명했다. 그런데 1863년 링컨 대통령은 노예를 해방시키는 선언을 했다. 1865년 노예제도는 미국 수정헌법 제13조에 따라 법적으로 폐지되었다.

●● 요점의 되풀이

노예제도는 그렇기에 1619년부터 1863년까지 총 244년간 미국에서 합법적이었다. 비록 남부는 내전에서 패배했지만 남부 주에 거주하는 많은 사람들은 아직까지 이 패배를 받아들이지 않고 있다. 그렇기에 우리는 모든 남부 주에서 남부 연맹의 깃발이 펄럭이는 것을 볼 수 있다. 남부 연맹 군의 장군들은 지금도 존경을 받고 있다. 나의 결론은 역사는 결코 죽지 않는다는 것이다.

●● 1863년부터 1964년까지

수정헌법 제13조는 노예제도를 폐지했다. 수정헌법 제14조는 종전 노예들에게 시민권과 법으로부터 동등한 보호를 부여했다. 수정헌법 제15조는 그들에게 투표권을 주었다.

남부의 경우 현장에서의 현실은 아주 달랐다. 백인들의 권력 구조는 아프리카계 미국인들이 헌법적 권리를 향유하지 못하도록 막았다. 백인 지배층은 "분리하되 동등하다(separate but equal)"는 지침 하에 인종분리정책을 도입했다. 실제에 있어 이는 남아프리카 공화국의 아파르트헤이트(apartheid: 흑인차별정책)와 거의 유사한 것이었다. 흑인들은 이류 시민으로 취급되었다.

•• 민권 운동(The Civil Rights Movement)

어떤 시점에는 억압받는 사람들이 억압자에게 항의하며 들고 일어선다. 1960년대에 아프리카계 미국인들은 엄청난 억압과 차별을 받았다. 그들은 평등과 정의를 얻기 위해 비폭력 민권운동을 시작했다. 이 운동의 지도자 중 한사람이 조지아 주 아틀란타 출신의 젊은 목사 마틴 루터 킹 주니어 박사였다.

민권 운동에서는 많은 영웅적 투쟁이 진행되었다. 여기에는 버스운행 시의 인종분리 철폐, 고급식당이나 간이식당에서의 인종분리 철폐, 학교와 대학에서의 인종분리 철폐, 흑인들의 유권자 등록 등이 포함된다. 투쟁의 과정에서 많은 젊은 운동가들이 백인 인종주의자들에 의해 무참히 살해되었다.

돌파구는 1964년 미 의회가 린든 비 존슨대통령의 압력으로 민권법을 통과시켰을 때 찾아 왔다. 1965년 의회는 선거권법도 제정했다. 이 두 개의 법률은 함께 아프리카계 미국인들에게 제2의 노예해방을 가져다주었다.

•• 1964년 이후의 진전

민권법이 통과된 후 미국에서는 인식체계상의 대변환이 진행되었다. 학교와 대학에서는 인종분리정책이 철폐되었다. 노동의 현장, 대중교통, 호텔, 그리고 다른 공공 편의시설에서도 인종분리정책이 철폐되었다.

아프리카계 미국인들은 새로운 기회를 붙잡았고 인상적인 발전을 보여주었다. 재능있는 아프리카계 미국인들은 음악, 스포츠, 문학, 군사, 종교, 학술, 그리고 정치 분야 등 미국 사회의 모든 분야에서 이름을 떨쳤다.

카말라 해리스는 미국의 부통령직을 수임한 최초의 흑인 여성이다. 로이드 오스틴은 최초의 흑인 국방장관이다. 두 명의 흑인인 콜린 파월과 콘돌리자 라이스는 국무장관 직을 수행했다. 현직에 있는 미국의 주유엔 대사 린다 토마스 그린필드나 대통령 경제자문위원회의 의장인 세실리아 라우스, 환경보호국장인 마이클 에스 리건 역시 흑인이다.

세 명의 아프리카계 미국인은 노벨평화상을 수상했다. 그들은 랠프 번치(Ralph Bunch: 1950), 마틴 루터 킹(martin Luther King: 1964), 버락 오바마(Barak Obama: 2009)이다. 토니 모리슨(Toni Morrison)은 1993년 노벨문학상을 수상했다.

두 명의 아프리카계 미국인인 더굿 마샬(Thurgood Marshall)과 클라렌스 토마스(Clarence Thomas)는 대법관으로 근무했다.

재능있는 아프리카계 미국인들은 육상경기, 복싱, 미식축구, 야구를 포함해서 미국의 스포즈계를 지배했다. 음악분야에서도 마찬가지이다. 유명한 미국의 음악가나 운동선수 중에는 많은 흑인들이 있다.

●● 흑인 하류층

문제는 커다란 규모의 흑인 하류층이다. 교육을 받지 못하고 대체로 도시빈민가에 몰려 사는 흑인들이 아주 많다. 이들 중 많은 사람들이 직업을 갖지 못하고 있다. 그들은 빈곤의 올가미에 묶여 꼼짝달싹하지 못하고 있으며 한 세대에서 다른 세대로 전해진 빈곤에 시달리고 있고 이런 악순환은 계속되고 있다.

또한, 이 공동체는 많은 사회적 병폐로 시달리고 있다. 높은 결손가정 비율, 아버지의 부재, 범죄, 약물 오용, 투옥, 그리고 교육과 근로에 대한 관심 부족 등 다양하다. 어느 누구도 흑인 하류층이 빈곤의 올가미를 끊을 수 있도록 도움을 주는 방법을 생각해내지 못하고 있다.

●● 경찰의 만행

미국 경찰이 흑인 시민들에게 행하는 만행을 어떻게 설명할 수 있을까? 나는 미국에 국가 경찰이 없다는 것으로 설명하려 한다. 모든 경찰 조직은 소 도읍, 도시, 주에 의해 구성된 지역 경찰이다. 그들 간에는 질, 자원, 훈련 등의 면에 있어 큰 차이가 있다.

나는 아직도 아프리카계 미국인들에 대해 광범위한 편견이 있다고 생각한다. 이는 노예제와 인종분리 정책의 역사를 감안할 때 놀라운 일이 아니다. 두 번째 이유로는 일부 백인 인종차별주의자가 경찰로 재직하고 있는 점을 들 수 있다. 그 결과는 불량 경찰관들이 법을 준수하는 흑인 시민을 보호하는 대신 그들의 포식자가 된다는 것이다. 2015년부터 2021년 중반까지 6,355명의 흑인들이 경찰에 의해 피살되었다는 사실은 매우 충격적이다.

아울러 면책 또는 무처벌의 문화가 있다. 2005년 이후 발생한 임무 중 살해사건 중 2% 이하만이 경찰에 대한 기소로 이어졌다. 이는 2021년 4월 2일 미국의 뉴스 웹사이트인 Vox가 보도한 것으로서 보울링 그린 주립대학의 형사사법학 교수인 필립 매튜 스틴슨 교수가 추적한 자료에 근거하고 있다.

●● 버락 오바마

2008년 선거에서 버락 오바마가 당선되고 2012년 선거에서 재선된 것은 그야말로 기적이었다. 버락 오바마는 정말 영감을 주는 지도자였으며 자기 인종을 초월했다. 미국의 유권자들은 그를 흑인 후보자로 보지 않았다. 유권자들은 그가 젊고, 예지력이 있고, 영감을 주는 후보라고 생각하여 그에게 투표했다.

그러나 내가 말하려고 하는 점은 오바마가 8년 동안 대통령직을 수행한 것이 244년간의 노예제도와 101년간의 인종분리 정책을 지워버릴 만큼 충분치 않다는 것이다. 미국의 흑인들에게는 마틴 루터 킹이 꿈꾸었던 평등과 정의를 최종적으로 얻기까지 아직도 가야 할 거리가 멀고 올라야 할 산도 많다.

토미 코(Tommy Koh) 교수는 싱가포르 국립대 법대의 교수이자 싱가포르 외교부의 본부 대사이다. 아울러 정책연구소의 특별 자문관이자 싱가포르 국립대 템부츠 칼리지의 학장이고 국제법 센터의 이사회 의장이다. 그는 싱가포르의 주유엔대사와 주미국 대사를 역임했으며 주캐나다 대사와 주멕시코 대사를 겸임했다. 그는 싱가포르-미국간 자유무역협정 협상의 수석대표를 역임했고 말레이시아와의 법적 분쟁 시 싱가포르 정부의 대리인 임무를 수행했다.

미국 외교정책의 수립

옹 켕 용과 진 탄(Ong
Keng Yong and Jean Tan)

세계적 강대국이자 자유 민주국가인 미국은 외교정책을 수립하는 데 있어 엄청난 업무 부담에 직면한다. 미국의 전문가는 자국의 외교정책이 '지정학과 국가안보적 이익, 경제적 이익, 가치라는 이익'으로 구성된 다리가 세 개 달린 의자와 같다고 이야기한다.

이 세 가지 이익의 비율은 그 당시 지도층의 성격과 정치에 따라 달라진다. 변화는 매 4년마다 시행되는 대통령 선거를 통해 나타나는데 미국의 정치라는 것이 철학에서 큰 차이를 보이는 두 정당인 민주당과 공화당에 의해 형성되기 때문이다.

여타 국가들에게는 미국 대통령의 영향력과 힘에 대해 국내적으로 놀라울 정도로 제약을 가하는 과정이 번거롭고 거추장스럽게 여겨진다. 여하튼 대통령은 국가 원수이자 행정부의 수반이고 미군의 최고 사령관이기 때문이다.

대통령은 또한 외국과 조약을 체결하는데 동 조약은 상원에서 비준을 받는다. 조약과 관련된 법은 미국의 연방 법 내로 통합된다. 그 결과 미 의회는 (하원과 상원 모두) 조약이 체결된 이후 이를 수정하거나 폐기시킬 수 있다. 그러기에 사실상 의회는 외국과의 조약 또는 국제기구와 합의했던 조약상의 의무를 뒤엎을 수 있는 것이다. 비록 그것이 국제법상의 조약 위반으로 보일지라도.

미국의 외부에 있는 사람들에게는 자유 민주주의와 인권의 원칙 및 그 실행을 중시하는 가치에 관한 이익이 미국의 외교정책에서 점점 더 중요성을 갖는 것으로 여겨진다.

미 의회는 이 점에서 자주 앞장을 선다. 대통령과 의회 간에 이견이 있을 경우 대통령이 국가 안보 및 전략적 관심사를 증진시키기 위해 핵심적이라고 믿고 있는 외교정책 사안이 진척을 이루지 못한다. 외교정책에 대한 의회의 관여는 국제적으로 인정된 인권을 지속적으로 그리고 심하게 위반하는 것으로 여겨지는 외국 정부에 대해 미국의 지원을 축소시키는 사례에서 볼 수 있다.

2007년의 민주주의 증진법에 따른 의회의 요구에 부응하여 미 국무부는 연례적으로 "자유와 민주주의 증진 보고서"를 발간한다. 이는 연례 "인권 실행에 관한 국가보고서"와 함께 국무부가 출간하는 보고서이다.

이와 같은 절차들과 보고서의 발간은 재임 중에 있는 미 행정부와 외국 정부 간의 관계에 여러 껄끄러운 문제를 야기한다.

미 의회는 국제적으로 반공과 관련된 정책을 지지한다. 좋은 사례가 대만 문제에 관한 의회의 역할이다. 민주당의 지미 카터 대통령이 1978년 12월 15일 중화인민공화국을 승인하기 위해 대만과의 외교관계를 단절하자 의회 내 공화당 의원들은 1979년 4월 대만관계법을 제정했다. 최근에도 의회는 대만과 관련된 여러 법률들을 제정했다. 예를 들면, 미국 공직자들의 대만 방문과 관련된 법률로서 이는 민주당의 조 바이든 행정부와 중국과의 관계를 더욱 복잡하게 만들고 있다.

양자적 틀에서건 국제기구에서건 미국 대통령은 국가에 전략적으로 중요한 합의들에 대해 신속한 움직임을 보여주지 못하고 있는데 바로 의회 내 특정 이익 집단으로부터의 반대가 있기 때문이다.

특정 이익을 옹호하고 국제 문제에 있어 구속받지 않는 미국의 주권을 주장하는 사람들은 미국이 여러 핵심적 유엔 협약과 다자적 합의에 서명하거나 비준하는 것을 반대해 왔다. 잘 알려진 예로는 유엔해양법 협약이 있는데 미국은 이 협약의 성안과정에서 주요 역할을 수행했음에도 불구하고 결국 서명은 하지 않았다.

거의 모든 국가가 참여한 다자 합의에의 참여를 반대하는 논거와 관련, 미국에서 발간되는 다양한 저술들은 미국의 주권과 행동의 자유를 실행하는 데 있어 유연함을 제약받지 않아야 되고, 해외에서 활동하는 미국 시민이나 기업에게 법적 책임이 부과되지 않아야 한다는 점을 지적한다. 여타 사안으로는 기후 행동과 환경 보호, 미국 노동자의 일자리 보전, 미국 내에 핵심 제조업 및 기술을 유지하는 의제에 대한 국내 정책 토론에 간섭받지 않아야 한다는 우려였다.

오늘날 민주당 바이든 정권은 세계 각국과의 외교관계를 안정화시키기 위해 앞서 언급한 외교정책의 세 가지 기반 위에서 업무를 수행한다. 전임 도널드 트럼프 정부의 소란스럽던 재임기간 동안 과도하게 개인화되고 거래적인 외교 정책이 수행되었기 때문이다. 이와 동시에 피할 수 없는 중요한 교훈은 미국의 외교정책이 점차 신뢰할 수 없고 내향적으로 변하여 유동적인 상태에 놓여 있다는 점이다. 외교정책 수립의 전략적인 의미와 향후의 궤적을 알기 위해서는 미국의 국내 정치에서 무엇이 일어나고 있는가를 이해하는 것이 필수적이다.

●●시민 사회

미국의 초창기 시절부터 공동의 목표를 이루고 광범위한 관심을 증진시킬 목적으로 시민들이 형성한 조직들이 국내뿐 아니라 해외에서 인류의 진보를 이끌었다. 미국의 시민 사회는 폭넓은 지지를 받았는데 이는 정부에 대한 일반인들의 신뢰가 낮았기 때문이다. 2021년 Pew Research Center의 설문조사에 따르면 단지 24%의 미국인만이 정부가 항상 또는 대부분의 경우에 옳은 일을 수행한다고 믿었다. 미국인들은 또한 국가의 통제로부터 독립적인 견고한 시민 사회가 자유 민주주의 융성을 위해 필요하다고 믿는다. 따라서 미국의 법령들은 비정부기관(NGO)의 형성을 촉진하고 그들의 활동을 용이하게 했다. 미 국무부에 따르면 2021년 기준 약 150만 개의 NGO가 미국 내에서 활동 중이며 사실상 상상할 수 있는 모든 대의명분을 대변하고 있다.

이 NGO들은 미국의 외교정책 형성에 있어 상당한 영향력을 행사해왔다. 장애인 권리에 대한 국제협약을 착수하는 것에서부터 다른 나라와의 무역 협정에 노동권을 집어넣고 환경문제에 대한 우려를 포함하도록 통상정책에 영향을 미치고, 종교의 자유를 미국 외교정책의 중심에 놓은 것까지 다양하다. 예를 들어, 통상에 있어 환경 규정을 몇 년에 걸쳐 밀어붙인 결과 미국의 통상정책은 "녹색화"가 되었다. 1994년 빌 클린턴 행정부에서 타결된 북미자유무역협정(North America free trade Agreement: NAFTA)이 뚜렷한 사례로서 동 협정은 환경과 노동에 대한 보충합의(supplemental agreement)를 포함시켰다.

활동가들은 공정하고·윤리적인 교역을 달성하기 위한 연합체를 만들었고 NAFTA에서 노동과 환경 보호를 위한 실질적인 양보를 이끌어 냄으로써 통상 문제를 광범위하게 정치화시켰다. NAFTA협정을 재교섭하여 타결한 미국 멕시코 캐나다 협정(United States－Mexico－Canada Agreement: USMCA)은

2018년 서명되고 2020년 비준되었는데 포괄적인 환경 기준과 노동보호 규정을 담고 있으며, 이행과 분쟁해결 메커니즘을 강화하는 내용까지 포함시켰다.

동남아시아국가연합(ASEAN)과 싱가포르에게는 미국의 회사나 기업에 대한 활동가들의 접근이 워싱턴 D.C.에서 적절한 정책을 촉발시키는 데 있어 중요하다. 자유무역협정을 교섭하고 서명하는데, 그리고 다방면에 걸쳐 아세안과 미국 간에 협력 프로그램을 확대하는 데 있어 그렇다. 미 상공회의소(US Chamber of Commerce)와 미-아세안 경제협의회(US-ASEAN Business Council)는 공무원들과 민간부문 대표들을 미국의 카운터파트와 연결시키고 있고 특히 의회 내의 업무파트너와 연결시킨다. 2003년 미국과 싱가포르 간 자유무역협정의 서명과 후속 개선 협정들은 미국 기업 협의기관 내의 중요 구성원들의 지지를 통해 이루어졌다.

정책 형성 과정에 시민 사회의 행위자들이 기여하는 방식은 정부와 기업에 대해 그들의 행동에 책임지게 하고, 의제에 대한 인식을 고취시켜 공동체에 힘을 실어주며, 변화를 지지하고, 쟁점과 협상의 틀을 짜는 데 있어 현실에 기반을 둔 전문지식과 지원을 제공하는 것들을 포함한다. 그들의 역할은 자신이 담당하는 분야에서의 뛰어난 전문성, 정부 부문에서 민간 부문으로의 재능 흐름의 증가, 발달된 통신기술을 통한 일반 대중과의 새로운 연결, 비정부 행위자들을 더욱 혁신적이고 폭넓게 활용하는 방식

등을 통해 더욱 증대되었다.

●● 언론

미국의 정치학자 버나드 코헨(Bernard Cohen)을 인용하자면 언론은 사람들에게 어떤 의견을 가져야 할 것인지 알려주는 데는 성공하지 못할지라도 무엇에 관해 생각할 것인가를 말하는 데는 매우 성공적이다.

언론은 여론을 반영해 줄 뿐만 아니라 무엇이 중요하고 뉴스로 전달해야 할지를 결정하여 여론을 만들어가는 것으로 널리 알려져 있다.

따라서 어떤 특정 사안에 대해 언론이 중요성을 부여하거나 하지 않는 것, 그리고 그 사안을 어떻게 규정하는가가 미국의 여론 형성에 영향을 미치며, 이는 다시 재임 중인 정부의 정책결정 과정에 영향을 미치게 된다. 흔히 인용하는 사례로서 "CNN효과"나 미국의 외교정책(특히 국제적 위기나 인도적 간섭 상황에서의 외교정책) 수행에 영향을 미치기 위한 실시간 국제뉴스 보도에서 비롯되는 언론의 힘이 거론된다. 예를 들면, 언론은 페르시아/아라비아 전쟁(1990~1991), 보스니아 전쟁(1995), 소말리아의 기근위기(1992~1994)에 대해 미국이 개입해야 한다는 지지 여론을 형성했던 역할로 칭찬을 받았다.

좀 더 최근에는 워싱턴포스트지가 2021년 5월 17일 보도한 것과 같이 이스라엘 – 팔레스타인 분쟁에 대한 미국 언론의 보도와 공공 토론의 기조가 팔레스타인 측 시각을 좀 더 수용하는 방향으로 이동했다. 언론은 장래에 이스라엘에 대한 미국의 외교정책을 변화시킬 수 있을 것인가?

언론이 미국의 외교정책에 미치는 영향력에 대한 근거는 아직도 불명확하고, 양자 간의 관계는 단순한 인과관계보다 훨씬 복잡하고 미묘하며 그때그때의 상황에 따르지만, 현실은 어떤 사안이 발생했을 때 일반 대중들이 뉴스와 전략적인 결정에 즉각적으로 접근할 수 있게 되어 정치 토론의 한 당사자로 참여하게 되었고 이를 통해 정책 입안도 촉진시키게 되었다는 점이다.

미국 정부는 세계적인 대중 매체를 통해 해외 여론에 대한 영향력 행사를 모색한다. 미국의 소리 방송(Voice of America: VOA)과 자유아시아 방송(Radio Free Asia: RFA) 및 다른 대중 매체에 자금을 대는 미국의 국제미디어국(US Agency for Global Media: USAGM)은 미국의 관점과 가치에 대해 해외 일반인들의 지지를 이끌어 내는 것에 그 목적을 두고 있다. 국제미디어국은 VOA와 RFA가 중국이 이야기하는 미 – 중 관계에 대한 설명에 대해 정확하고 믿을 수 있는 정보로 대응하고 역내 인도적 위기를 조명하기 위한 책무를 맡고 있다고 설명한다. 세계가 새로운 기술을 채택해 나가자 전통적인 언론 매체로부터의 이탈이 가속화되었다. 점차적으로 소셜미디어가 미국의 국내적/국제적 관계를 증진시키기 위한 정치적 수사를 만들어 가는 데 활용되고 있다.

소셜미디어의 등장과 그것이 국제문제 수행에서 맡고 있는 변혁적 역할은 아마도 금세기에 사람들의 마음을 사로잡기 위한 싸움에서 가장 중요한 상황 변화일 것이다. 많은 사람들은 2011년 아랍의 봄이라는 격변기를 촉발시킨 소셜미디어의 역할을 평가한다. 2020년 미국의 선거에서 젊은 유권자에 영향을 미친 소셜미디어의 역할도 널리 인정되고 있다. 젊은이들은 투표를 하기 전에 이미 인스타그램이나 틱톡을 통해 후보자에 대한 자신들의 세계관을 형성했기 때문이다.

외교정책 분야에서는 트위터 외교가 2015년 미국 – 이란 간 핵합의를 타결하는 데 도움을 주었다고 알려져 있다. 2017년도 발간된 국제문제(International Affairs)저널에 모나쉬 대학교에서 국제관계를 가르치는 콘스탄스 던콤베(Constance Duncombe) 박사는 양국이 온라인 플랫폼을 활용하여 도움이 되는 이야기를 재구성하고, 긍정적인 국가 정체성들을 형성하여 공개적인 대화와 상호 호혜적인 교섭의 길을 닦았다고 분석했다.

반면, 소셜미디어는 대외관계에 해악을 끼칠 수도 있다. 이는 트럼프 전 대통령이 세계 지도자들에게 자주 적대적인 의사소통을 했던 것에서 잘 드러나 있으며, 미 – 중 관계에서 불꽃 튀는 말싸움을 한 것 역시 두 강대국 사이에 더 깊은 분열을 초래했다.

어쨌든 외교정책의 수단으로서 소셜미디어의 활용을 확대하는 것은 그것을 국가가 하건 아니면 이념을 수출하고 다른 사람의 의견에 영향을 미치기 위해 시민사회의 행위자가 하건 급속히 발전하는 추세임이 틀림없다.

●● 결론

중국의 부상, 기후 문제, 인권 문제와 같은 새로운 의제들은 외교정책 과정에 더 많은 행위자가 관여할 수 있는 기회를 만들면서 새로운 국제 정책 환경을 형성했다.

어떤 사람들은 미국의 대통령이 의제를 설정하는 가장 중요한 역할을 하고 있다고 주장하는 반면, 다른 사람들은 그가 의회에 의해 제약받고 있다는 입장을 견지한다.

또 다른 사람들은 언론 매체가 미국의 정책을 형성하고 발전시키는 데 있어 정부보다 더 큰 영향력을 갖는다고 주장한다. 특히 디지털화와 초연결성이 가속화되어 일반국민과 시민사회가 외교정책에서 더욱 적극적인 역할을 수행하는 시대가 되었기 때문이다.

결국, 영민한 정치 지도자는 대립적인 세력 간의 균형을 모색할 것인데 여전히 주로 고려될 사항은 국내 정치 문제가 될 것이며 아울러 국내 정치가 다른 정책에 미칠 영향에 관한 것이 될 것이다.

옹 켕 용(Ong Keng Yong) 대사는 싱가포르 난양공대 산하 라자라트남 국제문제연구소(RSIS)의 집행부회장이다. 그는 인도네시아 자카르타에 소재한 아세안 사무국에서 제11대 아세안 사무총장직을 역임했다. 그는 아세안 내의 공동체 형성을 강화하는 계획에도 적극적인 역할을 수행하고 있다. 그는 외교관으로서 사우디아라비아, 미국, 인도, 네팔, 말레이시아에서 근무했으며 계속해서 싱가포르 외교부로부터 직책을 수임받고 있다.

진탄(Ms Jean Tan)은 싱가포르 국제재단(Singapore International Foundation: SIF)의 총괄 국장이다. 그녀는 과거 인력부, 외교부, 정보예술부(현 통신정보부) 및 워싱턴의 주미 싱가포르 대사관에서 근무했다. 여유시간에 개발 기관 간의 자발적 국제 네트워크인 개발 자원봉사를 위한 국제 포럼(International Forum for Volunteering in Development)의 이사회에서 봉사 활동을 하고 있고, 장애인에 대한 봉사 기관인 SG Enable에서의 활동 및 국제공공외교네트워크(Global Public Diplomacy Network)의 창설자/대표로서 활동하고 있다.

●● 19
미국은 세계적 지도력을 다시 회복할 수 있을까?

빌라하리 카우시칸
(Bilahari Kausikan)

서구의 외교정책 기득권 세력들은 도널드 트럼프가 예상을 깨고 제45대 미국 대통령에 당선되자 충격과 함께 크게 실망했다. 트럼프가 공직에서 보여준 행동은 그들의 감정적 반응을 더욱 강화시켜주었다. 2016년에서 2020년 사이에 그가 말하고 행한 모든 것은 공통의 가치에 대한 거부였고 국제적 지도력으로부터 후퇴한 것으로 보였다. 이러한 설명에서 보면 조 바이든 행정부는 트럼프가 허비해버린 것들을 회복하기 위해 분투하는 중이다.

이는 좋은 이야기이다. 그런데 불행히도 이는 대략 미국의 지도력이라는 신화적인 개념에 근거하고 있다. 그중에서도 특히 다자주의에 대한 상반된 입장, 자유 무역에 대한 불신, 양자주의에 대한 선호, 거래적 접근과 일방적 행동 등은 결코 트럼프 개인이 만들어 낸 것이 아니다. "언덕위의 빛나는 도시"는 언제나 어두운 그림자를 드리웠는데 이는 언덕 위에 사는 사람들보다 언덕 아래에 사는 사람들에게 명백히 나타난다. 이러한 특성은 항상 어느 정도 미국의 외교정책 내에 존재해 왔다. 트럼프와 그의 멋진 전임자 버락 오바마 간의 차이가 트럼프의 당선으로 어쩔 줄 몰라 하는 사람들에게 현실을 모호하게 보이게 한 것일 뿐이다.

베를린 장벽이 무너진 1989년에서 국제 금융위기가 발생한 2008년 경 사이의 역사적으로 예외적인 기간을 제외하면 미국의 지도력은 국제적으로나 국내적으로 도전받지 않은 적이 없었다. 심지어 냉전 기간 중에도 미국의 동맹국들은 미국의 지도력을 모든 면에서 무비판적으로 수용하지는 않았다. 비록 북대서양조약기구(NATO)가 유럽 방위의 중심이라는 것과 같은 핵심 의제에 대해서까지는 아니지만 때로는 미국의 지도력에 도전하기도 했다.

세계 금융 위기는 미국을 포함한 많은 국가에서 미국 주도의 세계화에 대한 환멸을 초래했다. 중국이 등소평의 현명했던 "도광양회"19) 정책을 버리고 조급하게 전략적 실수를 저지르게 된 주요 요인도 바로 이 때문이었다. 이제 미국은 되돌릴 수 없는 절대적인 하강세에 들어섰다는 믿음이자, 강력한 경쟁에 대한 오바마의 용기부족으로 확신하게 된 믿음에서 중국이 저지른 실수였다.

---

19) 도광양회(韜光養晦: hiding light and biding time)란 '칼을 칼집에 넣어 검광(劍光)이 밖으로 새나가지 않게 하고 그믐밤 같은 어둠 속에서 실력을 기른다'는 뜻을 가진 사자성어다. 원래 삼국지연의에 나오는 말로 유비가 조조의 위협을 피하기 위해 술자리에서 일부러 부족한 모습을 보인 것에서 유래되었으며 등소평이 개혁개방 시기에 대외적으로 불필요한 마찰을 줄이고 대내적으로 국력을 발전시켜야 한다는 의미로 내린 대외정책관련 지시이다.

공세적인 중국의 행태는 많은 국가에서 상당 기간에 걸쳐 태동되었던 우려를 촉발시켰고 미국과 중국 사이의 새로운 경쟁에 불을 붙였다.

오늘날에는 20세기 후반부의 대부분의 기간에서와 마찬가지로 다시 국제 사회의 지도력을 둘러싼 주도권 싸움이 벌어지고 있다.

●● 공통의 이익이 미국과 아시아 관계를 규정한다

트럼프에 대한 아시아의 반응은 유럽에 비해 덜 감정적이었으며 좀 더 실용적이었다. 아시아에 있는 미국의 동맹국과 파트너국가들은 "지도력"이라는 것은 지도자의 행동에 의존한다는 것을 잘 이해했다. 다른 사람들이 그 지도자를 좋게 생각하든 말든 상관없이. 결정적인 질문은 미국이 지도력을 "다시 되찾을 수 있을까"가 아니라, 일반 국가들이 어느 나라를 지도국가로 수용하고 어떤 목적으로 수용할 것인가 하는 선택권을 갖고 있느냐의 문제이다.

미국의 아시아 동맹국과 파트너국가들은 트럼프의 모든 정책에 대해 만족하지 않았다. 그가 환태평양 협력을 거부한 것은 심각한 타격이었다. 그러나 공세적인 중국과 핵무장한 북한에 직면한 상황에서 그들은 미국이 없으면 균형과 억지가 불가능하다는 점과 오바마 행정부가 성경에 나온 원죄이전의 낙원은 아니었다는 것을 이해하고 있었다.

미국의 아시아에 대한 관계는 언제나 공통의 가치보다는 공통의 이익에 기반했다. 가치가 중요하지 않다는 것이 아니다. 그러나 가치는 공통의 이익에서 생겨나며 공통의 이익을 보강하는 것이지 대체하는 것이 아니다. 그리고 공통의 이익은 궁극적으로 미국이 가진 힘의 유용성에 대한 계산에 달려있다.

각국은 자신의 국익에 대해 명민해져야 한다. 비록 트럼프 대통령은 일관성이 없고 서툴렀지만 그는 하드파워의 쓸모를 오바마 대통령보다 더 잘 알고 있었다. 오바마가 시리아에서 레드라인을 설정해 놓았지만 이를 실행하는 데 실패하자 모든 곳에서 미국의 힘에 대한 신뢰가 추락했다. 트럼프가 시진핑과 저녁을 하는 중에 시리아를 폭격했을 때 미국의 우방국과 적대국 모두는 기립하여 이를 메모했다.

바이든은 분명히 오바마 2.0이 되지 않겠다고 단단히 결심한 것 같다. 그는 첫 번째 행동으로 남중국해와 동중국해 및 대만해협에서 하드파워를 분명하게 실행했다.

45년간의 냉전이 끝난 이후 그리고 끝없이 계속될 것 같은 9/11 이후의 중동지역의 전쟁 상황에서 지난 10여 년간 일반 미국인들은 더 이상 국제 질서를 유지하기 위해 어떤 부담도 짊어지지 않으려는 것이 분명해졌다. 트럼프와 오바마 두 사람 모두는 이러한 새로운 정치적 분위기를 반영코자 했다. 두 사람은 모두 미국의 전통적인 정치적 기득권층 출신이 아니다. 그들이야말로 진정한 의미에서 첫 탈냉전 시대 대통령들이었다. 오바마가 "우리가 믿을 수 있는 변화(Change We Can Believe In)"라는 구호로 당선되었을 때 미국 유권자들은 이를 해외에서가 아닌 국내에서의 변화로만 이해했다. 그런데 이제 미국을 최우선으로 해야 하는 시대가 온 것이다.

이는 지도력으로부터의 후퇴가 아니라 동맹국과 우방국들이 질서 유지를 위한 부담을 더 많이 해달라는 요구였다. 아마도 전 일본 총리 아베가 이를 처음으로 인식했던 것 같다. 오바마 행정부와 트럼프 행정부에 걸친 그의 두 번째 임기 동안 아베는 일본의 평화 헌법을 공식적으로 수정하지 않고 조용히 행정적인 변화를 통해 미일동맹을 좀 더 균형 잡힌 동반자관계로 변형시켰으며 자위대가 공동 방위를 떠맡을 수 있도록 임무의 범위와 폭을 확장했다.

이와 대조적으로 독일의 안젤라 메르켈 총리는 트럼프와의 첫 회담을 마치고 돌아와 유럽연합 지도자들에게 마치 커다란 발견을 한 것 같은 태도로 앞으로 유럽은 스스로에게 더 많이 의존해야 할 것 같다고 이야기했다. 그러나 그것은 뒤늦은 깨달음이었다. 빌 클린턴 이래 모든 미국 대통령들은 유럽에 대해 자신들의 안보를 위해 더 많은 책임을 가져야 하며 공동 방위를 위해 더 많은 부담을 떠맡아야 한다고 요구해 왔던 것인데 아마도 너무 부드럽게 이야기해서 영향을 줄 수 없었던 것 같다.

유럽은 너무 오랫동안 무임승차를 해왔다. 유럽은 공통의 가치를 강조하면서 질서 유지를 위한 부담은 더 많이 하지 않으려고 능란하게 대처해 왔다. 이러한 전술은 남이 아닌 자기 자신을 속이는 것이다. 미국은 조만간 유럽에 대한 인내심을 잃을 것이다. 아시아는, 특히 동남아시아국가연합(ASEAN)은, 동일한 실수를 하지 말아야 한다.

바이든은 동맹국 및 파트너국가와 좀 더 협의해 나가는 접근 방식을 택하겠다는 의지를 말과 행동으로 보여주었다. 이것은 다 좋은 징조이다. 그러나 미국의 동맹국과 파트너국가들은 동 협의의 당연한 귀결은 협력에 대한 높은 기대치이며, 거래적관계의 예의바른 형태인 것임을 이해해야 한다. 만일 어느 국가들이 협의 받는 것을 예상하고 있다면 그들은 미국이 중요하다고 생각하는 사안에 대해 더 많은 것을 해줄 준비가 되어 있어야 한다. 왜냐하면 협의와 공통의 가치는 그 자체로서 목적이 아니기 때문이다.

바이든의 "미국을 더 나은 곳으로 되돌리기(Building America Back Better)"와 트럼프의 "미국 우선주의(America First)"는 서로 많이 떨어져 있는 것이 아니다. 트럼프의 중국에 대한 접근법과 바이든의 대중국 정책 간에는 더욱 차이점이 없으며 바이든의 정책은 본질적으로 트럼프의 정책을 과장된 쇼가 아니라 좀 더 정돈된 방식으로 이행해 나가고 의사소통해 나가는 것이다. 중국 문제는 이제 미국의 핵심 의제이며 양당이 유일하게 강력한 초당적 합의를 이루고 있는 사안이다.

모든 나라는 반드시 이해해야 한다. 자국이 미국의 지도력에 의존할 수 있는 정도는 미·중간 전략 경쟁에서 자국이 할 수 있거나 할 준비가 되어 있는 역할에 따를 수밖에 없는 것이다. 이러한 새로운 상황 속에 자신의 위치를 잘 설정하기 위해 싱가포르는 미국과 미·중 경쟁의 본질에 대해 정확히 이해해야 한다.

●● 영속적인 미국의 아시아 대 전략

미국 정치가 끊임없이 변화하는 가운데 지도력이라는 것은 어떤 특정한 정책에서가 아니라 흔히 장기간에 걸쳐 펼쳐지고 있는 주제 속에서 발견된다. 조지타운대학교의 마이클 그린 교수는 "하늘의 뜻 그 이상에 의해(By More than Providence)"라는 저서에서 18세기 이래 미국의 태평양에서의 대 전략을 통일시키는 맥락을 찾아냈다. 그것은 아시아의 패권적 지배에 대한 미국의 반대와 "태평양은 미국의 이상과 상품이 서쪽으로 흘러가는 통로로 유지되어야 하며 위협이 본국을 향해 동쪽으로 흘러오면 안된다"는 것을 확실히 해야 한다는 의지였다.

미국은 19세기 전 기간에 걸쳐 유럽의 식민주의와 청 왕조의 훼방꾼들에 맞서 중국에 대한 문호개방 정책을 유지했다. 제2차 세계대전 중에는 일본이 이 지역을 지배하는 것을 막기 위해 일본과 싸웠다. 미국은 소련과 45년간에 걸친 냉전을 지탱해왔고 한국과 인도차이나 반도에서의 소련의 대규모 도발과 여타 지역에서의 소규모의 모험들을 힘으로 저지했다.

미국은 이 모든 것을 국내 토론을 거쳐 행해왔는데 과거의 토론은 오늘날 미국을 갈라치는 토론들보다는 덜 씁쓸한 것이었다.

미국은 항상 성공하지는 못했다. 엄청난 비용이 들어간 베트남에서의 실패는 미국이 동아시아에서의 개입 정책을 재조정하도록 했다. 1969년 발표된 괌 독트린은 미 지상군의 아시아 대륙 개입을 종료시키는 것이었다. 이에 따라 한국만 예외로 둔 채 미국은 역외균형자(offshore balancer)가 되었다.

역외균형자의 숙명은 좀처럼 행복한 것이 아니었다. 그가 만들어낸 죽은 누구에게는 너무 뜨거웠고 다른 누구에게는 너무 차가워서, 너무 적극적이면 복잡하게 얽힐까봐 두려워하고 너무 소극적이면 버려지는 것에 대한 공포를 야기했다. 있더라도 가끔씩만 딱 맞는 온도의 죽을 발견할 수 있었다.

이런 이유로 미국을 과소평가하는 경향이 있다. 그러나 비록 미국이 베트남에서 철군할 수밖에 없었고 괌 독트린은 반세기 이상 오래되었지만 미국은 아직도 아시아의 안보에 관여하고 있고 더욱이 핵심적인 역할을 하고 있다. 비록 여러 번의 전술적인 조정은 있었지만 미국은 전략적인 역외균형자로서 일관성이 있었고 성공을 했다. 동아시아는 결코 어느 단일 강대국의 지배하에 들어가지 않았다. 동아시아의 번영은 대체로 미국이 만들어낸 것이다. 중국을 포함해서 어느 나라도 미국이 확립한 안정이 없었다면 성공할 수 없었을 것이다.

　　미국의 정치 문화는 낙관적이면서 자기 비판적이다. 정치적 분위기는 자신감의 꼭대기와 자기 의심의 수렁 사이를 계속 오간다. 싱가포르는 이런 꼭대기와 수렁 모두를 이해해야 하며 어느 한 쪽이 영구적인 상태가 되도록 하는 실수를 저질러서는 안된다. 이러한 흔들림은 미국의 철학자 라인홀드 니버(Reinhold Niebuhr)가 미국 역사의 역설(The Irorny of American History)이라는 책자에서 명명한 미국의 "다행스러운 혼란(fortunate confusion)"에 도움을 준다. 이 다행스러운 혼란은 어느 특정 집단이나 신념이 권력을 독점하는 것을 방지토록 해준다. 이는 미국의 동맹 및 파트너 네트워크에 참여하는 것을 완화시켜 주고 부담을 적게 만들어 준다.

●● 단일 글로벌 시스템에서의 경쟁

　　미·중간 경쟁을 "신 냉전"이라고 묘사하는 것은 지적인 측면에서 게으른 비유이며 이 경쟁의 본질을 잘못 전달하는 것이다. 미국과 소련은 단지 가장자리에서만 서로 연결되었던 분리된 두 개의 시스템을 이끌었다. 그들의 경쟁은 어떤 시스템이 승리할 것인지를 결정하자는 것이었다. 반면, 미국과 중국 모두는 단일한 국제 경제 시스템 내에서 핵심적이며 그 어느 것으로도 대체 불가능한 구성 요소 국가들이다. 그들의 경쟁은 이 단일 체제 내에서 누가 지배자가 될 것인지를 결정하자는 것이다. 시스템

내에서의 경쟁은 다른 시스템 간의 경쟁과는 본질적으로 다르다.

단일 글로벌 시스템이라는 것은 범위, 밀도, 복합성이라는 측면에서 역사상 그 유례를 찾기 어려운 거미줄같이 얽힌 공급망으로 규정된다. 이 시스템은 미국과 중국을 서로서로 묶어놓고 있으며 다른 경제 주체 역시 질적으로 새로운 종류의 상호의존 속에 함께 묶여 있다. 이 상호 의존 체제는 미·소간 경쟁에서는 부차적인 것이었던 경제 문제가 핵심적인 역할을 하는 새로운 종류의 지정학적 경쟁을 동시에 추동하고, 형태를 빚어내고, 서로 얽히게 하고 있다. 에너지 부문만 제외하면 소련의 경우에는 경제적으로 전혀 중요한 행위자가 아니었다.

복잡하고 촘촘한 공급망의 거미줄은 미국과 중국이 자신들의 당초 의도가 무엇이든지 간에 서로 완전히 떨어진 두 개의 시스템으로 분리하고 갈라서는 것을 극도로 불가능하게 만든다. 상당한 정도의 갈라서기는 일부 영역에서 진행되고 있는데 예를 들면 인터넷은 대체로 갈라서 있는 상황이다. 어느 정도 수준의 갈라서기는 몇몇 다른 영역에서도 진행되고 있다. 그렇지만 모든 영역 전반에 걸친 갈라서기는 어떤 대가를 치른다 해도 거의 불가능하다.

그 결과는 모순적이며 양면성을 띠게 된다. 이것이 현 국제관계의 특성적 행태이다. 미국과 중국은 조심스러운 양면성을 유지한 채 서로를 지켜보고 있다. 그들은 엄청나게 상호의존적이지만 서로 깊이 불신하고 있는데 이는 서로가 너무 상호의존적이기 때문이다. 점점 더 공세적인 중국과 점점 더 거래적으로 변모한 미국에 직면하여 제3의 국가들은 양국을 똑같이 양면적인 측면에서 바라본다. 양쪽의 어느 누구도 적은 아니다. 누구나 양쪽을 다 다루어야만 한다. 그러나 어느 나라도 미국과 중국 양쪽 모두에게 우려가 없는 것이 아니다.

결과적으로 국제 관계에서는 유동성이 더 커졌다. 이 새로운 조건하에서는 최대로 자율성을 확보해야 한다는 것이 전략적인 명령이 되었다. 어느 나라도 모든 분야에서 미국이나 중국 어느 한쪽에 자신의 이익을 완전히 일치시킬 수는 없게 되었다. 어느 국가는 때로는 한쪽 방향으로 기대고, 때로는 다른 방향으로 기울며, 때로는 둘 다 무시하기도 할 것이다. 물론 어느 한 쪽과의 관계에 돌이킬 수 없을 정도의 손상을 가하지 않도록 노력할 것임은 틀림없다.

이는 국제적인 지도력이라는 관념에 완전히 새로운 의미를 부여하는 것이다. 새로운 환경을 헤쳐 나가기 위해서는 전략적인 상상력과 더 민첩한 정책상의 명민함이 필요하며 그 무엇보다도 정치적인 용기가 있어야 한다.

빌라하리 카우시칸(Bilahari Kausikan)은 싱가포르 국립대 산하의 자율적 학술기관인 중동연구소의 회장이다. 그는 싱가포르 외교부에서 37년간의 전 경력을 봉직했으며 마지막으로 사무차관으로 은퇴했다. 그의 첫 번째 해외 근무지는 워싱턴 D.C.였으며 뉴욕 소재 주 유엔대사로도 근무했다. 그는 미국을 기억할 수 없을 정도로 많이 방문했으며 스스로를 미국에 대한 우호적인 비평가라고 생각한다. 그를 교육시키고자 한 기관 중에는 컬럼비아 대학교가 있으며 거기에서 버번위스키에 대한 평생의 취향을 얻었다.

활동의 밑천: 미국의 하드파워(경성국력)에 대한 생각

조셉 친용 료우
(Joseph Chinyong Liow)

제2차 세계 대전 이후, 미국과 승리를 거둔 유럽의 동맹국들은 전쟁으로 파괴된 국제 질서를 재건하고자 공동의 노력을 경주했다. 오늘날까지 유지되고 있는 이 국제질서는 국제 연합에 명시되어 인정되고 있는 국제적 규칙에 입각한 것이다. 이 국제질서는 협력과 호혜적인 이익에 기초한 다자적 메커니즘의 확산으로 표현되었고 경제적/정치적 자유주의라는 가치에 의해 지지되었다. 이 질서가 장수할 수 있었던 비결은 많은 면에서 미국의 경성국력이 뒷받침되고 있었기 때문이었다.

국제관계 학자인 조셉 나이는 하드파워를 "다른 사람들이 당신의 의지를 따르도록 경제적 또는 군사적인 당근과 채찍을 사용할 수 있는 능력"으로 정의했다. 하드파워는 흔히 전쟁이나 전쟁의 위협으로 표현되는 강압 외교라는 이미지를 떠올리게 한다. 그러나 이것이 마음에 드는 측면도 있다. 이는 "당근"이라는 것으로 입증되고 있는데 억지(deterrence), 무기판매, 방산 기술의 이전, 외국인 직접투자와 통상관계의 향상 등을 통해 안전을 제공하는 형식을 띠고 있다.

이 장에서는 군사적, 경제적 차원에서의 미국의 하드파워를 탐구해 보고자 한다.

●● 군사력

다른 군대와 마찬가지로 미국의 군대 역시 외부 적의 공격으로부터 조국을 방어하기 위해 존재한다. 여기에는 예비군인 주 방위군도 포함된다. 주 방위군은 긴급 상황에서 동원될 수 있는데 미국의 연방 정부 체제하에서는 주 정부 차원이나 연방 정부 차원에서 모두 긴급 상황을 선언할 수 있다.

미국의 군사력은 또한 해외에서의 미국의 광범위한 이익을 보호하고 심화시키는 데 핵심적 역할을 수행한다. 다른 무엇보다 여기에는 동맹국의 안보 이익을 지원하는 것을 포함한다. 아주 최근에 미군은 알카에다나 이라크/시리아 내 이슬람국가(ISIS)와 같은 비국가 활동세력을 상대하기 위한 전투교리나 전투 능력을 개발해야 했다.

미군은 육군, 해군, 공군, 해병대라는 4개의 큰 가지로 구성되어 있다. 미군의 자산은 지리적 군사작전지휘부(COCOMS)에 따라 분산 배치되어 있다. 이들은 북부군 사령부(NORTHCOM), 유럽군 사령부(EUCOM), 중부군 사령부(CENTCOM), 인도태평양 사령부(Indo-Pacific Command: INDOPACOM), 남부군 사령부(SOUTHCOM)와 아프리카 사령부(AFRICOM)이다.

전투 작전이 군대의 주요 기능이지만 군대는 인도적 지원, 위기/재난 대응과 국방 외교에도 관여한다.

미국은 세계에서 가장 선진화된 군을 보유하고 있고 이를 통해 국제문제에 커다란 영향력을 행사할 수 있다. 예를 들면 미 해군만이 단일 전구(single theatre)에 두 개의 항공모함 타격단을 배치시킬 수 있다. 1995~96년의 대만 해협 위기 시에 미군은 이 지역에 배치된 인디펜던스 항모그룹에 추가하여 제2 항모그룹인 니미츠 그룹을 파견하여 힘을 과시했다. 다만 두 항모그룹은 해협을 진입하기 직전에 멈추었다. 2021년 2월, 미군은 또 다시 두 개의 항모 그룹(테어도어 루스벨트, 니미츠)을 훈련 목적으로 남중국해에 파견했다.

미군의 능력은 세계에서 가장 큰 국방 예산에 의해 뒷받침된다. 2020년에 미국은 7,780억 미 달러의 국방 예산을 사용하여 그 다음으로 국방비를 많이 지출한 10개 국가의 국방 예산을 모두 합친 금액(7,325억 미 달러) 보다 더 많은 지출을 했다. 그런데 미국의 국방비는 국내총생산(GDP)에 대한 비율로만 따지면 1960년대의 8~9%에서 2019년에는 3.4%로 감소되었다. 이에 비하여 세계적 차원에서 두 번째로 국방비를 많이 지출하는 중국은 2020년에 2,500억 미 달러를 약간 상회하는 지출을 했다. 물론 중국은 흔히 국방비 지출을 실제보다 적게 발표한다고는 알려져 있다.

비록 현역병의 숫자라는 측면에서는 미국이 중국, 인도에 이어 세계 3위를 기록하고 있지만 미군의 선진화된 하드웨어(군사장비)와 소프트웨어는 가공할만한 전력승수(force multiplier) 효과를 나타낸다.

미 해군은 숫자로 표시된 6개의 함대가 있고 11척의 항공모함을 포함하여 500척 이상의 현역함정을 보유하고 있다. 해군은 또한 핵잠수함과 최신 어뢰, 토마호크 지상공격 크루즈 미사일, 레이저 조준 장치 등을 장착한 버지니아급 공격 잠수함 등 약 70척의 잠수함을 운용하고 있다. 이와 함께, 미국은 총 6.800기의 배치되었거나 비축된 핵탄두를 보유하고 있으며, 대륙간탄도미사일(ICBM), 잠수함발사탄도미사일(SLBM), 전략폭격기의 형태로 800여 개의 운반 수단을 유지하고 있다. 한편, 공군은 첨단 항공기술, 스텔스 기능, 고성능 기체구조, 통합 컴퓨터시스템이 장착된 F35 Lightning II 전투기 등 5세대 전투기들을 자랑한다. 육군의 경우에는 얼마 전 최신 레이다, 장갑, 컴퓨터 시스템 등이 장착된 M1A2C 아브람스 전차를 도입했다.

비록 전반적인 지출삭감(sequestration) 조치가 2012년 국방예산을 의무적으로 삭감토록 한 사례 등이 있지만 미군은 지속적으로 현대화되면서 전투 능력을 향상시켜 왔다. 여기에는 정밀 타격과 운행유도 시스템, 로봇 공학, 위치확인시스템(GPS)과 우

주 기반 센서, 초음속 시스템 등에 대한 투자 등이 포함된 것이
다. 미군은 2019년 12월 우주군을 설립하여 국방 교리를 우주로
까지 확대했다. 소프트웨어 측면에서 보면 미군의 조직은 합동작
전기획과 전문군사교육과 같은 분야에서 혁신적이고 기업가적인
접근법을 취하고 있다. 이러한 내용은 2012년 당시 육군 장교이
던 조나썬 젝웰(Jonathan Jeckell)이 소규모 전쟁 저널(Small
Wars Journal)에 기고한 "파괴적 사고의 소유자: 군인 기업가정
신, 용어 및 개념(Disruptive Thinkers: Military Entrepreneurship,
Terms and Concepts)"이라는 글에 잘 설명되어 있다.

군사력은 미국이 국제사회에 자신의 족적을 남기도록 해주
었다. 이는 미국의 각 지역 사령부와 세계적인 존재감을 나타내
는 해군으로만 표현되는 것이 아니라 미국의 국방관계와 동맹관
계, 그리고 80개국에 걸쳐 존재하는 800여 개의 미군 기지와 시
설로 설명될 수 있다. 이처럼 세계적 차원에서 군사력을 배치하고
유지하기 위해서는 엄청난 국방예산을 필요로 할 수밖에 없다.

미국이 군사력을 국제적인 힘과 영향력을 투사하는 수단으
로 활용하는 것에 대해서는 논란이 없지 않았다. 제2차 세계 대
전 이후 미군은 최소 17개의 주요 작전에 참여했다. 한국
(1950~1953), 쿠바(1961), 베트남(1962~1973), 도미니카 공화
국(1965), 레바논(1982), 그레나다(1983), 파나마(1989), 제1차
걸프전(1991), 소말리아(1992~1993), 아이티(1994), 보스니아
(1994~1995), 코소보(1999), 아프가니스탄(2001~2021), 이라

크(2003~2010), 리비아(2011), ISIS(2012~2019), 시리아(2017~현재)에서의 전쟁이 그것이다.

거의 틀림없이 이중 가장 파괴적인 전쟁은 몇 가지 이유에서 베트남 전쟁이었다. 첫째, 이 전쟁은 미국이 싸운 전쟁 중 처음으로 TV로 중계된 전쟁이었다. 상당 부분 그 이유 때문에 1960년대와 1970년대의 반문화운동이 촉발되었고, 전투에서 미국의 결의를 약화시켰으며, 미국의 정체성과 미국 사회를 재정의하게 했다. 둘째, 엄청난 군사력이 발휘되었음에도 (라오스와 캄보디아에는 각각 2차 대전 시 사용된 전체 폭탄의 양보다 더 많은 폭탄이 투하되었음에도) 미국은 승리를 얻지 못했다. 이는 비록 압도적인 군사력을 갖고 있더라도 미국은 항상 자신이 개입한 전쟁에서 자신이 원하는 결과를 만들지는 못했다는 것을 의미한다. 같은 이유로 바이든 행정부가 20여 년간에 걸친 아프간 전쟁에서 철수를 결정했을 때 베트남전에 관한 비유를 떠올리게 한 것은 놀라운 일이 아니었다.

국방 분야에서의 이러한 힘의 축적은 강력한 군산복합체가 뒷받침을 했기에 가능했다는 사실도 기록되어야 한다. 군산복합체에는 국방관련 지배계층, 군수산업, 군수업자, 로비스트가 상호 연계되어 있다. 제2차 세계대전 기간 중에 그 필요성과 긴급성으로 인해 탄생한 군산복합체는 소련과의 냉전 군비 경쟁 속에 가속적으로 성장했고, 걸프 전쟁으로 정점을 찍었으며, 이후 세계적인 테러와의 전쟁을 통해 발전해왔다. 비평가들은 이 군산복합체가 전쟁과 관련된 정치적 의사결정에 과도하고 부당한 영향력을 행사하면서 전쟁으로 인한 폭리를 취해왔다고 주장한다.

●● 미국의 경제력

미국의 하드파워를 설명하기 위해서는 경제적인 측면에 대한 고려 또한 필요하다. 이와 관련하여, 일반적인 예측은 미국의 경제가 2008~2009년의 서브프라임 위기(비우량 담보대출 위기)와 그 이후 상황으로 인해 돌이킬 수 없는 하락세로 들어섰다고 상정한다. 그런데 관련 자료를 살펴보면 이는 사실이 아닌 것으로 보인다.

지난 수십 년간 중국 산업능력의 급격한 상승에도 불구하고 미국 경제는 아직도 세계 제1의 경제로 남아있으며 전 세계 GDP의 약 25%를 차지한다.

이에 더해 미국의 달러화는 국제 준비 통화이자 대부분의 국제 상업 거래에서 선택되는 통화로 남아 있다.

경제 분야에서 중국과 치열한 경쟁을 치르고 있지만 미국은 아직도 충분한 자원을 보유하고 있고 최근에는 석유도 자급자족을 하고 있다. 미국은 중국 및 일본과 비교해서 상대적으로 젊은 인구를 가지고 있고, 세계적으로 가장 혁신적인 회사들의 고국이며, 제4차 산업혁명의 선두주자로 자리매김할 수 있는 활기 넘치는 기술 생태계를 보유하고 있다.

이와 함께, 미국의 경제는 전 세계 주식 자본금의 1/3을 차지하고 있는데 이는 그만큼 해외로부터 투자를 끌어오고 있다는 것을 의미한다.

막대한 경제력은 세계 경제에서 선도적인 해외투자자로서의 역할과 관련된 미국의 영향력으로도 나타난다. 사실 경제협력개발기구(OECD)의 통계에 따르면 미국은 세계에서 제일 큰 투자자로서 2020년 한 해에 해외에 1,170억 달러 이상을 쏟아부었다.

자기 마음대로 쓸 수 있는 엄청난 경제적 자원으로 인해 미국의 통상 및 통화정책은 비록 자국 투자자의 정서까지는 아니라 하더라도 항상 국제 통상과 통화 상황에 결정적인 영향을 미쳤다. 미국의 경제가 어떻게든 성장하면 국제 경제에는 주요 부양효과가 나타났고 미국 경제가 어떻게든 하락하고, 충격 받고, 위기를 겪게 되면 그와 상반된 효과를 가져왔다.

세계 시장에 깊숙이 통합되어 있던 까닭에 미국은 지난 30여 년간 계속 무역 적자를 기록해왔고 세계에서 가장 큰 채무국이 되었다. 이는 잠재적으로 지대한 영향이 있게 될 정치적인 결과를 초래했다. 미국의 해외투자 범위와 그 규모를 감안할 때 미국이 다른 국가들과 경제적 관계를 맺는 데에 우선순위를 두고 있는 것만큼은 명백하다. 그러나 최근 이러한 경제적 상호의존이 세계화로 인해 오랜 기간 방치되어 온 미국의 중류층과 노동계층으로부터 매우 큰 항의의 외침을 야기했다.

도널드 트럼프 행정부 이전부터 미 국민들 사이에서는 보호주의 정서가 분명히 나타났다. 예를 들어 미국의 노동조합은 1992년 대통령 선거 열기가 한참 고조되고 있던 와중에 북미자유무역협정(NAFTA)에 대한 반대 운동을 전개했다. 동일한 맥락에서 미국의 힘과 돈지갑으로 국제 자유 경제 질서를 확립코자 창설한 국제통화기금(IMF)과 세계무역기구(WTO)와 같은 국제기구 역시 현재 엄밀한 조사 대상이 되었다.

이처럼 강한 보호주의 정서는 2016년 선거에서 트럼프에게 승리를 안겨주었고 이에 대한 반응으로 그의 행정부는 환태평양 협력 논의로부터 탈퇴하고, NAFTA를 재검토한 후 재협상하였다. 이 두 가지 모두가 미국에게 불이익을 줄 것으로 판단되었기 때문이다.

미국의 경제력은 또한 강압적인 외교의 수단으로 활용되었다. 이는 경제적/금융적 제재라는 형태를 띠고 있으며 세계 어느 나라보다 미국이 자주 활용한다. 2021년도 시점에 24개 이상의 제재프로그램이 진행 중이며 미 재무부의 해외자산통제실(Office of Foreign Assets Control: OFAC)이 이를 감시하고 있다. 어떤 제제는 특정한 사람이나 단체를 대상으로 하지만, 또 다른 제재는 본질적으로 포괄적인데 쿠바, 북한, 이란, 수단, 시리아에 대한 제재가 이에 해당한다.

그러나 제재가 당초 의도했던 결과를 얻었는지에 대해서는 토론이 필요할 것 같다. 특히 미국이 취한 징벌적 경제 조치의 직접적인 결과로서 제재 대상 국가가 근본적으로 행동을 바꿨는지에 대한 근거가 희박한 상황에서는 더욱 그러하다.

●● 결론

부상하는 신흥 강국인 중국이나 러시아의 도전에도 불구하고 미국은 세계에서 가장 강한 국가로 남아있다. 미국은 군사적 형태나 경제적인 형태를 띠는 자국의 하드파워를 활용하여 계속적으로 국제 문제에 엄청난 영향력을 행사하고 있다.

그러나 미국과 같은 강대국은 하드파워 하나만을 활용하면 원하는 결과를 얻기에 충분치 않다는 것을 인식해야 한다. 특히 상호의존과 강력한 민족주의로 대변되는 현재와 같은 국제 지전략적(geo-strategic), 지경제적(geo-economic) 환경 하에서는 더욱 그러하다.

오히려 하드파워는 신중하게 보정되고 명백한 전략적 목표에 의해 유도되어야 하며, "소프트" 파워나 "스마트" 파워와 함께 활용되어야 당초 의도한 결과를 얻을 가능성이 크다는 사실이 점점 더 분명해지고 있다.

조셉 친용 료우(Joseph Chinyong Liow) 박사는 싱가포르 난양 공과대학교의 인문사회과학대학 학장 겸 탄 카 키 비교국제정치 석좌교수(Tan Kah Kee Chair professor)이다. 그는 동 대학교 라자라트남 국제문제연구소(RSIS)의 학장과 미국 브루킹스 연구소의 리콴유 동남아시아 연구 주임을 역임했다. 그의 연구 관심사는 동남아에서의 무슬림의 정치/사회적 운동과 아태지역에서의 지정학 및 지경학 등을 포함하고 있다. 그는 동남아에서의 종교와 민족주의 그리고 양면적인 관여: 냉전 이후 동남아에서의 미국과 지역 안보(Religion and Nationalism in Southeast Asia and Ambivalent Engagement: The United States and Regional Security in Southeast Asia after the Cold War)라는 책자를 저술했다.

●● 21
전진 방위와 세계적 차원에서의 군사력 배치

달지트 싱(Daljit Singh)

미국은 미 군사력을 해외에 투사하기 위해 현재 수백 개의 군 기지와 시설을 유럽, 중동, 동아시아에 배치하고 있다. 어떻게 이게 이루어지게 되었을까?

●● 태평양에서의 전진 방위의 시작

미국은 19세기에 서반구에서의 지배력을 확보한 이후 19세기의 마지막 10년 동안 태평양으로의 팽창을 가속화했다. 하와이를 합병하고 미－스페인 전쟁을 종결한 이후 1898년 필리핀을 점령했다.

팽창은 지정학적이고 상업적인 이익에 따라 동기가 유발되었다. 증기선의 시대가 도래했고 영국, 독일, 그리고 이후 일본과 같이 강한 해군력을 보유한 국가들은 미국이 수익성이 좋은 아시아 시장으로 접근하는 것을 거부할 가능성이 있었다. 이들 국가는 아시아 지역에 식민지를 가지고 있었고 태평양을 가로질러 미국 본토를 위협할 수도 있었다. 이에 따라 미국은 전진 방위의 필요성을 인식했고 종국적으로 하와이와 필리핀에 해군 시설을 건설했다.

20세기 초에 미국은 다극적 체제로 유지되던 동아시아 지역에서 영국, 일본, 러시아, 독일(1914년까지) 등 주요 강국 중의 하나에 불과했다.

미국은 자신의 근본적인 전략적 이익을 확보하기 위해 세력 균형 전략을 활용했다. 미국의 전략적인 이해관계란 어느 강대국이 아시아 전체를 지배하거나 미국의 상업적/안보적 이익을 위태롭게 하는 것을 방지하는 것이며 이는 현재에도 동일하다. 1930년대 팽창을 거듭하던 일본이 이와 같은 도전을 해왔고 이는 태평양 전쟁으로 연결되었으며 결국 1945년 일본의 패망으로 귀결되었다.

●● 제2차 대전 이후의 전진 방위

미국은 제2차 대전 이후 가장 강력한 경제적 · 군사적 강국으로 부상했다. 국제정세가 중대한 전환점을 맞이했을 때, 미국에게는 국제적 시각과 이상을 가진 지도자들의 존재라는 축복이 있었다. 이들 지도자들은 법의 지배와 유엔 및 국제통화기금과 같은 다자 기구에 기초한 새로운 국제질서를 창출코자 했다. 이 체제는 미국의 이익에 이바지하고 미국의 탁월한 지위를 촉진하기 위해 만들어졌지만 동시에 다른 국가들의 행복을 증진시킬 만큼의 충분한 이상주의가 내재되어 있었다.

소련과의 냉전과 공산주의의 위협은 미국을 국제 안보 문제에 깊이 개입하도록 이끌었다. 1947년의 트루만 독트린은 공산주의의 확산을 억제하기 위해 해외의 분쟁에 개입할 의지를 보여주었다. 초기의 주 우려사항은 2차 대전으로 인해 약화된 서유럽 국가들이 공산주의의 압력에 취약한 것이었다. 역시 1947년 설립된 마샬 플랜은 서유럽 국가들의 경제를 회복시키는 데 도움을 주었으며 1949년 설립된 북대서양조약기구(NATO)는 소련의 침략을 억제하는 기능을 수행했다.

NATO는 유럽국가 내에 미 군사력을 배치시킬 수 있는 기반을 제공했고 실제로 미국의 전진 방위선을 중부 유럽 지역에 설정토록 했다. 냉전이 종료된 지 30년이 지난 오늘날에도 유럽에는 비록 배치된 병력의 수는 감소했지만 다수의 미군 기지가 남아있다.

●●동아시아

동아시아에서는 두 가지의 상호 연관된 상황 전개로 인해 전후 초기에 미국과의 군사동맹이 대두되었다. 하나는 1950년 북한의 남침과 북한의 동맹인 중국의 참전으로 미국의 중대한 우려사항이 된 공산주의자들로부터의 위협이며, 다른 하나는 1951년 샌프란시스코 강화조약을 통한 일본의 주권 회복이 그것이다.

미국은 냉전에서 일본을 자신들의 진영에 묶어놓기 위해 샌프란시스코 강화조약에 참석한 동맹국들에게 일본에 상대적으로 관대한 평화 조약에 합의토록 영향력을 행사할 수 있었다. 당시 일본 총리였던 요시다 시게루는 동 평화 조약을 "공평하고 너그러운" 것이며 "영구적인 제한 또는 장애"를 가하는 것이 아니라고 묘사했다.

조약은 일본과의 전쟁을 공식적으로 종료했으나 주권국인 일본이 미국과 일본 간의 안보조약을 체결하는 것을 전제로 했다. 이 안보조약은 일본의 방어를 위해 그리고 동북아에서의 미국의 보다 광범위한 전략적 이익을 위해 미국이 일본 내에 군 기지와 병력을 유지할 수 있도록 허용해 주었다. 1951년 체결된 이 양자 조약은 일본의 어떤 유보조항을 수용하기 위해 1960년 개정되었으며 미-일간 상호협력 및 안보조약(Treaty of Mutual Cooperation and Security between the United States of America and Japan)이란 명칭으로 개명되었다. 이 조약은 아시아에서 미국의 가장 중요한 동맹을 만들었으며 지난 75년 동안 아시아의 안보를 뒷받침해온 군사력의 전진 배치 기반을 제공했다.

미국과 호주 및 뉴질랜드와의 방위 동맹도 일본과의 강화조약이 서명된 1951년 9월 1일 체결되었다. 태평양 전쟁 시 일본으로부터 폭격을 받았고 거의 침공을 당할 뻔했던 호주는 일본과의 평화 협정에 서명하고 싶지 않았다. 이는 미국이 안전 보장을 제공해 주지 않으면 일본의 군사력이 다시 부활하는 것을 의미할수도 있기 때문이었다. 미국의 보장에 대한 답례로 호주와 뉴질랜드는 아시아에서 공산주의의 진군을 제어코자 하는 미국의 노력에 동참키로 했다. 이 합의는 1951년 호주, 뉴질랜드, 미국 간의 안보 조약(ANZUS 조약)으로 체결되었다. 동일한 이유로 필리핀은 자국의 대외 방위를 담당하기 위해 1951년 미국과의 상호방위조약(Mutual Defense Treaty)을 체결했다.

1953년 10월 1일 체결된 한국과의 상호방위조약은 1950~1953년 기간 동안 진행된 한국전쟁의 자연스러운 속편이라 할 수 있다. 동 조약을 통해 미국은 한국의 방위를 공약하였으며 한국 내에 군사력을 주둔시킬 수 있게 되었다.

1954년 프랑스가 디엔비엔푸에서 베트남 공산주의자들에게 패배하자 미국의 정책결정자들은 동남아시아가 공산주의 팽창에 특히 취약하다는 점을 인식했다. 그 해에 집단안보조약인 동남아시아 집단방위조약(Southeast Asia Collective Defense Treaty)이 서명되었으며 이것이 동남아조약기구(Southeast Asia Treaty Organization: SEATO)의 설립으로 이어졌다. 그런데 이 집단은 그 구성원들 간의 이해관계가 분분하여 효과적이지 못했으며 결국 1977년 해산되었다. 1962년 미국과 태국은 태국 외교장관과 미국 무장관 간의 서신 교환을 통해 양자 상호안보협정에 서명했다. 이 협정은 오늘날까지 효력을 유지하고 있지만 태국이 중국과 긴밀한 관계를 이어감에 따라 미국에게 있어 동 협정의 전략적 가치는 감소되었다.

태평양에서의 미국의 전진 방위선은 동아시아 본토의 연안 바깥쪽인 "제1도련선(First Island Chain)"을 따라 일본, 대만, 필리핀, 남중국해로 이어지며 남쪽으로 호주 및 뉴질랜드까지 연결된다. 대만은 중화민국의 이름으로 1954년 미국과 상호방위조약을 체결했는데 동 조약은 미국이 중국본토를 외교적으로 승인한 1979년까지 유지되었다. 그 이후 미국은 대만관계법(Taiwan Relations Act)에 따라 대만의 자위를 위해 무기를 판매할 의무를 지고 있으며 다만 대만의 방어를 위해 달려갈 것인가에 대해서는 전략적 모호성을 유지하고 있다. 현재 제1도련선에 대한 전진 방위전략은 중국의 해공군력으로부터 압력을 받고 있으며 제1도련선과 아시아 본토 사이의 바다는 심한 경쟁 상태에 놓여 있다.

●● 중동

페르시아 만 지역 내의 미군 기지와 군사적 배치는 분명히 소련의 팽창 위협에 대한 것이었다기보다는 전략적으로 중요한 석유가 풍부히 매장된 지역의 역내 강국에 대응하기 위한 것이었다.

초기에 미국은 지역 강국인 이스라엘, 이란, 사우디아라비아를 통해 간접적으로 자신의 영향력을 행사하면서 상대적으로 소규모의 미군 시설과 병력을 유지했다. 그러나 1979년에 발생한 두 개의 사건, 즉 샤 정권을 무너뜨린 이란 혁명과 소련의 아프간 침공은, 페르시아 만 지역의 안정을 잠재적으로 위협하는 것으로 인식되었으며 미국이 역내에서 군 기지를 확보하는 것으로 이어졌다.

사담 후세인의 이라크와의 두 차례 전쟁과 9/11테러 공격이후 아프간 전쟁을 통해 미군 기지와 병력 배치는 크게 증가되었다. 즉, 아프가니스탄, 이라크, 카타르, 쿠웨이트, 바레인, 오만 및 몇 년 동안 사우디아라비아에서도 군 기지와 병력 배치가 추가되었다.

●● 관찰

아시아, 유럽, 중동에서의 미군 배치는 주권국가인 초청국의 동의를 얻어야 한다.

어떻게 이를 설명할 수 있을까? 한 가지는 미국이 지리적으로 멀리 떨어져 있는 국가로서 영토적 야심이 없으며, 법의 지배 원칙을 존중하고, 떠나달라고 요구받는 경우나 떠나야 할 때에는 떠난다는 것이다. 똑같이 중요한 점은 초청국들은 미군이 자국의 국가 이익에 도움이 된다고 믿기 때문이다.

근본적으로 미군은 자국의 우월적 지위 유지에 도움이 되는 현 국제체제하에서 그 무엇보다 자국의 국가 이익을 위해 해외에 파견된다. 그러나 미군의 배치는 남들에게도 자주 좋은 결과를 가져다주었다.

첫째, 미국은 서유럽, 동아시아, 동남아시아의 안보 유지에 결정적인 역할을 했다. 일본과 한국에 대한 미국의 안보 공약과 미국 시장에 대한 쉬운 접근 허용으로 일본과 한국은 자국의 경제를 재건했고, 경제와 기술면에서 일종의 발전기(發電機)와 같은 국가가 되었다. 1962년부터 1973년까지 베트남에 대한 미군의 군사개입은 비공산 동남아 국가들이 10여 년간 자국의 경제적/안보적 복원력을 확보하여 국내외의 공산주의 압력에 저항할 수 있도록 했다.

둘째, 미국의 존재는 지역 내의 위험한 경쟁과 갈등을 방지하거나 약화시켰다. 동맹으로서의 미국의 안보 제공이 없었다면 일본은 자국의 안보환경에 대응키 위해 아마 핵무기까지 포함하여 훨씬 큰 군사력을 필요로 했을 것이다. 독일도 되살아나는 러시아에 대응키 위해 똑같은 필요성을 느꼈을 것이다. 이는 아시아와 유럽 지역에 "안보 딜레마"라고 알려진 불안정의 연쇄 반응을 촉발시켰을 것이다. 작은 국가들 사이의 경쟁과 갈등은 두 국가가 미국의 동맹국가일 경우 용이하게 관리될 수 있는데 터키와 그리스 간의 관계나 한국과 일본과의 관계가 그렇다.

셋째, 미국의 안보 동맹 네트워크는 핵확산 방지에도 기여했다. 미국이 안보와 핵우산을 제공함에 따라 그렇지 않았으면 핵무기를 추구했을 국가들은 그럴 필요가 없어졌다. 이는 특히 아시아에서는 한국, 일본, 대만, 호주 등을 들 수 있고, 유럽에서는 독일, 중동에서는 터키와 사우디아라비아가 해당된다. 핵보유국이 많은 세계는 덜 안전한 세계이다.

마지막으로 해외에 미군을 전진 배치함으로써 미국은 중요한 공공재를 제공할 수 있었다. 예를 들면 국제 항로의 안전을 확보하였으며, 2004년 인도양의 쓰나미나 2011년 일본을 강타한 지진과 쓰나미와 같은 국제 재난 시의 구조 노력에 기여했다. 필리핀에서 미국은 남부지역 내 이슬람 테러리스트와 전투를 벌이는 마닐라 중앙정부의 노력을 지원했다. 진실로 미군의 해외 배치는 세계 여러 곳에서 알카에다나 이슬람국가의 테러를 억제하고 물리치는 데 핵심적 요소였다.

●● 결론

제2차 세계 대전 당시 많은 수의 미군이 유럽과 아시아로 진출하여 독일과 일본에 점령되어 있던 많은 국가들을 해방시켰다. 세계 대전 직후 시작된 냉전과 확장하는 공산주의의 위협은 미국으로 하여금 양 대륙에 군사 동맹 및 전진 배치된 군 기지와 시설을 건립토록 했다.

이곳저곳에서 약간의 조정은 있었지만 이 체제는 기본적으로 오늘날까지 온전히 유지되고 있다. 아시아에서는 미국과 중국 간의 경쟁이 증가함에 따라 전통적인 동맹과 새로운 군사협력 및 관련 시설들이 미 군사기획자들에게 더욱 더 중요해졌다.

달지트 싱(Daljit Singh)은 아이시스－유소프 이샥 연구소 (ISEAS－Yusof Ishak Institute)에서 선임연구원으로 근무했으며 이후 방문선임연구원으로 일하고 있다. 그는 동 연구소에서 발간하는 연례 동남아 연구보고서인 동남아시아 문제(Southeast Asia Affairs)의 오랜 편집자이다. 연구소로 옮겨오기 전, 싱가포르의 여러 공직에 근무했는데 국방부를 필두로 문화부와 그 후속 부처인 통신 정보부에서 일했고 통신정보부에서는 차관보와 정보 국장을 역임했다. 그는 싱가포르 소재 말라야 대학과 이후 영국의 옥스퍼드 대학에서 수학했다.

미국-최고의 "소프트파워(연성국력) 초강대국"

코 박 송(Koh Buck Song)

유명 미국 학자에 의해 조어(造語)된 소프트파워(연성국력) 역시 놀랍지 않게 미국 자신이 그 전형적인 예가 된다. 사람들의 기억 속에 남아 있는 세계를 지배하는 미국 소프트파워의 압도적인 위상에 대해서는 논란의 여지가 없다. 만일 누가 "아메리카"라고 이야기 할 때 브라질이나 파나마를 연상하는 사람은 거의 없을 것이다. "아메리카"라는 말 그 자체를 미국이 독점하여 세계의 상상력을 사로잡고 있으며 북미와 남미라는 나머지 두 개의 큰 대륙에 대한 세계인들의 인지도를 퇴색시켜 버린다.

그 학자는 조셉 나이(Joseph Nye) 전 하버드대학교 케네디 행정대학원 원장이다. 그는 1990년 발표한 논문에서 소프트 파워의 세 가지 주요 원천으로 정치적 가치, 문화, 그리고 대외정책을 들었다. 그는 미국 소프트파워의 예로서 1989년 중국 학생들이 천안문 민주주의 시위를 뉴욕의 자유의 여신상 복제품으로 상징하거나 중동사람들이 남몰래 금지된 미국 비디오나 위성TV 방송을 시청하는 것을 지적했다. 이후 등장한 인터넷은 미디어 콘텐츠에 대한 세계인들의 접근을 훨씬 자유롭게 만들어주어 세계적으로 미국 소프트파워의 다양한 측면에 대한 인식과 친밀성을 갖게 하는 풍부한 기반을 형성했다.

그의 2004년도 책인 소프트파워: 세계 정치에서 성공하는 수단(Soft Power: The Means to Success In World Politics)의 내용에서 나이는 "소프트파워는 무엇인가? ... 우리의 정책이 다른 사람의 눈에 정당하게 비칠 경우 우리의 소프트파워는 증대된 것이다... 당신이 다른 사람들로 하여금 당신의 이상을 존경하고 당신이 원하는 것을 원하도록 만들면 그들을 당신의 방향으로 움직이는 데 채찍과 당근을 덜 써도 된다. 매력이란 언제나 강압보다 더 효과적이다. 그리고 민주주의, 인권, 개인적 기회와 같은 많은 가치들은 매우 매력적인 것이다."라고 기술했다.

소프트파워에 대한 나이의 적절한 표현 이전에는 한 국가가 얼마나 강력한가를 군사력과 경제력과 같은 정량화할 수 있는 "하드"한 용어로 확인했다. 얼마나 많은 항공모함과 전투기를 가지고 있는지, 자국의 다국적기업은 얼마나 큰 시장 점유율을 가지고 있는지 등이 척도였다. 이런 하드파워 조건에서도 미국은 가공할 군사력과 가장 큰 경제력을 과시하며 아직 최정점을 차지하고 있다.

하드파워와는 대조적으로 소프트파워는 대외정책 목표를 달성하기 위해 매력과 설득을 지렛대로 사용한다. 소프트파워는 보상과 보복을 활용하는 전통적인 대외정책 수단들과는 다르다. 오히려 연결망을 만들고, 다른 문화에 공감하는 이야기를 소통하고, 국제 규범을 옹호하고, 그 국가를 자연스레 매력적으로 만들어주는 자원, 예를 들면 추구하는 가치, 사회/정치적 규범, 예술, 문화, 기업가정신, 해외 원조 등을 활용하여 영향력을 갖도록 한다.

나이의 중심 논지는 소프트파워가 미국이 갖는 국제 지도력의 핵심 기반이며 1947년부터 소련에 대항하여 시작된 냉전을 승리로 이끌어 주었다는 것이다. 소련 공산주의가 1991년 패배하자 미국의 자유주의는 전 세계에 걸쳐 보편적이며 타의추종을 불허하는 호소력을 갖게 되었다. 거의 모든 사람들이 투표하고, 청바지를 입고, 언론의 자유를 갖기를 원했다. 미국의 정치학자인 프란시스 후쿠야마는 1992년 서구 자유 민주주의의 궁극적인 우위를 상징하는 "역사의 종언(the end of history)"을 환호했다. 그러나 이 아이디어는 오히려 도가 너무 지나쳐 추후 심리학자들은 사람들이 미래의 변화를 과소평가하는 현상인 "역사의 종언에 대한 착각"을 연구하게 된다.

●● 변화하는 세계로 인해 쇠약해지고 있는지?

그 이후 세계는 변모되어 어떤 해설가들은 미국의 소프트파워가 적합성을 잃고 있으며 1990년 이후 내리막길을 걷고 있다고 설명한다. 자유 민주주의와 자유 시장은 중동에서의 아랍의 봄과 마찬가지로 저절로 경제 성장을 가져오지 못했다. 해외에서 미국의 민주주의를 고취시키고자 했던 노력은 시리아, 이라크, 아프가니스탄에서 매우 뚜렷하게 실패했다. 오히려 반 자유 성향의 정부가 전 세계에 걸쳐 세력을 얻고 있는데 이러한 변화는 좋든 싫든 코로나 19 대역병을 다루기 위해 강력한 중앙집권적 정부 통제가 필요하게 된 것으로도 확인된다.

심지어 미국 내에서도 '불가양의 권리'인 언론자유 그 자체가 점증하는 반발에 직면해 있다. 많은 미국 시민들은 러시아의 미국 선거 개입, 불쾌한 백인 우월주의, 백신 반대를 위한 가짜 정보 등에서 비롯되는 위협과 싸우기 위해 페이스북이나 구글같은 인터넷 공룡의 힘을 제약해야 한다는 요구를 높이고 있다.

관찰자들은 또한 권위주의적인 대안으로부터 야기되는 초기 위협에 대해 경계한다. 특히 급증하는 중국의 소프트파워 영향력은 중국이라는 "용"을 깨우는 공자학원의 진출과 새로운 실크로드를 따라 진행되는 광범위한 일대일로 사업과 같은 여타 매력 공세로 나타나고 있다.

이 모든 것에도 불구하고 미국은 제1의 "연성국력 초강대국(soft superpower)"으로 계속 남아 있다. 근본적으로 소프트파워는 그 자체로 유지되는 것은 아니고 하드파워의 연장이라는 사실을 기억하는 것이 유용하다. 투자자나 이민자들은 다른 국가가 자원이 풍부하고 또한 환영하는 경우에 그 국가에 매력을 느낄 것이다. 이는 마치 어떤 사람이 성공했으면서 동시에 매혹적이면 더욱 바람직하게 느껴지는 것과 마찬가지다.

●● 왜 미국의 소프트파워가 아직도 가장 큰 반향을 불 러일으키는가?

어떤 현실들은 당분간 미국이 계속 정상에 머무르도록 분명히 미국에 호의적이다. 이런 요소 중 최고의 위치에 있는 것은 팝 문화이다(이 책의 별도의 장에서도 설명 예정). 미국식 영어는 온라인상 가장 우위에 있는 세계 언어로서 영국식 언어를 대체 중에 있다. 할리우드는 영화의 세계를 지배하고 있다. 오스카는 영화에서 이룬 성취의 정점을 나타내는 상징이다. 그래미는 음악에서의 정점을 의미한다. 넷플릭스나 디즈니＋와 같은 TV 스트리밍 서비스도 모두 미국에서 나왔다. 디지털 혁명에서의 성지는 캘리포니아의 실리콘 밸리이다. 세계로 향한 주요 언론 매체의 창은 모두 미국 렌즈를 끼고 있다.

국제 비즈니스에서는 미국의 구상과 실천이 모든 주요 추세와 기준을 정하면서 이끌어 간다. 비즈니스 매체인 포브스와 블룸버그는 국제적인 의제를 형성한다. 코카콜라는 아직도 가장 멋진 음료이고 맥도날드는 가봐야 하는 패스트푸드 식당이다. 이들은 옛날식 도소매 형태의 오프라인 영역이다. 이제 디지털 영역에서의 주요 행위자 역시 대부분 미국에 기반하고 있다. 전자 상거래에서 아마존은 세계를 정복하고 있다.

미국의 소프트 파워는 가장 확고하게 자리 잡은 플랫폼이나 도약대(launch pad)에 활력을 불어넣어 미국의 가치와 문화를 더 멀리 투사한다. 사고적 리더십(Thought Leadership)이란 국제적 영향력의 정점에서 행해지는 활동인데 미국이 제일 윗부분과 대부분의 핵심 영역을 지배하면서 유일하게 만만치 않은 도전자인 영국을 밀어내고 있다. 고등 교육과 연구 분야에서는 하버드나 스탠포드와 같은 미국의 대학들이 가장 인기가 있으며 지속적으로 국제적 순위의 정상을 차지하고 동문들은 다른 여러 나라의 사회, 정치, 사업계의 엘리트로 자리 잡는다.

소프트파워는 사람들의 관계 망(network)을 통해 번창하며, 미국은 공공기관과 관련 조직 등을 통해 어떻게 "친구를 얻고 사람들에게 영향을 주는지"(미국의 자기개선 대가인 데일 카네기의 언급)를 잘 파악하고 있다. 미국의 수많은 장학금, 국제 방문자 프로그램, 방문 학자제도 등은 외국의 많은 여론 지도층을 데려와 추수감사절을 경험하게 하고 애플파이를 즐기게 하는 가운데 미국식 생활방식에 젖어보게 한다. 이러한 프로그램의 수혜자들은 고국에 돌아갔을 때 비록 미국의 비공식 대사까지는 아니더라도 친구가 된다.

인간 이주에 있어서 아메리칸 드림의 비중은 매우 크며 그것의 이미지는 자유의 여신상과 같은 우상에 맞닿아 있다. 미국 브랜드에 대한 모든 긍정적인 연관성들은 수많은 이민자들을 불러 모아 미국 시인 프란시스 스콧 키가 "자유로운 땅이자 용감한 이들의 고향"이라고 이름 붙인 곳에서 새 삶을 시작하게 했다.

행복 추구에 있어 평등하다는 미국적 가치는 제2차 대전 후 미국의 지도력에 의해 설립된 국제 인도주의 협약과 맥을 함께 하면서 난민, 망명신청자, 그리고 여러 곳으로부터의 이민자를 환영할 수밖에 없는 정책에서 잘 나타나 있다. 바로 이것이 심지어 트럼프 행정부 하에서도 그리고 인종차별 정서가 표면화되고 있음에도 왜 멕시코 국경에서는 아직도 줄이 길게 늘어서 있는지를 설명해준다.

무엇보다도 미국 소프트파워의 핵심적 특색은 그 복원력이다. 미국의 정치적 가치가 갖는 매력은 트럼프 행정부하에서의 "미국 우선주의" 정책과 입장, 즉 점증하는 편협함, 보호주의, 탈세계화, 일방주의 등으로 심각하게 감퇴했다. 그런데 이보다 훨씬 이전부터 미국의 세계적 영향력은 그 실행과 본보기라는 측면에서 이미 쇠퇴하기 시작했다. 버락 오바마 대통령의 정책 포부(예를 들면, 국내에서는 인종 간의 관계를 개선하고, 국제적으로는 자유무역을 증진시키고자 했던)는 상원에서의 의사진행방해(filibustering)와 같은 장애들로 인해 쪼그라들 수밖에 없었다.

그러나 미국은 때때로 휘청거리는 경우가 있더라도 감탄할 정도로 잘 회복하고 매우 빨리 치유를 한다. 2016년에 전 TV 리얼리티 쇼의 주연을 탈도 많던 대통령직에 오르게 했던 분열적인 정치 체제는 이제 미국을 잔존 피해에서 회복할 수 있도록 하고 있다. 이는 조 바이든이 승리한 2020 선거가 사기라는 부당한 주장에 따르지 않았던 법원과 다수 주정부 공무원들의 예에서 볼 수 있듯이 명시되어 있는 제도적인 견제와 균형 장치가 있기 때문에 가능하다. 미국은 심지어 2021년 1월 국회의사당 폭동이라는 반란미수에서도 살아남았는데 폭동이 성공했더라면 허약해진 국가 내에 독재 체제를 수립할 수도 있었을 것이다.

가치의 영역에서 보면, 개인주의, 언론 자유, 인권 등과 같은 미국 국가브랜드의 속성과 관련된 것들의 광택은 많이 바래버렸다. 그렇더라도 해외에서의 미국 소프트파워의 사회적 영향력은 계속 지속된다. 하나의 지표는 어떻게 많은 국가들이 미국에서 진행되고 있는 사회운동의 정신과 어휘를 자주 채택하는가에서 나타난다. 미투(#MeToo) 운동이나 흑인의 생명도 소중하다(Black Lives Matter)와 같은 움직임은 세계적 차원에서 여성권한 강화운동에 새로운 활력을 주고 있고, 유럽 축구선수들이 인종주의에 반대한다는 의미에서 무릎을 꿇는 모습을 보여준다. 미국의 소프트파워에서 유래된 개념들은 아직도 국제적으로 큰 무게와 가치를 지니며 인간이란 과연 어떤 의미인가를 형성하고, 측정하고, 관리해나가는 데에 도움을 준다.

이와 같은 이유로 미국의 소프트파워는 언제나 풍부한 자원과 복원력을 갖고 있었으며 오늘날에도 여전히 타당한 의미를 지니고 있다.

코 박 송(Koh Buck Song)은 작가이며 브랜드 싱가포르 (Brand Singapore)와 68일간의 세계일주(Around the World in 68 Days)를 포함한 30여 권의 책을 편집했다. 그는 국가브랜드 조언자로서 싱가포르 브랜드에 대해 부탄, 타히티, 일본, 중국, 영국, 미국 등의 국가에서 강연을 했다. 하버드 대학교 케네디스 쿨에서 공공행정 석사과정을 수학하면서 Singapore Today 지에 미국 및 국제문제에 대한 정기 컬럼을 게재했다. 그 이전에 그는 스트레이츠 타임스지의 컬럼니스트였고 리콴유 공공정책대학원 의 리더십담당 비상근 교수와 싱가포르 경영대학교(SMU)의 언론 정책담당 비상근 교수를 역임했다.

다자주의에 대한 미국의 태도

린 쿽(Lynn Kuok)

다자주의에 대한 요구는 잘 아는 바와 같이 코로나 19 대역병, 기후 변화, 점증하는 강대국 간의 경쟁, 개방적 교역으로부터의 후퇴, 그리고 트럼프 행정부의 "미국 우선주의"적 접근과 같은 국제적 도전에 직면하여 계속 증대되어 왔다.

싱가포르의 리셴룽 총리는 2020년 9월 제75차 유엔 총회에서 "유엔을 중심에 두는 규칙에 기반한 다자주의가 안정적인 국제환경을 만들기 위한 가장 큰 희망이다"라고 선언했다. 2021년 1월 세계경제포럼(WEF)에서 시진핑 중국 국가주석은 "다자주의를 유지하고 인류의 미래를 공유한 공동체를 건설하는 것"이 난해하고 복잡한 국제 문제에 대한 해법임을 제시했다. 유럽의 지도자들은 2021년 2월 3일 프로젝트 신디케이트[20]를 통해 발간된

---

20) 프로젝트 신디케이트(Project Syndicate)는 국제사회의 다양한 주제에 대한 논평과 분석을 게시하고 이를 여러 언론사에 파는 국제 미디어 조직이다. 모든 의견은 프로젝트 신디케이트 웹 사이트에 게재되지만 인쇄용으로 광범위한 파트너 간행물 네트워크에 배포된다. 2019년 기준 156개국 506개 매체 네트워크를 보유하고 있다. 영어로 된 칼럼은 13

공동 기명 논평을 통해 "국제적 회복"을 위해서는 "더욱 포괄적인 다자주의"를 채택해야 함을 촉구했다. 하루 뒤 바이든 미 대통령은 자신의 첫 번째 주요 대외정책 연설을 통해 "가속화되고 있는 전 지구적인 도전"은 "국가들이 공동으로 함께 일할 때에만 해결될 수 있다"고 인정했다.

다자주의는 무엇을 의미하는가? 그것은 어떻게 도움이 되나? 그리고 세계의 초강대국인 미국은 그것을 어떻게 보고 있고 어떻게 적용하는가?

●● 의미와 목적

옥스퍼드 사전은 다자주의를 "3개 또는 그 이상의 당사자들, 특히 다른 나라 정부들이 참여하는 원칙"이라고 설명한다.

그런데 이와 같은 직설적인 규정은 복잡성을 숨기고 있는 것이다. 아시아와 같은 일부 지역에서는 다자주의가 셋 또는 그 이상의 집단으로 일을 하는 관례를 의미하는 양적인 개념임에 반해 다른 지역, 특히 유럽지역에서는, 동 용어가 흔히 민주주의와 같은 어떤 특정 규칙이나 가치를 고수하는 질적인 측면을 의미한다.

개 언어로 번역되며 주요 선진국 기관들의 기부를 통해 많은 회원사들이 할인된 가격으로 내용물을 전달받는다.

분명해 보이는 양적인 측면의 명료성에도 의문의 여지가 있다. 조지아 대학교의 국제법 교수인 할란 코헨(Harlan Cohen)은 12개국으로 구성된 환태평양 경제동반자협정(TPP)(2017년 1월 미국이 탈퇴하여 11개국으로 구성된 포괄적 점진적 환태평양 경제동반자 협정(CPTPP)이 됨)과 관련하여 다음과 같이 지적했다. "12개국(현재는 11개국)의 TPP 협상은 양자 무역협상과 비교할 때 다자주의적인 것처럼 보인다. 그러나 동 협상은 164개 회원국으로 구성된 세계무역기구(WTO)와 비교하면 다자주의에 반대되는 것으로 보인다." 2017년 미국이 10여 년 전 미국, 일본, 호주, 인도 4개국 간의 결성 모임 이후 소멸되었던 쿼드(Quadrilateral Security Dialogue)를 부활시키면서 "다자주의"를 강화하는 것이라고 했을 때 이는 별로 환영받지 못했다.

브루스 존스(Bruce Jones), 제프리 펠트만(Jeffrey Feltman), 윌 모어랜드(Will Moreland)와 같은 분석가들은 다자주의가 공동의 도전에 대해 협력하게 하며 갈등의 소용돌이를 피할 외연도 만들어 주는 강력한 힘이라고 지적한다.

그러나 악마는 세부적인 데에 있다. 다자주의의 크기와 형태가 중요한 것이다. 예를 들어 민주주의와 인권에 초점을 맞춘 집단들은 일부 구성원들은 가까이하면서도 동일한 가치를 공유하지 않는 다른 구성원들과는 갈등을 빚는다. 구성원들의 구습이나 나쁜 행실 역시 원심력적인 경향을 야기한다. 초국가적 도전에 대처하기 위해서는 민주적인 국가와 비민주적인 국가가 모두 함께 공동보조를 맞추는 것이 필요하다.

한마디로 이야기하자면, 해법으로서의 "다자주의"는 어떻게 위험을 최소화하며 공동의 도전에 대처할 수 있는지를 생각게 하는 출발선에 불과할 따름이다.

●● 각각의 미 행정부하에서의 다자주의

다자주의에 대한 각각의 미 행정부의 태도는 달랐다. 이는 행정부가 국익과 이례적으로 국제적 이익 중에 무엇을 우선시할 것인가와 같은 기능의 문제가 아니었다. 차이는 정부가 보다 광범위한 이익이 국익에 기여할 것으로 보는지의 여부에 놓여 있다.

트럼프의 "미국 우선주의"는 미국의 국가 이익이 다자적 제도나 틀의 내부가 아닌 외부에서 가장 잘 얻어질 수 있다고 보았다. 비록 바이든 행정부가 주요 국제기구나 사업의 중요성을 재확인하고 세계보건기구(WHO)와의 관계를 회복하며, 파리기후협약에 재가입하고, 군축협상 노력을 부활했지만 이는 방법에서 차이를 둔 것이지 목표를 변화시킨 것은 아니다. 바이든의 목표는 트럼프의 목표와 유사하게 미국의 으뜸 지위를 회복하거나, 바이든 본인의 말처럼 "미국이 돌아왔다(America is back)"는 것을 보장하는 것이다. 더 나아가 바이든 행정부는 2021년 3월 최초의 정상회의 개최를 포함하여 쿼드를 지속적으로 강조했다.

미국의 대외정책은 대체로 건국초기부터 제2차 대전 (1939~1945) 때까지 고립주의를 유지했다. 물론 제1차 대전 (1914~1918) 시 미국 선박에 대한 독일의 잠수함전으로 인해 미국이 중립을 포기했던 중단 상황들이 있기는 했다. 미 대륙 내의 식민지에는 종교적 박해와 유럽에서의 전쟁을 피해 달아난 사람들이 거주해 온 관계로 이들은 보다 나은 삶을 꾸리기 위해 자신들의 집 가까이에 집중했다. 미국의 부러운 지리적 환경 역시 자국을 다른 지역의 골칫거리로부터 쉽게 거리두기를 할 수 있도록 했다.

그러나 1941년 12월 진주만에 대한 일본의 공격은 미국으로 하여금 제2차 대전에 참전토록 하였으며 미국의 대외 정책에도 전환점을 만들었다. 좀 더 국제주의적 시각은 다양한 다자주의적 사업 속에서 발현되었다. 루스벨트 행정부하에서는 세계은행과 국제통화기금을 1944년 7월에, 국제연합을 1945년 10월에 각각 창설했고, 트루먼 행정부하에서는 세계무역기구의 전신인 관세와 무역에 관한 일반협정(GATT)을 1947년 창설했다.

냉전 시(1947~89) 번창했던 다자 기구들은 지정학적 긴장 상황을 근절하지 못했다. 확실히 미국과 소련 간의 경쟁이 이러한 계획들을 촉발시킨 것은 사실이다. 2021년 베트남 외교부의 연구 사업은 국제연합의 다자 메커니즘에서 가장 중요한 목표는 다양한 분야에서 미국이 소련에 대항하는 연합체를 형성하도록 도움을 주는 것이었다고 주장했다. 경제적 영역에서 미국은 자국의 경제적 혜택을 극대화하고 자유주의적 이상과 미국적 가치를 전 세계에 촉진시킬 목적으로 개방적인 무역체제를 설계하는 데 모든 노력을 경주했다. 미국은 서유럽이 미국 중심의 국제 자본주의 시스템에 참여하는 것을 확보하기 위해 다자 조약을 통해 자본주의와 자유 시장 원칙을 전 세계로 확장하고자 했다. 안보 분야에서 미국은 유럽에서는 북대서양조약기구(NATO) 설립을, 아시아에서는 지금은 없어진 동남아시아 조약기구(SEATO) 설립을 각각 밀어붙였다.

냉전 시의 전성기 때에도 미국의 다자주의는 국제기구의 규칙, 규범, 정책결정 과정을 준수하려는 것이었다기보다는 조정을 용이하게 하기 위해 이들 기구에 투자를 한 것이었다.

냉전 이후 다자주의는 규칙과 규범에 대한 미국의 고르지 못한 준수 때문에 긴장감을 보여주기 시작했다. 이는 조지 부시 행정부(2001~2009) 때가 정점이었다. 미국은 다음과 같은 일련의 주요 국제 조약을 거부했다. 기후변화에 대한 교토의정서(2001년 3월), 생물무기금지협약의 준수 확인을 위한 의정서(2001년 7월), 국제형사재판소(ICC)에 관한 로마규정(2002년 5월), 탄도탄요격미사일규제조약(ABM Treaty)(2002년 6월), 국제지뢰금지조약(2004) 등이 그 예이다. 미국은 또한 유엔안보리의 권한부여 없이 그리고 주요 핵심 동맹국들의 지지 없이 2003년 3월 이라크와의 전쟁을 개시했다. 그러나 다자적 접근에 금이 간 것은 보다 더 일찍 시작되었다. 이념적으로 다자주의에 치우쳤던

클린턴 행정부(1993~2001) 하에서 미국은 포괄적 핵실험 금지 조약(CTBT)을 거부했다(1999).

드레이크 대학교의 데이비드 스키드모어(David Skidmore) 정치학교수는 냉전 종식 후에 미국의 외교정책이 일방주의로 향한 것을 "냉전 종식 후의 국내와 국외에서의 구조적인 효과" 때문인 것으로 설명한다. 그는 소련의 위협이 제거되자 미국의 대통령들은 해외에서의 국제 여론과는 독립적으로 행동할 수 있는 범위가 커졌고 국내적으로는 지역적/반 다문화주의적 집단들의 영향에 저항할 수 있는 자유가 줄어들었음을 경험했다. 냉전이라는 강박관념이 없었다면 클린턴 대통령은 다자주의에 대한 국내적 저항을 극복하기 어려웠을 것이고 아마도 극복하려고 하지도 않았을 것이다. 따라서 빌 클린턴 대통령과 조지 더블유 부시 대통령 간의 외교정책의 차이는 "다자주의자 클린턴과 일방주의자 부시 간의 차이가 아니라 두 개의 일방주의 간의 차이이며 그것도 종류가 다른 일방주의가 아니라 어조, 강조, 그리고 정도에서 차이가 있는 일방주의였다."

강력한 동료 경쟁자의 존재가 다자주의적 행태를 증대시키고 반대로 이의 부재는 일방주의를 더욱 부추긴다는 이론은 오바마 행정부와 바이든 행정부가 다자주의를 강조하는 것을 설명하는 데 도움이 된다. 다자주의를 지향하는 그들의 성향은 중국의 부상과 결합되어 더 큰 다자주의적 노력으로 나타났다. 이 점에 있어서 국제연합과 세계무역기구와 같은 다자적 기관을 기피하고, 환태평양전략적경제동반자 협약과 같은 다자 무역협상에서 탈퇴한 트럼프 행정부는 국외자로 여겨질 수 있다. 트럼프 행정부는 스튜어트 패트릭(Stewart Patrick) 미 외교협회(CFR) 선임연구원이 묘사한 바와 같이 주권평등의 원칙이 반영된 유엔과 여타 조약 기반 다자 기구를 중시하는 "헌장지향" 형태의 다자주의로부터 벗어나 다른 형태의 다자주의에 더 강하게 의존했다.

패트릭은 3개의 다른 형태의 다자주의를 설명한다. "클럽(club)" 접근형은 개방적이며 규칙에 기반한 국제 체제의 중심에 서구 선진 시장 민주주의 공동체를 두고 "무엇보다 자유세계를 통일시키는 현존 다자제도를 강화하고 가능하다면 이를 확장하거나 새로운 다자제도를 창출하는 데 초점을 두고 있다." 다음으로 19세기 "열강의 협조체제(Concert of Powers)"의 최신 버전과 같은 다자주의는 "자신들의 이념적 정치적 차이를 기후 변화, 대역병, 핵확산, 테러리즘과 같은 국제적/지역적인 위기를 공동으로 관리하는 이익 아래에 두기로 동의할" 자유국가와 비자유국가를 아우르는 형태이다. 마지막으로 "연합(coalition)" 모델은 "유연하고 원하는 것을 선택해서(a la carte)하는 협력"에 우선순위를 둔다. "어떤 경우에도 다자적 모임에 참여하는 국가의 정체성과 숫자는 국제적인 도전의 성격, 잠재적 참여자들이 갖는 이익의 정도, 행위자들이 쏟아 부을 관련역량에 의존한다." 패트릭은 국제 질서에서 헌장, 클럽, 협조체제, 연합의 개념은 각각 자신의 특색 있는 덕목을 주장하는 것임을 강조한다. 즉, 적법성(legitimacy), 연대(solidarity), 능력(capability), 그리고 유연성

(flexibility)이다. 트럼프 행정부 말기에는 초점이 주로 클럽모델로 향했는데 독재적인 중국이 전 세계의 민주주의에 가하는 위협을 강조하고자 했기 때문이다.

바이든 행정부 하에서는 다자주의에 대한 이 네 가지 접근 모두가 관찰될 수 있을 것 같으며 "21세기의 국제 질서를 위한 가장 유망한 제도적 토대"에 대한 논쟁이 있을 것으로 보인다. 거의 승리를 주장하지 않으면서 패트릭은 "혼자서 갈 것이냐 대함께 협력할 것이냐에 관한 논쟁은 끝났다. 대안적 형태의 다자주의에 대한 논쟁이 시작되었다"고 관찰한다.

강대국 간의 세력 경쟁은 제2차 대전의 포연으로부터 구축된 다자적 제도의 기반을 허물 수도 있을 것이다. 더욱이 장래어느 공화당 행정부의 등장은 유엔에 대한 지지 철회를 의미할수도 있다. 2020년 Pew Research Center의 여론조사에 따르면미국인들은 유엔을 호의적으로 보는 견해가 더 많았지만(62%가호의적인 견해를 갖고 있었고 31%가 부정적인 견해를 표명) 이또한 정당 노선에 따라 극명하게 갈렸다(85%의 민주당원은 유엔에 호의적이었던 데 반해, 공화당원은 39%만이 호의적). 모든 것을 감안할 때, 미국과 중국은 다자간 포럼을 포함한 모든 영역에서 상대방에 대한 우위를 차지하려고 하고 다른 국가들은 숫자가많은 곳을 피난처로 삼으려 할 것이므로, 강대국 간의 경쟁이 있을 경우 다자주의를 적게 하는 것보다 더 많이 하는 것을 의미할것이다.

동남아에서의 평화와 번영을 증진한다는 차원에서 보면 모든 형태의 다자주의가 동등한 것은 아니다. 클럽적인 접근은 기껏해야 민주주의와 불편한 관계를 갖고 있는 이 지역에 잘 안 어울릴 것이다. 쿼드와 같은 연합체는 동남아 국가연합(ASEAN)이나 관련된 기관에 입에 발린 말만(lip service) 하다가 종국적으로 그들을 따돌리는 결과를 가져올 수 있다. 동남아지역은 더 많은 다자주의를 하자는 요구를 넘어서 그것의 바람직한 형태와 이를 위해 무엇을 할 것인지에 대해 더 많은 생각을 해야 한다. 싱가포르도 이러한 노력의 일부가 되어야 한다.

린 퀵 박사(Dr. Lynn Kuok)는 국제전략문제연구소(IISS)의 아태안보문제 관련 샹그릴라 대화(Shangri-La Dialogue)의 선임 연구원 겸 동 연구소가 발간하는 연례 아태 지역 안보평가(Asia-Pacific Regional Security Assessment) 책자의 공동 편집자이다. 그녀는 조지타운 대학교의 방문 교수이자 미 국무부 산하 외교관학교(Foreign Service Institute)의 강사이며, 또한 캠브리지 대학교의 선임연구원이다. 그녀는 브루킹스 연구소의 전문가였으며 예일대학, 하버드 법대, 하버드 케네디스쿨, 전략국제문제연구소(CSIS) 및 국제법센터의 연구원을 역임했다. 그녀는 현재 세계경제포럼(WEF) 내 지정학에 관한 국제적 미래 위원회(Global Future Council on Geopolitics)의 위원이다.

세계화, 아시아 그리고 미국의 가치

사이몬 테이(Simon Tay)

냉전 종식 이후 미국은 연이은 행정부와 주요 미국 기업 및 투자자 등을 통해 그 어느 나라보다도 세계화를 강하게 밀어 붙였다. 그런데 오늘날에는 미국보다 세계화를 향해 더 많은 비난을 퍼붓고 있는 나라가 없다. 도널드 트럼프 대통령은 미국 우선주의에 대한 그의 호소를 통해 이를 구체화했다.

그러나 반 세계화적 태도라는 것은 트럼프 이전에 생겨나서 그의 대통령직 수행 기간보다 더 오래 살아남았다. 비록 대부분의 초점은 중국을 향해 있지만 많은 중요한 문제들은 미국 자신의 가치문제와 연결되어 있다.

●● "미국 우선주의"에 대한 선례

미국이 경험한 첫 경제통합의 사례는 북미자유무역협정(NAFTA)이었다. 이 협정은 1990년 조지 에이치 부시 대통령에 의해 시작되었으며 그는 "NAFTA는 더 많은 수출을 의미하며 더 많은 수출은 미국 내 더 많은 일자리를 의미한다"라는 약속을 했다. 그는 1992년 동 협정에 서명했다. 협정 이행을 위한 법률에 대한 서명은 1993년 민주당의 빌 클린턴 대통령이 했는데 그는 당시 "NAFTA는 발효된 지 5년 이내에 백만 개의 일자리를 만들어낼 것이다"라고 설명했다.

미국은 이제 더 이상 이를 믿지 못하는 것 같다. NAFTA뿐만 아니라 자유 무역과 세계화 전체에 대해서도 믿지 못한다. 그런데 이는 하루아침에 일어난 일이 아니다. 이미 미국인의 감정 속에 그 선례가 있었다.

1999년 11월 미국이 세계무역기구(WTO) 각료급 회의를 시애틀에서 개최했을 때 중국을 WTO의 정회원으로 가입시키는 협상은 거의 마무리되었고 많은 사람들은 더 큰 자유화의 "새천년"을 향한 계기가 이루어질 것으로 기대했다. 그런데 그것은 이루어지지 못했다. 대신 "시애틀에서의 전투"가 벌어졌다. 4만 명이 넘는 데모대의 항의가 물리적 충돌로 이어졌다. 그들은 노동문제와 환경문제에 대한 우려에 초점을 두고 세계화는 "밑바닥에 처박히는 경쟁"이라는 믿음 하에 서로 뭉쳤다. 이에 앞서 세계은행과 국제통화기금 앞에서의 항의가 있었고, G7/G8 정상회의에서 뒤이은 항의가 있을 예정이었지만 시애틀에서의 전투는 그 규모와 격렬함이란 측면에서 처음이었다.

거의 10년 후인 2008년 후반부에 세계금융위기의 주가폭락이 뉴욕의 월스트리트에서 시작되어 유럽 및 여타 관할지역으로 퍼져나갔다. 최악은 피할 수 있었지만 반 세계화 정서를 끌어올리면서 두 가지 요소가 부상했다.

첫째는 경기회복이 "전형적인 미국 중산층" 특히 직장을 잃은 사람들보다는 월스트리트나 미국의 자본가들에게 더 도움을 주었다는 것이다.

둘째는 미국과 (유럽은) 수년 간에 걸친 마이너스 성장과 저성장으로 고통을 겪은 반면 중국과 대부분의 아시아는 이런 악영향으로부터 회복력을 보여주었다는 것이다.

이 요소들은 세계화에 따른 보상 면에서 추가적으로 차이를 벌렸다. 중산층 미국인들은 엘리트들에 비해 그들 사회에서 훨씬 뒤처지게 되었고 많은 아시아인들은 미국인들을 따라잡거나 점점 더 추월해 나갔다. 사회 경제적 현안들은 해결되지 못한 채 벨트웨이[21] 내의 정치, 그리고 정당 내부에서와 사회 전반에 걸쳐 균열을 더욱 심화시켰다. 불평등 문제에 더하여 아무도 세계 금융위기와 그 충격에 대해 책임지지 않는 것은 부당하며 불의라는 생각이 더욱 강렬해졌다.

---

21) 벨트웨이(Beltway)는 미국 수도 워싱턴 외곽을 한 바퀴 순환하는 고속도로(I-495)를 의미한다. 이 순환 고속도로 내부에 미국의 주요 기관이 소재해 있고 정치인과 관료들이 거주하기에 흔히 미국의 연방 정부나 정치를 언급할 때 벨트웨이 안에서(inside the Beltway)라고 이야기한다.

이는 중국에 대한 불안감의 또 다른 원천으로서의 파급효과를 가졌다. 이미 2009년 중반기에 CNN과 Opinion Research Corporation이 공동 실시한 여론 조사에 따르면 미국인의 70% 이상이 중국을 경제적 위협으로 생각했고 2/3는 중국이 불공정 경쟁의 원천이라고 답변했다. 그 해에 Rasmussen Report가 실시한 또 다른 설문조사에 따르면 64%의 미국인들은 중국에 좋은 것이 미국의 경제에도 좋다는 개념에 동의하지 않았다. 즉, 세계화를 가능하게 했던 윈-윈 이론을 거부한 것이다.

이에 대응하여 그 당시의 오바마 행정부는 세계화나 아시아로부터 후퇴하지 않았다. 오히려 그쪽 방향으로 "선회"했고 초기에 중국과 긍정적인 협력관계를 추구했다. 그와 같은 입장은 현재의 시각으로 보면 순진했고 트럼프 행정부뿐만 아니라 당파를 초월하여 광범위한 미국 엘리트들로부터 거부당하고 있다. 그러나 폭넓은 아시아 지역으로 "선회"했던 정책을 실패한 것으로만 치부해서는 안 된다.

바이든 행정부는 인도-태평양이란 이름을 씌어 다시 이 지역으로 선회하고 있다. 사실 이는 중국의 공세에 대항하기 위한 것이다. 그러나 그 노력은 미국이 자신의 가치에 기반을 둔 다자적 틀 내에서 그리고 경제성장의 핵심 지역으로서 다시 이 지역에 간여코자 하는 노력이기도 하다. 미국 자체 내의 반 세계화 정서에도 불구하고 이 지역에 대한 미국의 간여 정책은 계속 유지될 수 있을까?

●● 미국의 태도를 다시 생각하기

세 가지 문제에 대해 특별한 우려가 있다. 첫째 선두에서 이끌어 나갈 의지가 있으면서 동시에 더욱 평등한 세계를 수용하는 것, 둘째 미국식 사회 계약에 대한 태도, 셋째 자유시장과 산업정책에 대한 미국의 정책이다.

세계금융위기가 있기 전인 2008년 미국 언론인 파리드 자카리아(Fareed Zakaria)가 쓴 포스트 아메리카의 세계(Post-American World)라는 책자는 세계가 더욱 더 다자주의로 나갈 것이고 다른 나라들이 부상하여 힘과 영향력 상의 차이를 좁혀나갈 것이라고 예측했다. 솔직히 말해 자카리아 본인은 (그리고 나 자신도) 미국의 몰락을 예측하지 못했고 어떻게 하면 미국이 좀 더 평등한 세계에서 이끌어 나갈 수 있을 것인지를 고민했다. 그렇지만 미국의 우위에 대해 조금 미묘한 질문을 하는 것마저도 고뇌와 반박을 불러왔다. 미국 우선주의라는 주문(mantra)은 미국이 자신의 우위나 현재의 특권 이외의 그 다른 어떤 것에 대해서도 불편하다는 것을 나타낸다.

미국인들은 좀 더 공정한 세계 질서와 부상하는 아시아를 인정하면서 지도력에 대한 그들의 사고를 조정해 나가야 한다. 트럼프가 목소리 높여 부추긴 심리적 불안감에 따라 행동할 것이 아니라 진정한 자부심과 자신감의 원천을 회복해야 한다. 그렇게 했을 때에만 세계화에 대한 미국의 공약은 회복되고 유지될 수 있을 것이다.

둘째, 미국은 세계화에 발맞추어 자신의 사회적 계약에 대해서도 다시 생각할 필요가 있다. 미국의 경제와 취업 시장은 복원력이 있어 대역병으로 인한 최저점에서도 2021년 초에는 급속한 경기회복을 시현했다. 아메리칸 드림은 또한 누구라도 열심히 노력하면 성공할 수 있다는 이상을 고수한다. 결과적으로 미국의 태도는 "진보적"이라는 표 딱지는 붙어 있지만 감당이 안 된다고 거부해온 사회주의적 정책으로부터는 멀리 벗어나 있다.

놀랍지 않게 현재 미국의 사회 안전망은 다른 선진국들이 제공하는 혜택에 비해 많이 뒤처져 있다. 미국은 세계화의 부정적인 충격에 대해 전체적인 측면에서 대응하는 데 실패했다. 일자리가 다른 곳으로 가고 특정 지역의 전체 공장들이 문을 닫게 되면 그 충격은 연쇄적이고 오랜 영향을 미치는 지역 차원의 경기 불황으로 이어진다. 실업 수당은 노동자들을 유지시키기 위해서나 특히 농촌 지역에서 아이들의 교육과 미래를 보장하기에는 양적으로도 불충분하고 기간 상으로도 부족하다.

이 격차는 1962년부터 시작된 무역조정지원제도(Trade Adjustment Assistanace Program)에 비추어 볼 때 점점 더 분명해졌다. 초기에 이 제도는 수입품과의 경쟁으로 일자리를 잃은 노동자들에게 최대 2년까지 기본 생활을 유지시켜줄 목적을 갖고 있었다. 그러나 세계화가 심화되어 감에 따라 이러한 노력도 함께 동반하여 성장하지 못했다. 2021년 포린 어페어스 지에 실린 "무역이 노동자들에게 도움이 되나?(Can Trade Work for

Workers?)"라는 기고문을 통해 미국의 경제학 교수 고든 핸슨(Gordon Hanson)은 자신과 동료들은 중국이나 아시아에서 노동자 1인당 1,000달러어치를 수입할 경우 이 제도는 영향을 받은 노동자들에게 단지 23센트를 지원한 것으로 평가했다.

셋째, 국제적으로 경쟁력을 갖추기 위해서는 미국이 자신들의 산업 정책을 재고할 필요가 있다. 즉, 정부가 어떻게 미래 잠재력이 있는 부문과 기업들에 대한 전략을 짜고 유인책과 지원을 제공할 것인지에 대한 정책이다. 전통적으로 보면, 이러한 것은 자유 시장을 강조하고 경제에서의 국가의 역할을 제한코자 하는 미국식 사고가 절대적으로 혐오하는 것들이다. 유일한 예외가 있다면 미국이 안보에 대한 우려를 가진 경우이다.

산업 정책에 대한 거부는 경제를 지도하고 주요 기업을 직접 소유하거나 끌어들이는 중국의 행태에 대한 불안감을 고조시키는 데 기여한다. 중국의 행동을 밀쳐내기 위해 미국은 "안보 우려(security concern)"라는 주장에 호소하고 있으며 심지어 때로는 순전히 경제적 경쟁의 문제임이 분명한 경우에도 그러한 입장을 취하고 있다. 기술 기업들의 소유권 및 역할과 관련하여 현재 진행 중에 있는 분쟁들을 생각해보라.

이중 많은 부분들은 국제 시스템 내에 이미 존재하고 있는 규율(예를 들어 국가보조금 지급과 불공정 경쟁에 대한 WTO의 규정)을 지켜 나가야 할 필요성과 기술 분야와 사회기반시설 분야에 대해 더욱 최신화된 규칙을 제정해야 할 필요성을 회피하는 것이다.

세계화를 향한 다음 단계를 준비하기 위해서는 미국이 안보 영역 이외의 산업정책을 본능적으로 거부하는 것에 대해 다시 생각할 필요가 있다. 어쨌거나 중국뿐만 아니라 EU와 일본도 자기 방식으로 국가의 정당한 역할을 수행하고 있으며 아시아 전반에 걸쳐 상이한 형태를 띤 국유기업들이 현존하고 있다.

●● 아시아를 다시 관여해 나가기

미국과 같이 크고 다면적이고 강력한 국가를 일반화하여 이야기하는 것은 결코 쉬운 일이 아니다. 이 논문에서 내가 논의한 많은 것들은 나의 개인적인 경험으로 윤색된 것이다.

나는 WTO 건으로 시애틀에 있었고 그 이후 WTO 계획들이 지지부진해지고 정체되자 싱가포르와 아시아 각국에게 우리 지역 내 경제적 통합을 지속시키기 위한 통상 교섭을 시작하도록 권고했다. 나는 세계 금융위기의 첫 해인 2009년 내내 뉴욕에 거주했으며 아시아에 대한 관여 정책을 고안하고 있던 당시 오바마 신정부의 인사들과도 만났다. 나는 환태평양협력(TPP)을 통해 아시아로 선회해가려던 동 행정부의 노력을 고무했으며, 유감스럽게도 트럼프 행정부가 어떤 실질적인 대체 정책도 없이 그 협상을 저버리는 것도 목도했다.

오늘날의 환경에서 볼 때, 바이든 행정부 역시 TPP로 되돌아 갈 수 없다는 것이 정치적인 현실이다.

두 번째의 현실은 바이든 팀 역시 트럼프가 설정해 둔 전례에 따라 중국에 관여하고 있다는 점이다. 비록 방식은 좀 더 다자화되고 규칙에 기반하고 있으나 미·중간 지정학적 경쟁은 지속되고 있고 경제협력에서 서로 윈－윈할 수 있는 기회는 방치되어 있다.

그래서 중국뿐만 아니라 여타 아시아 국가들과의 관계는 위기 상황에 놓여 있다. 아시아 지역은 기회와 협력에 대해 충분하면서도 계속 불어나는 희망을 갖지 못한 채 공포와 대결의 위험에 지배되는 일방적이고 기형적인 방향으로 발전할 위험성에 노출되어 있다.

이 지역은 미국이 윈－윈 협력을 할 계획을 가지고 되돌아올 수 있다면 그리고 한때 자신들이 옹호해왔던 규칙 기반 국제질서와 세계화를 다시 수용할 수 있다면 경제적인 성장과 안정이라는 혜택 모두를 얻을 수 있을 것이다.

물론 이에 대한 장애 요소들은 중국이나 다른 국가들의 행동에서 비롯된다. 그러나 또 다른 장애 요소는 미국 자신의 태도(외교정책이 아닌 자신들의 가치)로부터 야기되며, 미국이 체질을 개선하고자 한다면 이를 충분히 이해하고 해소해야만 할 것이다.

사이먼 테이(Simon Tay)는 세계적인 씽크탱크인 싱가포르 국제문제연구소의 회장이자 싱가포르 국립대학교 법과대학의 부교수이다. 그는 지역 법률회사인 웡파트너쉽(WongPartnership)의 선임 고문이며 싱가포르의 비상주 그리스 대사이기도 하다. 그는 풀브라이트 장학생으로 미국에 거주하고 여행하였으며, 1994년에는 하버드 법대에서 석사학위를 받았고, 2003년에는 아이젠하워 장학금으로, 2009년에는 뉴욕의 아시아 소사이어티에서 각각 일했다. 그가 2010년에 쓴 책인 아시아 홀로: 위험한 위기 이후 미국으로부터의 분열(Asia Alone: The Dangerous Post-Crisis Divide from America)은 미국과 아시아의 관계에 초점을 두고 있다.

실리콘 밸리를 이해하기: 발견 운영체제
(A Discovery Operating System)

코 쉬얀과 카렌 테이(Koh
Shiyan and Karen Tay)

당신은 20년 전에는 대부분의 사람들은 상상도 못했을 스마트폰을 통해 이 논문에 지금 즉시 접속할 수 있다. 스마트 폰은 1/1,000초(miliseconds)에 전 세계 60억 인구를 위한 실시간의 지시, 메시지, 음악, 오락과 머리 식히기 등의 서비스를 제공해 준다.

당신의 스마트폰 너머로 실리콘 칩, 5G, 클라우드 컴퓨팅, 애플의 iOS 운영체제 및 안드로이드 운영체제와 같은 주요 기술적 혁신이 지난 수십 년간 기술과 기업가 정신의 국제적 중심지인 실리콘 밸리 때문에 가능했다고 이야기하는 것은 전혀 과장이 아니다.

실리콘 밸리는 샌프란시스코 만 연안의 130평방 킬로미터에 약간 못 미치는 지역에 불과하지만 미국에 투자되는 모든 벤처 자금의 1/5 이상을 차지하고 있다. 아울러 다수의 전 세계 첨단

기술대기업(largest high tech corporations), 수천 개의 스타트 업 기업, 미국 시가총액 상위 5개 기업 중 3개 기업의 본사가 소재해 있다.

●● 발견과 효율성

실리콘 밸리의 오랜 거주자인 우리에게 사람들은 무엇이 실리콘 밸리를 가능하게 하는지를 자주 물어온다. 표면상으로 가장 큰 자산은 싱가포르와 마찬가지로 재능(talent)이다. 그 곳은 전 세계 최고의 사람들을 끌어 모으는 선순환 구조를 통해 번창한다.

그러나 그곳의 역사와 운영시스템은 싱가포르와는 크게 다르다.

싱가포르의 초기 운영시스템은 효율성을 위해 설계되었다. 제2차 대전 이후 생존을 해야 한다는 촉박함으로 인해 싱가포르는 경쟁적인 비용으로 재화와 용역을 생산하고 국제적인 사업과 재능의 교역 중심지로 거듭 나면서 성공적으로 산업 효율성의 길을 추구했다. 교육의 방향은 각기 다른 역할을 맡을 수 있도록 효율적으로 입안되었다. 학생들은 경제를 지원하기 위한 일자리와 각 부문으로 진로를 분류하여 배치시켰다. 효율성을 향한 이런 끈질긴 노력은 싱가포르를 한 세대 만에 "제3세계에서 제1세계로" 변모시켰다.

효율성에 기반한 운영시스템은 당신이 최적화하려는 것이 무엇인지를 알고 있을 때에 타당하다. 비용을 줄이거나 미리 계획된 산업에서 일할 노동자를 교육시키는 것 등이 이에 해당한다. 그러나 이 시스템은 당신이 최적화하려는 것의 객관적인 기능에 대한 이해가 없을 때에는 타당성이 떨어진다. 효율성은 또한 당신이 무언가를 따라잡으려고 할 때에는 잘 기능한다. 그러나 당신이 새로운 치평을 열고자 할 때에는 별로 도움이 되지 않는다.

이에 비해 실리콘 밸리의 운영시스템은 "발견"을 위해 설계되었다. 용어의 정의상 발견이라는 것의 의미는 우리가 그 답을 모른다는 것이다. 이곳의 운영시스템은 판도를 뒤집는 성공을 예측한다는 것이 불가능에 가깝다는 것을 인정한다. 그렇기에 발견에 최적화된 시스템은 성공보다는 실패나 아쉽게 놓치는 경우가 훨씬 많다는 것을 인정한다. 높은 실패율은 이 시스템의 특성이지 오류가 아니다. 실리콘 밸리의 발견 운영시스템은 네 가지의 인식체계(paradigm)를 통해 가장 잘 이해될 수 있다.

●● 큰 스윙을 하기

가장 가능성이 큰 결과가 실패라고 한다면 성공 보상이 예외적으로 클 때에만 고위험의 기업가 정신을 발휘하는 것이 합리적이다. 이미 밝혀졌듯이 가장 큰 성공보수는 세상이 어떻게 되어야 하는지를 상상하고 이러한 이상을 위해 혁신을 할 때에만 얻을 수 있는 것이지 점진적인 변화를 목표로 할 때는 이루어지지 않는다.

실리콘 밸리에서는 기업가들이 이상을 향해 큰 스윙을 한다. 하나의 예가 넷플릭스이다. 1990년대에 대부분의 사람들은 DVD를 빌려보았고 오직 조그만 일부만이 가정에서 인터넷에 접근할 수 있었을 때, 점진적인 사고를 하는 사람들은 소매 대여점 전반에 걸쳐 DVD공급을 최적화하는 문제에 초점을 맞추었을 것이다.

그런데 넷플릭스의 최고경영자인 리드 헤이스팅스(Reed Hastings)는 인터넷 상의 "국제적 오락 배급서비스" 창설을 꿈꾸었다. 그는 컴퓨터 사용과 인터넷 기술의 발전에 따라 미래에는 주문형 비디오 스트리밍 서비스가 가능할 것이라는 것을 알았다. 그는 그 때가 언제가 될지는 몰랐지만 그것이 미래를 향한 그의 준비를 막지는 못했다. 그는 우편을 통해 DVD를 배송한 후 카탈로그 및 현재 넷플릭스의 핵심 경쟁우위 요소가 된 추천 엔진을 만들기 위한 자료를 모았다.

마찬가지로, 전 세계의 정보를 체계화하겠다거나, 지리를 불문하고 모든 사람을 연결하며, 당신이 원하는 무엇이든 하루 만에 배달하겠다는 원대한 목표들이 구글, 페이스북, 아마존을 촉발시켰다.

●● 실패를 너무 조급하게 처벌하지 말라

실패할 가능성이 확률상의 중위 결과로 나온다는 점을 감안할 때, 발견 운영시스템은 실패를 조급하게 처벌하지 않는다.

무언가를 시도하고 실패를 하는 것을 그 사람의 역량에 대한 판단이 아니라 가치 있는 학습경험으로 인식한다. 거대 기술 회사들은 스타트업에서의 경험을 가진 사람들을(비록 그 스타트업이 실패했다 하더라도) 가치 있는 종업원으로 여기는데 그들이 주도권을 잡아 솔선수범했고 제한된 자원으로 일해 본 경험이 있기 때문이다. 이는 자격증을 가지고 있고 다른 대기업에서 일한 경험이 있는 후보자들을 선호하는 대부분의 아시아 고용주들의 태도와 대비된다.

투자자들 역시 성공 가능성이 확실해질 때까지 기다리기보다 제한된 정보를 가지고 초기 투자를 하며 이러한 실험을 지원한다. 초기단계 자금, 엔젤투자자, 초기 종업원들은 자신들의 돈과 시간을 초보적인 시제품을 가졌거나, 고객이 거의 없거나, 설립자가 이전에 실패한 바 있는 회사에 투척한다. 어떤 스타트업 기업이 시장으로부터의 강력한 신호를 보여주면 추가 자금이 유치된다. 그렇지 않을 경우에는 설립자에게 추가 비용을 야기하지 않으면서 회사를 청산하는 것이 허용된다.

이것은 낭비가 아닌 게임의 일부라고 생각된다. 사실 벤처 자금 자산분류에서는 100번의 투자 중 단 한 번의 투자가 이익 중 가장 큰 몫을 가져다준다.

●● 호기심과 놀이에 의해 촉발되는 일

우리는 '놀이'라는 단어를 신중하게 사용한다. 놀이로서의 일이라는 개념은 아직도 대부분의 세상에서 상대적으로 흔한 것이 아니기에 그렇다. 과학기술분야 전문가들은 미숙한 신기술을 즉각적인 상업적 의도 없이 키워가고 실험하면서 밤과 주말에도 가지고 놀면서 보낸다. 재능 있는 사람들은 편안하고 성공적인 유니콘 기업을 떠나 새로운 기업을 세우고 자금을 조달하는 것을 돕는다. 2000년대 초반의 'PayPal 마피아'들은 YouTube, Yelp, Reddit, LinkedIn, Affirm, Palantir와 같은 수많은 새로운 회사를 설립하는 데 중요한 역할을 했다.

우리는 실리콘 밸리에서 한 싱가포르 사람을 만났던 것을 기억한다. 그는 왜 자기 동료들이 자신을 주말에 오도록 해 거친 일을 시키는지 혼란스러워 했다. 그에게는 자기의 기술이 고임금 직업을 위한 수단일 뿐이었으며, 근무시간이 끝나면 새로운 기술을 탐구하는 것에 거의 관심이 없었다. 반면, 실리콘 밸리의 일반적인 기풍은 내재적 동기에 의해 촉발된다. 게임에서 승리한 시점(예를 들어, 회사를 기업공개하거나 인수시키는 것)은 은퇴하는 시점이 아니라 다시 게임을 시작하는 시점이다.

●● 네트워크를 통한 높은 비율의 아이디어 교환

발견 운영시스템의 또 다른 특징은 조밀한 교차 네트워크를 통한 높은 비율의 아이디어 교환이라 할 수 있다.

산업과 학계 상호 간에는 투과성 막(permeable membrane)이 존재한다. 스탠포드 대학교, 캘리포니아 주립대학교 산하의 버클리 대학, 산호세 주립대학교의 교수들은 학교에서의 종신직을 수행하는 가운데 시간을 내어 사업을 시작하고, 학생들에게 투자하며, 스타트업 기업에 자문을 한다. 이처럼 최첨단 연구원들은 상업적인 문제들에 대해 일정한 연계를 유지하고 이 시스템은 그들의 다양한 관심을 수용할 만큼 유연하게 관리된다.

　　샌프란시스코 베이 지역의 높은 주거비용으로 인해 대부분의 독신자들은 룸메이트를 구해야 한다. 이를 통해 새로 온 신참자는 자신의 거소에서 사업 현장에서 일하는 다른 사람을 만나게 되고 아이디어를 교환하는 속도가 빨라진다. 룸메이트들 간의 바비큐 파티는 신참자가 이곳 생태계로 바로 연결될 수 있도록 하는 비공식 모임이 된다. 여기에서 아이디어, 기회, 전략, 그리고 도전적 요소들이 자유롭게 교환된다.

　　경험 많은 사업자들이 밀집해 있는 관계로 비록 신참자가 이 생태계에 발을 들여 놓더라도 다른 사람들의 경험을 쉽게 활용하여 빠른 속도로 일어설 수 있게 된다. 이는 비유적으로 바퀴를 다시 발명해야 하는 수고를 막아주는 것이며 생태계가 덜 발달된 지역보다 기업가적인 기술과 지식 면에서 매우 높은 기준선을 창출해 준다.

●● 싱가포르를 위한 반성

실리콘 밸리는 엄청난 성공을 거두었기 때문에 이를 하나의 예시로 과대 선전하기가 쉽다. 오랫동안 거주했던 사람으로서 우리는 첨단 기술기업의 활동에 의해 지배되고 있는 이 시스템의 어두운 면을 관찰해왔다. 이곳은 비용이 많이 들어가며, 단지 적은 일부만이 매우 큰 기업이 되는 경쟁 지역이다. 심지어 맞벌이 소득이 있는 기술자들도 이곳의 생활방식을 유지할 수 없어 비용이 적게 드는 다른 미국 도시로 떠난다. 특히 아이를 가진 이후에는 더욱 그렇다. 또한 기술 분야는 연령 차별주의(ageism)가 있는 것으로 알려져 있다.

싱가포르는 이 불리한 측면들을 충분히 수용할 수 없다. 실리콘 밸리는 미국의 한 조각에 불과하지만 싱가포르는 하나의 국가로서 기술, 열망, 생애주기, 욕구 등 다양한 것을 모두 충족시켜야 한다.

위험성이 큰 첨단 기술기업 활동은 싱가포르 경제의 단지 한 부분이 될 수밖에 없다. 우리는 지구상에서 가장 부유한 국가 중의 하나가 되었지만 많은 싱가포르 사람들이 발견이라는 측면에 초점을 더 많이 맞추지 않는다는 것을 알고 있다. 대부분의 싱가포르 인들은 고임금을 주는 회사의 일자리에 안착해서 이른 나이에 은퇴하길 바라고 있다.

다음 세대의 국제적 기술 기업을 세우고 가치 사슬의 정점에 위치하기 위해서는 싱가포르도 발견 운영시스템으로 이동해 가야 한다. 이는 싱가포르도 잘 하고 있는 혁신에 대한 직접적인 유인책 제공 문제가 아니라 효율성을 강조하는 운영 시스템에서 비롯되는 관행들을 재검토하는 문제이다.

발견을 위한 공간을 허용하면서 가장자리에 좀 더 유연성을 도입하면 어떻게 될까?

예를 들어 싱가포르로의 이민 시 기준은 신청자의 과거 기록(교육, 자격) 및 그들이 원하는 산업에 어떻게 들어맞는지와 연계되어 있다. 현존하는 진로를 바탕으로 성공을 예측하는 것은 다수에게는 합리적이다. 그러나 매년 작은 일부의 비자는 추첨으로 제공하면 어떨까? 미국의 다양성 이민 비자 프로그램[22]과 같은 것을 도입하면 어떨까? 성공한 사례가 나오면 이를 추적하여 향후 성공과 기여를 예측할 수 있는 새로운 요소를 확인할 수 있을 것이다.

정부가 제공하는 주택 보조금으로 광범위한 젊은이들의 내 집 마련이 가능해졌지만 향후 갚아야 할 큰 규모의 장기 융자금은 의도치 않게 기업가 정신에 대한 의욕을 꺾어 버린다. 젊은이

---

22) 다양성 이민 비자 프로그램(Diversity Immigrant Visa Programme)은 역사적으로 미국에 이민 온 숫자가 적은 국가의 이민신청자를 대상으로 매년 55,000명까지 추첨을 통해 미국에 거주하고 영구히 일할 수 있는 권리를 주는 제도이다. 동 제도는 1994년부터 시작되었으며 신청 요건 두 가지는 출생국과 교육 및 근로 경력을 기입하는 것뿐이다. 당첨자는 Green Card를 받기에 흔히 Green Card Lottery나 dvlottery라고 통칭된다.

들에게 주택 보조금을 유연하게 제공하여 그들이 20대 시절에 큰 스윙을 할 수 있도록 하는 것이 일반화되면 어떨까?

혁신 경제에서는 전체 직업이 10년 만에 왔다가 가버린다. 시험에만 너무 초점을 둘 경우 학생들은 단선적인 인생에 대한 잘못된 인식을 가질 수 있다. 싱가포르가 학생들로 하여금 학교는 직업 연습을 하는 곳이라기보다는 위험이 적은 환경에서 다양한 새 경로를 탐색해 보는 기회를 갖는 곳임을 도와줄 수 있다면 어떻겠는가?

싱가포르는 촘촘한 네트워크를 통해 아이디어 교환 비율을 높여나갈 수 있을 것이다. 이는 단지 어떤 행사나 프로그램의 문제가 아니다. 실리콘 밸리의 네트워크를 떠받치는 것은 각 개인의 기여에 대한 존중심이다. 각 개인을 회사 내 위계질서 상에서의 위치나 이전에 받았던 교육상의 자격에 따라 대우하는 것이 아니라 그 사람이 가진 엄청난 돌파력과 잠재력에 따라 대우하는 것을 의미한다. 사람들은 또한 오랜 기간 반복적인 상호작용을 기대하면서 미래의 관계를 위해 투자한다. 우리가 서로 알고 지내는 친구 중의 하나가 이야기하길 "실리콘 밸리에서는 5년 내에 누가 부자가 되고 중요해 질지 아무도 모른다. 그래서 당신은 남에게 도움을 주고 상냥하도록 노력해야 한다. 당신 팀에 들어온 가장 새내기가 유니콘 기업을 설립하고 나중에 당신을 고용할 수 있다!"

●● 결론

세계적인 조류는 싱가포르에게 유리하다. 새로운 국제 기술 질서가 태동하고 있으며 더 이상 실리콘 밸리가 혁신을 창조하고 재능을 끌어들일 수 있는 유일한 곳은 아니다.

- 클라우드 컴퓨팅과 소프트웨어 운영시스템에서의 기술적 도약은 개발자로 하여금 장소에 구애되지 않고 재능이 발견되는 곳이면 어디든지 기술제품을 용이하게 생산할 수 있게 해준다. 싱가포르에서 설립된 Sea Group은 히트를 친 비디오 게임 및 모바일 우선의 신흥 경제에 특화된 전자 상거래 서비스를 만들어 라틴아메리카와 아시아 시장에서 아마존과 같은 미국 기반의 경쟁자들보다 더 좋은 성과를 내고 있다.

- 미국, 중국, 인도가 서로의 기술에 대한 의존도를 제한하려는 큰 움직임을 보이고 있고, 이와 함께 2016년 이후 미국이 더 엄격한 이민 정책을 취하고 있어 기술과 재능이 한 지역으로 집중되는 현상이 완화될 것으로 예상된다.

- 코로나 19 대역병은 집중화를 배제하고 분산화를 촉진시켰다. 회사들은 영구적인 원격 재택근무 방안을 발표했고 재능을 가진 사람들은 실리콘 밸리에서 저비용 지역으로 분산하고 있는데 다시 그들이 되돌아 갈 것인지를 지켜봐야 할 것이다.

이미 실리콘 밸리에서 일하는 싱가포르 출신 과학기술 전문가들의 열정이 이동하고 있는 고무적인 현상이 목격된다. 구세대들은 다시 고국으로 돌아갈 계획 없이 실리콘 밸리로 이동해 갔지만 젊은 과학기술 전문가들은 대체로 해외 체재를 일시적인 것으로 생각한다. 그들은 이 시기를 본국으로 돌아가 자신들의 유니콘 기업을 설립하기 전에 세계적 기술 대기업으로부터 배우는 기회로 여긴다.

그렇지만 야심 있는 기술 기업가들이 싱가포르에서 새로운 세대의 세계적 기술 기업을 설립하는 데 성공하기 위해서는 기술적 재능, 위험감수 성향, 기업가적 야망과 같은 최소한의 임계질량(critical mass)이 절실히 필요하다.

우리는 이 중대한 시점에 발견 운영시스템을 향한 도약을 해야 한다는 점을 강조하고자 한다. 결국, 이 같은 지역 영웅들과 그들의 성공스토리는 향후 몇십 년을 위한 우리나라의 경제 및 근로 문화와 기풍의 틀을 형성하게 될 것이다. 그들이야말로 세계 최고의 기술적 재능을 가진 사람들에게 싱가포르의 문호를 개방해야 한다는 점을 증명하고 가장 강력한 정당성을 제공할 것이다.

코 쉬얀(Ms Koh Shiyan)은 경험 많은 운영자 겸 투자자이다. 그녀는 세계적인 선 예약 벤처자금인 허슬 펀드(Hustle Fund)의 공동 창업자 겸 총괄 파트너이다. 허슬 펀드 이전에는 연간 수입이 1백만 달러에서 1억 5천만 달러 이상으로 성장한 NerdWallet(종업원 #10)에서 사업운영과 회사 개발을 담당하는 부사장을 역임했다. NerdWallet이전에는 Institutional Venture Partners and Bridgewater Associates에서 투자자로 일했다.

카렌 테이(Ms Karen Tay)는 재능, 문화, 고용주 상표 등에 관한 기술 스타트업을 지도한다. 그녀는 싱가포르의 Smart Nation과 디지털 정부 그룹 및 경제개발청에서 과장으로 일했다. 그곳에서 일하면서 샌프란시스코, 뉴욕, 런던, 싱가포르에 글로벌 팀을 설립하여 세계 최고의 재능을 가진 사람들을 싱가포르와 싱가포르 공직으로 끌어들이는 업무를 맡았다. 그녀는 경험 많은 운영자, 전략가 및 의사소통자이다.

두 사람은 스탠포드 대학교, 하버드 대학교, 프린스턴 대학교의 학위를 가지고 있지만 이것이 자신들의 경험보다 유명세에 덜 작용하기를 희망한다.

26
미국의 팝 문화

> 추아 벵 후앗
> (Chua Beng Huat)

팝 문화의 세계는 대량소비와 대량의 오락을 위해 만들어졌으며 수명이 짧고, 이익을 추구하는 상품으로 이루어져 있다. 팝 문화는 전통적으로 팝 음악, 영화, TV프로그램, 패스트패션(fast fashion)23) 등을 포함한다. 생산속도, 진부화(obsolescence),24) 폐기 및 교체 그리고 보다 광범위한 제품 보급이 이익을 내는 데 필수적이다. 그렇기에 팝 문화는 오늘날 널리 만연되어 피할 수 없으며 모든 사람들을 청중이나 고객으로 만들고 있다.

누군가는 팝 문화를 "아무 생각 없이" 접하는데 이는 팝 문화가 쇼핑몰이나 식당에서 들려주는 녹음 음악과 같이 일상적인 환경의 일부이기 때문이다. 누군가 때로는 과도하게 시간과 돈을 쓰는 팬이 되어 특정 팝 문화 장르나 특정 가수나 배우가 생산한 제품을 소비한다. 팬덤(fandom)이란 용어는 일반적으로 젊은이

23) 저렴한 의류를 짧은 주기로 세계적으로 생산하고 판매하는 패션 사업
24) 제품의 기능적 수명이 다하기 전에 제품라인에서 제품을 구식화시켜 새 것을 사도록 하는 방법

2222222222222222222222222222222222222222222222222222

들이 열정적으로 관여하는 현상을 말하는데 나이가 들어 어른으로서의 책무가 생기면 줄어들게 든다.

물질적으로 유용하건 또는 일시적인 오락이 되었건 모든 팝 문화 제품에는 상징적인 의미가 스며들어 있다. 패스트패션은 군중 속에서 "최신 유행"을 만들어 낸다. 영화와 팝 음악은 연애 감정, 자유, 올바른 생활, 또는 이와 반대로 현재의 상황에 대한 반항과 저항 등을 강조한다. 이런 상징적 의미는 명쾌하게 또는 미묘하게 의사소통이 된다. 그러나 팝 문화 산업계는 고객들에게 문화적으로 특히 정치적으로 영향을 줄 명시적인 의도가 있다는 것을 판에 박힌 듯이 부인할 것이다.

이러한 부인은 두 개의 유용한 알리바이를 통해 표현된다. 첫째, 이윤추구를 하는 상업 제품인 팝 문화는 "단순한 오락"이며, 만일 고객에게 어떤 제품이 영향을 끼쳤다면 이는 단순히 고객 자신의 해석과 행동일 따름이다. 둘째, 시장에서 고객은 하나의 주권자이다. 그렇기에 고객은 팝 문화 제품을 사거나 사지 않을 선택의 자유를 가지며 그래서 영향을 받거나 받지 않을지를 선택할 자유가 있다.

청중과 고객은 자기가 화면에서 보았거나 라디오에서 들은 것을 아무 생각 없이 수용하는 문화적 멍청이는 아니며 적극적으로 영화, TV프로그램, 노래 가사의 의미를 해석한다. 그리고 선택적으로 그 안에 들어있는 몇몇 상징적 의미를 자신의 견해나 세계관 속에 흡수하고 아울러 흔히 자신의 생활양식, 열망, 정체성과 연결시킨다.

그렇기에 상징적 의미와 가치를 전달하는 팝 문화는 그것의 생산자가 소비자에게 문화적 영향력을 전할 수 있는 매우 효율적인 수단이 될 수 있다.

●● 세계를 지배하고 있는 미국의 팝 문화

1950년대부터 미국은 팝 문화의 세계를 지배해왔다. 유의해야 할 점은 미국의 팝 문화는 무엇보다도 국내 청중과 고객을 위해 생산되었다는 것이며, 국내적으로 성공한 제품만이 해외 시장에 성공적으로 수출될 기회를 갖는다는 점이다. 미국의 팝 문화가 세계를 지배할 수 있게 된 것은 국제적인 수출과 배급에서 성공했기 때문이다. 사실상 세계의 구석구석까지 미국의 팝 문화는 현지의 문화와 나란히 존재하고 있으며 특히 영어가 일반적인 언어로 쓰이는 곳에서는 자주 현지의 문화를 압도해 버리고 있다.

할리우드는 명백하게 세계 영화 배급을 장악하고 있다. 인도의 볼리우드가 매년 더 많은 영화를 생산할지는 모르나 할리우드만큼 전 세계적인 영향력을 갖지 못한다. 예를 들어, 싱가포르에서는 스트레이츠 타임스지의 가장 인기 있는 영화 10선에 대한 주간 목록에서 다수의 할리우드 영화가 변함없이 자리를 차지한다. 여기에 홍콩/중국으로부터의 영화 한편, 한국 영화 한편, 그리고 아마도 태국이나 일본 영화 한편 정도가 포함된다.

반면, 가정오락이라 할 수 있는 TV프로그램은 국내 청중들을 대상으로 하므로 현지 언어에 크게 의존하며 현지에서 생산하고 수용하는 공간을 만들어낸다. 그럼에도 불구하고 미국의 TV 프로그램 시청이 가능한 곳에서는 프로그램이 현지 언어로 더빙이 되었더라도 일정한 현지 청중의 몫을 확보한다. 예를 들어, 매우 성공적인 시트콤(sitcom)25)인 프렌즈(Friends)를 살펴보면 그 내용은 세 명의 남자와 세 명의 여자로 구성된 여섯 명의 일하는 성인들이 자신들의 일상생활과 얽힌 관계를 중심으로 카페나 이웃한 두 아파트에서 시간을 보내는 것을 다루고 있다.

이 공식은 역시 세계적으로 성공한 시트콤인 빅뱅이론(Big Bang Theory)으로 재생산되어 다섯 명의 괴짜 과학자와 이웃집에 살며 교육을 거의 받지 못한 한 명의 여자 이야기를 다룬다.

이제 인터넷 스트리밍(internet streaming)26)이 가능해짐으로써 넷플릭스나 디즈니+와 같은 미국의 스트리밍 서비스가 외국의 국내 텔레비전 영역까지 침범하고 있다.

미국 팝 음악이 세계를 지배한다는 것에 대해서는 더욱 이론의 여지가 없다. 세계는 연속적인 물결로 밀려오는 미국의 팝 음악을 들었고 이에 따라 춤추었다. 1950년대의 로큰롤 음악으

___

25) 시트콤(situation comedy: sitcom)은 매회 에피소드가 바뀌는 연속 홈 코메디 상황극이다.
26) 인터넷 상에서 음성이나 동영상을 실시간으로 재생하는 기술

로부터 1960년대의 모타운(Motown),[27] 1970년대의 디스코, 현재의 리듬 앤드 블루스, 힙합, 랩에 이르기까지 그리고 안정적인 장르인 재즈, 블루스, 컨트리 음악까지 연속되었다. 팝 음악을 좋아하는 각 세대들은 자신의 시대에 유행한 미국의 팝 음악에 대해 향수를 간직하며 기억할 것이다. 원곡을 직접적으로 수용하는 것 이외에 그 음악의 "형식"이 채택되고, 개작되고, 가사가 현지 언어로 재생산되었으며 그 과정에서 이 음악 장르는 영향력을 확대했다. 그렇게 각색되어 가는 과정에서 흔히 원 장르에 내재되어 있던 이념적 동기는 변형된다. 예를 들면, 만다린 팝(Mandarin Pop) 음악은 폭력과 과다한 성욕을 묘사하면서 미국의 도시 인종 정치를 풍자하는 원곡을 정화시켜 만도팝(Mandopop)[28]의 전통이라 할 수 있는 낭만적인 발라드풍의 가사로 재생산된다. 힙합 역시 무슬림 음악가들에게 채택되어 미국 및 전 세계 여러 지역에서 종교를 개종시키기 위한 목적으로 사용된다.

패션에서는 캐주얼 복장과 스포츠 의류 분야에서 미국이 지배력을 행사한다. 여기서 가장 놀라운 현상은 푸른색 면바지인 청바지(jean)이다. 카우보이나 험한 육체적 노동자들의 거친 사용에도 견딜 수 있게 질긴 재질로 만들어진 당초의 청바지는 특별히 편안한 의복은 아니다. 그런데 1960년대의 학생 혁명 시기

---

27) 1960년대와 70년대 초에 디트로이트 시에 근거를 둔 흑인 음반 회사가 유행시킨 음악형태로 소울 음악적 성격을 갖고 있다.
28) 서양 음악에 영향을 받은 중국의 팝 음악으로 대만, 홍콩, 중국본토, 싱가포르 등지에서 인기를 끌고 있다.

에 반항적인 대학생들에 의해 인기를 얻게 되었는데 그들은 노동 계층과의 상징적인 연대감을 나타내기 위해 청바지를 입었다. 그런데 이러한 행동은 역설적이게도 진짜 노동 계층으로부터는 화답을 받지 못했다. 1970년대가 되자 청바지는 모든 지역 젊은이들의 "유니폼"이 되었다. 1980년대가 되자 유명 디자이너 패션 회사(couture fashion)들이 상류층 고객을 위한 "디자이너" 청바지를 생산하기 시작했다. 이제 청바지는 모든 연령층이 착용하고 어디에나 존재하는 옷이 되었으며 모든 사회적 계층과 각 고객의 지위를 반영토록 디자인되고 값이 매겨지고 있다.

●● 팝 문화 속에 내재되어 있는 미국적 가치

광범위하고, 빠르고, 끝없이 이어지는 공급을 고려할 때, 어떤 미국적 가치가 어떻게 미국의 팝 문화 속에 내재된 것인지 그 전체적인 범위를 조사하기란 불가능하다. 가장 안정적인 팝 문화 매체인 영화는 보여주기 위한 목적에서 유용하다. 제2차 세계 대전 이후 미국은 전 세계에 걸쳐 폭력적인 분쟁에 개입했다. 그중 어느 것도 미국 내에서 전투가 벌어진 사례는 없지만 놀랍지 않게 전쟁은 할리우드 영화가 자주 다루는 주제이다. 가장 극적으로 폭력적인 전투는 주로 육상에 배치된 군인들 상호 간에 발생하기에 전쟁 영화는 해군이나 공군보다는 육군 부대를 묘사하는 경향이 많다. 주제별로 전쟁 영화는 코미디로부터 영웅적 이야기까지 다양하다. 죽거나 부상한 동료를 데려오는 자기희생적인 행동이나 불필요하게 수많은 미군의 생명을 앗아간 재앙적인 전술 실패 속에서 발휘되는 애국심 등도 볼 수 있다. 주제를 막

론하고 미군의 존재는 항상 긍정적으로 투영된다. 즉, 이라크의 무자비한 독재체제로부터 냉전 시의 공산주의, 그리고 최근의 이슬람 근본주의에 이르기까지 상이한 정치 체제를 수립하려는 "반민주적"인 지도자와 세력에 맞서 "자유와 민주주의"를 수호하는 세력으로 묘사된다. 이와 같은 영화는 반복적으로 공공선을 지키고자 하는 세계의 경찰로서의 미국에 대한 생각을 강화시켜 준다. 비록 미군이 지켜주는 정권이 통상적으로 부패하고 자국민들로부터 인기가 없어 맨 처음 폭력적인 체제 변동을 발생시킨 근본 원인이었음에도 그러하다.

할리우드 영화의 또 다른 주제는 "아메리칸 드림"에 관한 신념이다. 이 주제는 미국은 전 세계의 이민자들이 보다 나은 삶을 찾아 가는 곳이라는 견해와 연결되어 있다. 이 주제는 매우 다른 서술 방식으로 대본이 쓰여진다. 아일랜드 출신의 노동자 계급 폭력배로부터 마피아 두목의 화려한 생활에 이르기까지의 영화에서는 범죄가 경제적 성공에 도달하는 "창의적인" 방식으로 묘사된다. 한편, 신규 이민자가 미국식 생활 방식에 적응을 못하지만 도저히 극복할 수 없는 것처럼 보이는 현실에 맞서 끈질기게 투쟁하는 것을 묘사하는 영화도 있다. 최근의 예로 2021년 미국의 아카데미상에 여러 차례 추천되고 상도 받은 영화인 미나리를 들 수 있다. 한국어로 된 대화가 대부분인 이 할리우드 영화는 서울에서 자기 가족들을 데리고 떠나 멀리 아이오아주의 인적이 드문 지역에 정착한 후 농부로서 새 삶을 시작하는 젊은 한국인을 묘사한다. 마지막으로 수확에 성공한 농작물을 한국 시장에 내다 팔려는 시점에 치매를 앓고 있는 할머니가 촉발한 화재로 수확물은 모두 불에 타버렸다. 이것이 절망의 원인이 되어 농장을 포기하는 대신, 파괴는 더 나은 삶을 성취하기 위한 의지를 다시 다지는 자극이 된다. 케냐 이민자의 아들인 버락 후세인 오바마의 사례와 같이 미국의 대통령이 되는 것까지 포함해서 자기 스스로의 힘으로 살아나가는 것이 성공에 이르는 "미국식"의 방식이다. 오바마의 회고록의 제목은 덜도 말고 약속의 땅(Promised Land)이었다.

●● 결론

대상으로 삼은 청중들에게 영향을 미치는 이데올로기적인 효과성 때문에 팝 문화는, 비록 자신의 알리바이 뒤에 숨고 있지만, 소프트 파워를 발휘하는 효과적인 수단이 되고 있다. 물론 미국의 팝 문화가 갖는 소프트 파워가 눈에 띄지 않고 넘어가는 것은 아니다. 여러 정부들은 흔히 미국의 팝 문화가 자국 영역 내로 유입되는 것을 규제한다. 부분적으로는 자국의 매체나 팝 문화 산업을 보호하려는 시도로서, 그리고 부분적으로는, 특히 문화적으로 보수적이거나 권위적인 국가에서는, 미국의 자유 민주주의적 자본주의 가치의 이념적 침투를 막기 위한 울타리를 치기 위해서 그러하다.

추아 벵 후앗(Chua Beng Huat) 박사는 싱가포르 국립대 사회학과 및 Yale-NUS 대학의 도시연구 프로그램 담당 교수이다. 팝 문화와 소비지상주의 연구 분야에서 쇼핑없이 인생은 완전하지 않다: 싱가포르에서의 소비문화와 동아시아에서의 팝 문화의 구조, 청중 그리고 소프트 파워(Life is not Complete without Shopping: Consumption Culture in Singapore and Structure, Audience and Soft power in East Asian Pop Culture)를 출판했고, 아시아에서의 소비: 생활양식과 정체성(Consumption in Asia: Lifestyle and Identities)을 편집했으며, 동아시아에서의 팝 문화: 한류의 분석(East Asian Pop Culture: Analysing the Korean Wave)을 공동 편집했다. 그는 잡지 아시아 간 문화연구(Inter-Asia Cultural Studies)의 창립 공동 편집인이다.

미국의 2020년 대통령 선거

토미 코(Tommy Koh)

　　미국은 매우 복잡한 국가이다. 비록 나 자신도 내 인생의 20년 이상을 그 나라에서 지냈지만 그곳에서 벌어지는 일들에 대해 자주 놀라고 어리둥절해 한다. 이 글은 조 바이든 대통령과 카말라 해리스 부통령이 승리한 2020년의 대통령 선거를 이해하기 위한 시도의 일환으로 작성했다. 나는 공화당 후보였던 도널드 트럼프가 패배를 인정하지 않고 계속 자신이 선거에서 승리했다고 주장하고 있다는 점을 추가로 이야기하고자 한다. 반면, 그의 러닝메이트였던 마이크 펜스는 선거 결과를 수용했다.

●● 파랑색 주와 빨강색 주

　　민주당은 파랑색의 색깔로 대표된다. 그리고 공화당은 빨강색의 색깔로 대표된다. 선거 결과의 두드러진 특징은 서부 해안에 있는 3개 주와 북동부 해안의 10개 주는 파랑색 주였다는 점이다. 그 이유는 아마도 양쪽 해안에 거주하는 사람들이 더 많은 교육을 받았고 더 세계주의적이며 진보적이기 때문일 것이다.

●● 왜 남부는 빨강색 주가 되었나?

또 다른 두드러진 특징은 남부에 있는 대부분의 주는 (이들 주는 남북전쟁 기간 중 남부 연맹의 일원) 빨강색 주였다는 점이다. 조지아 주만이 이 법칙의 유일한 예외였다.

역사적으로 보면 남부의 주들은 당초 파랑색 주였다. 그런데 존 에프 케네디 대통령과 린든 비 존슨 대통령이 남부에서의 인종 분리정책을 종료시키는 결정을 하고 민권법과 선거권법을 도입하자 남부의 주들은 민주당에 배신을 당했다고 느꼈다. 그 결과로 이들 주 모두는 자신들의 충성 대상을 공화당으로 변경했다. 아브라함 링컨 대통령의 당인 공화당은 자신들의 과거 유산을 잊어버리고 백인 유권자들의 대변인으로 변모했다.

●● 왜 동서 해안 사이의 가운데에 있는 주들은 대부분 빨강색 주인가?

또 다른 놀라운 사실은 두 해안 사이에 있는 여러 주 중 대부분이 빨강색 주라는 점이다. 이러한 현상에 대해서도 설명할 수 있을까? 나는 설명할 수 있다고 본다.

미국의 중부 지역에 거주하고 있는 사람들은 양쪽 해안 지대에 살고 있는 사람들에 비해 좀 더 보수적인 성향을 띠고 있다. 아울러 더욱 종교적인 성향을 갖는다. 미국의 시골이나 서부 지역에 살고 있는 많은 사람들은 총기를 소유하고자 하며 오락으로 사냥을 즐기려 한다.

공화당은 민주당과 경쟁하는 데 있어 기독교를 무기로 활용해 왔다. 공화당은 또한 전미총기협회(National Rifle Association: NRA) 및 총기관련 로비를 포용해 왔다. 이러한 것을 잘 이해하기 위해서는 미국 작가 조 배전트(Joe Bageant)의 탁월한 저술인 "예수와의 사슴 사냥: 미국의 계급 전쟁으로부터의 보고(Deer Hunting with Jesus: Dispatches from America's Class Wars)"를 읽어보기 바란다.

●● 도시와 시골의 유권자

또 하나의 재미있는 현상이 있다. 도시에 살고 있는 유권자와 소 도읍이나 시골에 사는 유권자들 간의 정치적 분열이다. 도시 유권자들은 민주당에 투표하는 경향이 있고 시골 유권자들은 공화당에 투표하려는 경향이 있다.

우리는 동일한 분열 현상을 2016년 브렉싯 국민투표에서 목격했는데 이 국민투표에서 영국인들은 유럽연합으로부터 탈퇴하는 것에 찬성투표를 했다. 이러한 현상은 도시에 거주하는 사람들은 소 도읍이나 농촌에 사는 사람들보다 좀 더 진보적인 성향을 갖고 있다는 사실에 의해 설명될 수 있다.

●● 교육에 따른 분열

교육은 또 하나의 분열적인 요소이다. 백인으로서 대학교육을 받은 유권자와 백인으로서 대학교육을 받지 못한 유권자 사이에 정치적 분열이 있는 것으로 보인다.

대학 학위를 가진 유권자들은 민주당에 투표하는 경향이 있는 반면, 학위를 갖지 못한 유권자들은 공화당에 투표하려는 경향이 있다.

이에 대한 설명은 대학교육의 혜택을 받은 이들은 그렇지 못한 사람들에 비해 좀 더 진보적인 성향을 갖고 있기 때문이라고 본다. 이 법칙에는 예외도 있다. 남부의 텍사스 주나 중부의 여러 지역에서는 대학교육을 받은 유권자들도 공화당에 투표했다.

●● 백인 노동자 계층

2016년의 대통령 선거 시까지는 어느 당도 백인 노동자 계층에 대해 초점을 맞추지 않았다.

역사적으로 볼 때 민주당은 노동자 계층의 대변자였다. 민주당은 이 유권자들의 지지를 당연한 것으로 여기는 실수를 저질렀다. 전 퍼스트레이디이자 국무장관을 역임한 힐러리 클린턴과 같은 민주당 지도부의 많은 인사들은 엘리트주의자였고 백인 노동 계층 유권자들과의 끈끈한 유대 관계를 상실했다.

2016년 트럼프 대통령은 이 유권자 층을 대변할 수 있는 기회를 포착했으며 결국 공화당은 백인 노동 계층 유권자들의 지지를 확보하는 데 성공했다.

민주당은 기술 발전과 세계화가 미 중서부 지역에 끼친 파괴적인 영향력에 대해 이해하지를 못했다. 모든 산업이 사라졌고 공장이 폐쇄되면서 일자리와 관련 기회들도 상실되었다. 일부 도읍과 도시들은 다시 회복을 할 수 있었지만 많은 지역들은 그렇지 못했다. 바로 이것이 많은 백인 블루칼라 노동자들이 민주당을 져버린 배경이다. 이러한 상황 발전을 더 잘 알고자 한다면 본인은 다음 두 권의 탁월한 책자를 추천한다. 미국 작가인 제이디 밴스(J. D. Vance)의 "시골뜨기의 비가: 한 가정과 위기에 처한 문화에 대한 회고록(Hillbilly Elegy: A Memoir of a Family and Culture in Crisis)"과 미국의 법학 교수인 조앤 시 윌리엄스(Joan C. Williams)의 "백인 노동계급: 미국에서 계급의 무지함을 극복하기(White Working Class: Overcoming Class Cluelessness in America)"이다.

●● 백인유권자와 흑인 유권자

유권자들의 행태와 관련하여 인종에 따른 차이도 있다. 대다수의 흑인 유권자들은 조 바이든에게 투표했다. 대부분의 아시아계 미국인, 히스패닉계 미국인, 미국 원주민들 역시 바이든에게 투표했다.

그러나 플로리다 주에서는 두 집단의 히스패닉계 미국인들이 도널드 트럼프에게 투표했다. 이들은 이념적으로 반 좌파들인 쿠바 출신의 미국인, 그리고 니콜라스 마두로 베네수엘라 대통령을 반대한 트럼프 대통령에게 감사하는 베네수엘라 출신의 미국인들이었다.

백인 유권자, 그 중에서도 백인 남성 유권자들은 과반수가 도널드 트럼프에게 투표했다. 백인 여성 유권자들은 다수가 바이든에게 투표했다.

●● 성별 차이

남성 투표자와 여성 투표자의 투표 행태에 있어서의 성별 차이 역시 존재한다. 매 선거 시마다 여성은 남성보다 더 높은 비율로 투표해 왔다. 미국 내 씽크 탱크인 Pew Research Center가 2020년 6월에 발간한 설문조사 결과에 따르면 2016년 선거에서는 남성과 여성 간의 투표율 면에서 4%의 성별 격차가 존재했다.

더 많은 여성 유권자들은 민주당에 투표했다. Pew Research Center의 동일한 설문조사 결과는 등록 여성 유권자의 약 56%가 자신들이 민주당을 지지하거나 민주당 쪽으로 기운다고 밝혔으며 단지 38%만 공화당을 지지하거나 공화당 쪽으로 기운다고 밝혔다.

●● 젊은 유권자

30세 이하의 젊은 유권자들은 누구에게 투표했었나? 여기에 속하는 유권자 집단은 전체 유권자의 17%에 해당한다. 터프츠 대학교(Tufts University)의 엠 티쉬 시민생활 대학(M. Tisch College of Civic Life) 내 시민의 배움 및 참여 정보 연구 센터(Center for Information and Research on Civic Learning and Engagement: CIRCLE)가 2021년 4월 29일 추산한 바에 따르면 약 50%에 해당하는 젊은 유권자들이 2020년 선거에 투표했다.

젊은 유권자들은 하나의 집단으로 투표하지는 않았다. 근소한 다수의 젊은 남성 유권자들은 트럼프에게 투표했다. 보다 큰 다수의 젊은 여성 유권자들은 바이든에게 투표했다. 젊은 유색인종 유권자들은 압도적으로 바이든에게 투표했다. CIRCLE의 2020년 11월 25일자 보고에 의하면 젊은 유권자들의 투표가 바이든이 승리한 요인 중의 하나였다.

●● 분열된 미국

30년 전의 미국은 다른 나라였다. 과거 미국에서는 양 정당이 서로서로를 적으로 보지 않았다. 그들은 상대방을 경쟁자로 보았다. 양 정당의 지도자들은 빈번히 협의했고 논쟁적인 문제들에 대해서도 자주 합의를 도출해 냈다. 그 당시에는 국가를 정당에 앞세우고 정당을 개인에 앞세우는 것에 대한 공감대가 있었다.

그런데 최근에는 일부 미국 지도자들이 개인을 정당에 앞세우고 정당을 국가에 앞세우는 것처럼 보였다.

나는 하나의 예를 기억한다. 민주당 상원의원 조 바이든과 공화당 상원의원 리처드 루가는 어느 당이 상원의 다수당이 되느냐에 따라 막강한 힘을 가진 상원외교위원회의 위원장직을 번갈아가며 맡았다. 두 상원의원은 친구였으며 서로 긴밀히 협력해 나갔다.

분명, 양 정당 사이에는 어떤 이념적인 차이가 존재했다. 공화당은 자유 무역을 지지했으나 민주당은 좀 더 보호주의적 입장을 보였다. 민주당은 대외정책 의제와 관련하여 민주주의와 인권에 더 큰 중점을 두고자 했다. 그러나 그 차이라는 것은 정도의 차이이지 종류의 차이는 아니었다. 그들 사이에는 차이점보다 공통점이 더 많았다.

지난 30여 년을 거치면서 미국은 더욱 양극화되고 분열되었다. 인식의 대전환은 아마도 뉴트 깅그리치(Newt Gingrich) 하원의장(1995~99) 때부터 시작된 것으로 보인다. 그는 민주당을 적으로 본 공화당원이었으며 타협보다는 대결을 옹호했다. 양당 상호간의 관계는 악의적으로 변했으며 서로 상대방을 국민의 적으로 생각했다.

●● 미래

조 바이든 대통령은 치유자이자 통합자이다. 우리는 그가 첨예하게 분열된 국가를 통합하는 데 성공하기를 기원한다. 나는 의회 내 공화당 의원들이 오바마 대통령 때 했던 것처럼 그를 퇴짜 놓지 않기를 희망한다. 민주당과 공화당은 상호 이견을 내려 놓고 코로나 19라는 대역병, 경제, 평등과 정의에 대한 흑인들의 정당한 요구, 기후변화, 그리고 새로운 대외정책의 마련과 같은 여러 도전들에 함께 맞서야 한다.

카말라 해리스의 부통령 선출은 세 가지 측면에서 역사상 첫 사례라고 할 수 있다. 그녀는 그 높은 공직을 수임한 첫 번째 여성이고, 첫 번째 흑인 여성이며, 첫 번째 아시아계 미국인 여성이다. 그녀는 조 바이든 대통령에게 엄청난 자산이다.

본인은 민주당과 공화당에 소속된 내 친구들에게 마지막 메시지를 전하고자 한다. 미국은 본국에서 통합되어 있을 때 해외에서 가장 잘 이끌었다.

토미 코(Tommy Koh) 교수는 싱가포르 국립대 법대의 교수이자 싱가포르 외교부의 본부 대사이다. 아울러 정책연구소의 특별 자문관이자 싱가포르 국립대 템부츠 칼리지의 학장이고 국제법 센터의 이사회 의장이다. 그는 싱가포르의 주유엔대사와 주미국 대사를 역임했으며 주캐나다 대사와 주멕시코 대사를 겸임했다. 그는 싱가포르—미국간 자유무역협정 협상의 수석대표를 역임했고 말레이시아와의 법적 분쟁시 싱가포르 정부의 대리인 임무를 수행했다.

미국과 동남아시아

초이 싱 퀵
(Choi Shing Kwok)

1942년 미군이 일본군에 항복하기 직전 필리핀에서 호주로 떠나야만 했던 더글라스 맥아더 장군은 반드시 다시 돌아올 것임을 맹세했다. 그는 2년 후 미국이 태평양 전쟁에서 전세를 회복한 후 극적으로 필리핀으로 돌아와 자신의 약속을 지켰다.

비록 그 이후 미국은 동남아 내에서 군대 주둔을 이어오고 있지만 시간에 따라 관심 사항은 크게 변동하였다. 특히 역내 다른 강국의 존재 여부는 이 지역에서 미국이 자신의 국익을 어떻게 인식하느냐에 영향을 주었다.

2020년대가 밝아오면서 새로운 전략적 맥락이 등장했다. 냉전 종식 이후 처음으로 이 지역은 미국과 세계적 경쟁국인 중국이 다시 대립하는 핵심 무대가 되었다. 바이든 대통령의 "미국이 다시 돌아왔다!(America is back!)"는 메시지는 전 세계를 향한 것이었지만 동남아 역시 겨냥한 것이다. 이 지역은 틀림없이 냉전 시에 비해 미국의 국익에 더 중요한 지역이 되었는데 이는 과거 소련보다는 현재의 중국에게 이 지역이 더 중요하기 때문이다. 이런 이유로 양쪽으로부터 강렬한 구애와 경합의 무대가 역내에 펼쳐지고 있다.

도널드 트럼프 행정부의 거칠었던 시기가 끝난 후, 이 지역은 바이든 행정부하에서 미국이 회귀하길 기대하고 있다. 바이든 행정부의 외교정책 우선순위에 대한 전모를 파악하기에는 아직 너무 이르지만 그의 팀은 중국과의 전략적 경쟁의 일환으로 이 지역을 다시 관여하고 자기편으로 끌어들이려고 단단히 결심한 것 같다. 과연 성공할 수 있을까? 미국은 어떤 카드를 가지고 있을까? 동남아는 어떻게 반응할 것인가? 이 새로운 환경에서 동남아에게는 어떤 위험이 있을까? 나는 이 글에서 위의 질문들에 대해 답변하고자 한다.

●● 단단히 자리 잡은 힘과 고유의 단층선

객관적으로 말해 미국은 이 지역에 쓸 수 있는 강력한 카드들을 가지고 있다.

경제적으로 미국의 회사들은 이 지역에 단단히 자리 잡고 있다. 동남아 국가 대부분의 도시 중심가, 쇼핑몰, 슈퍼마켓에서는 도처에 미국 상표가 널려있다. 예외가 있다면 가장 덜 개발된 국가 정도일 것이다. 미국은 또한 좀 더 산업화된 국가들 내에 많은 공장을 유지하고 있으며 중국으로부터 국제 공급망을 다변화하려는 조율된 움직임의 일환으로 더 많은 공장을 이 지역에 지으려고 한다.

미국 기업의 존재나 투자 물량은 정밀한 통계에서 중국을 손쉽게 따돌리지만 이는 언론보도나 일반인들의 인식에 잘 반영되지 않고 대신 중국의 움직임만 과장되게 묘사되는 경향이 있다. 중국은 교역, 관광, 대규모 사회 기간시설 투자에서 앞서 나가고 있기에 이런 측면이 사람들의 마음을 불균형적으로 사로잡는 경향이 있는 것이다.

상기 분야에서의 중국의 진출은 대체로 역내에 도움을 주는 것이지만 우려의 원인도 되어 미국이 대응토록 하는 조건이 되기도 한다. 예를 들어, 미국은 2018년 개발로 이어지는 더 나은 투자활용(Better Utilization of Investment Leading to Development: BUILD) 법을 통과시켜 개발도상국에 대출을 해주는 새로운 기관을 창설했다. 이러한 사업을 지원하는 정부 측 자금은 2013년에 출범한 중국의 일대일로(Belt and Road Initiative: BRI) 사업에 비해 상대적으로 작은 규모이지만 오랜 기간에 걸친 민간부문의 참여는 판도를 바꿀 수도 있을 것이다.

안보 영역은 미국이 이 지역과 강력한 관계를 맺고 있는 분야이다. 냉전 시기에 미군의 주둔은 역내 비 공산주의 국가들을 외부의 위협으로부터 막아주는 방벽이었다.

냉전 종식 이후 미국은 약간 주저하기는 기색도 보였지만 테러와의 국제적 전쟁 기간 중 다시 믿을 수 있는 안전장치 역할을 했다. 물론 일부 영역에서는 호주의 선도적 역할에 의지하기도 했다.

중국의 성장 및 남중국해에서의 공세적 움직임에 따라 오바마 대통령하의 미국은 동남아에 좀 더 강력히 존재해야 할 필요성을 인식하기 시작했고 이것이 "아시아로의 회귀(pivot to Asia)" 전략으로 이어졌다.

미국은 또한 중국의 영토적 주장에 적극 대응코자 남중국해에서 항행의 자유 작전을 시작했다. 이 작전은 중국과 영토를 주장하는 다른 아세안 국가들 간의 긴장이 고조됨에 따라 역내로부터 조용히 환영을 받았다. 또 다른 미국의 강점은 다수 동남아 국가들과 실질적인 군사 협력과 합동 군사훈련을 할 수 있는 능력인데 이는 향후 더욱 향상될 것으로 예상된다. 이와 비교하여 중국은 양자적/다자적 방위와 관련된 상호작용이 훨씬 적으며 그것도 실질 내용보다는 형식적으로 운영된다.

소프트 파워 면에서도 미국은 좋은 위치에 있다. 제2차 세계 대전 당시의 군사적인 공약과 동 전쟁 이후의 지원과 투자를 통해 역내에서는 인자하고 신뢰할 수 있는 미국의 이미지가 형성되었다. 이러한 긍정적인 인식은 트럼프 행정부 기간 동안 현저히 감소되었으며 이제 다시 회복을 시작하는 중이다. 할리우드 영화, TV 시리즈, 음악, 그리고 최근의 소셜 미디어에 이르기까지 미국의 팝 문화에 대한 노출은 많은 동남아 사람들의 가슴속에 미국을 자리 잡게 했다. 그런데 최근 코로나 19관련 미국이 자국 내 발병을 통제하느라 온 신경을 쏟고 있는 동안, 중국은 광범위한 역내 코로나 19 백신 외교를 통해 기선을 잡았다. 미국은 이제 자체 방식을 통하거나 G7이나 쿼드 협력체 등 다른 플랫폼을 통해 이 같은 차질을 해소해나가고 있는데 이러한 것들이 얼마나 효율적인지는 좀 더 지켜봐야 할 것 같다.

미국과 동남아시아 간에는 잘 되는 일들이 많이 있지만 시시 때때로 불가피하게 마찰을 일으킬 수 있는 영역들도 발생한다. 이 중 가장 뚜렷한 분야는 미국이 민주주의와 인권에 대한 자신들의 시각을 전 세계로 확장시키고자 하는 데서 나타난다. 동남아 지역 같은 곳은 왕정이나 단일 정당국가로부터 색깔이 다른 민주주의에 이르기까지 다양한 통치체제가 혼재되어 있는데 상기와 같은 가치를 촉진하려다 보면 오히려 장애물이 형성된다. 예를 들면, 미국은 2014년 태국의 군사 쿠데타에 냉랭한 반응을 보임으로써 중국이 태국과 가까워질 수 있는 길을 터주었다. 미국은 전 세계적 시각을 가진 강대국이기에 어떤 지역 문화에 능숙하거나 이를 수용하는 데는 서툴다. 특히 저 멀리 떨어져 있는 소국들의 문화에 대해서는 더욱 그러하다. 동남아시아와 같이 복잡한 환경을 지닌 지역을 솜씨 있게 항해하려면 훨씬 더 잘 해나가야 한다.

●●동남아시아의 위험 요소
지역적 시각에서 보면 미국과 좋은 관계를 맺는 것은 많은 긍정적인 면이 있다. 그런데 여기에 영향을 미치는 많은 요소들은 이 지역 차원에서 통제할 수 있는 범위를 벗어난다. 미국이 동남아에 대한 영향력을 두고 중국과 단호히 경쟁하겠다는 근본적이고 전략적인 결정을 한 것 역시 뻔한 결론은 아니다. 다만, 현 시점에서 워싱턴의 정책결정자들은 중국과의 경쟁이 미국의 사활적 이익이라고 믿고 있다. 과거의 전례에서 보면 이러한 정도의 의견 수렴이 있게 되면 이 정책은 최소한 중기적 기간 동안은 지속된다.

그러나 오늘날 미국의 국내 정치는 변곡점에 도달해 있기에 외교 정책적 접근에서의 변화가 실제로 발생할 가능성이 있다. 트럼프 대통령은 이러한 변화가 어떤 모습을 보일까에 대한 좋은 사례가 된다. 그렇지만 그가 이러한 현상을 가져온 원인은 아니었다. 그렇기에 미래에도 미국의 국익을 위해 다른 모든 나라의 국익은 희생되어도 좋다는 트럼프적 시각을 가진 대통령들이 나올 가능성은 현실적으로 존재한다. 이런 행정부들은 동남아시아에 안정적인 관여를 유지해 나갈 것으로 보기 어렵다. 비록 미국이 자신이 선택한 다른 지역에서 중국과 경쟁을 한다 하더라도 말이다. 이러한 것에 대한 우려는 아마도 동남아의 많은 정책결정자들을 밤새 잠 못 들게 만들 것이다.

동남아에 있어 또 다른 주요 위험 요소는 미국이 이 지역을 바라봄에 있어 배타적으로 중국이라는 시각에서 본다는 것이다. 이는 객관성을 상실하도록 하여 정책의 초점을 지역을 위해 좋은 것이 아닌 중국에게 나쁜 것으로 이동시킨다. 중국을 관여시키는 것이 동남아에 계속 도움이 되는 여러 분야들이 있기에 워싱턴이 이를 방해할 경우 오히려 역효과가 날 수도 있다. 또 다른 미묘한 사례는 미국이 중국과는 아무 이해관계가 없는 분야에서 동남아 국가를 돕는 것에 관심을 잃어버리는 경우이다. 두 가지 경우 모두 역내 국가들의 혜택 상실로 이어지게 될 것이다.

미국과 중국 간에 경쟁이 증대되고 있는 현상은 이미 현재 진행 중에 있는 기술과 공급 사슬이 두 갈래로 갈라지는 분기화의 사례에서 볼 수 있다. 이는 역내에 도움이 되는 측면도 있는데 동남아 지역이 양측의 성장에 참여할 수도 있기 때문이다. 역내 국가들이 어느 쪽 진영에도 속하지 않는 한, ASEAN 회원국들은 양 진영에 제조업과 용역을 제공하는 중심이 될 수도 있고 파급효과로부터 이득을 얻을 수도 있을 것이다.

그러나 이와 같은 단기 일회성의 이득은 시너지의 상실과 분기화에 따른 분노를 상쇄해 주지 못한다.

극단적인 경우에는 분기화가 각 개별 국가 내에서도 복제되어 기업별로 자신이 거래를 하는 대상을 선택하여 편을 드는 상황이 생기고 이에 따라 상업적 환경에 엄청난 복잡함이 추가되는 경우도 상정할 수 있다.

냉전 시와는 달리 역내 국가들은 미국과 중국이 각각 자신에게만 배타적으로 줄을 서도록 강한 압박을 가하지 않기를 희망한다. 현재로서는 두 나라 모두 그렇게 하지 않을 것이라고 열심히 설명한다. 그러나 최소한 매 사안별로라도 선택을 해야 하는 시점이 오는 것은 단지 시간의 문제가 될 것이다. 이미 5G 통신 문제에서 경험했듯이 각 국가는 자국의 핵심 부품을 조심스럽게 선택해야만 하고 선택하지 않은 쪽을 최대한 기분 상하지 않게 해야 한다. 얼마나 오랫동안 이 아슬아슬한 줄타기를 해야 하는가? 얼마나 오랫동안 두 주인공들은 인내심을 유지할 수 있을 것인가? 악몽 같은 시나리오는 양측이 자신에게 굴복하는 비용보다 자신을 선택하지 않은 것에 대한 비용을 높이는 경쟁을 할 때이다. 이런 일이 발생한다면 이는 역내 결속에 심각한 악영향을 미칠 것이며 지역 통합을 반전시켜 고통스럽고 비극적인 결과를 야기할 수도 있다.

●●세 가지의 소망

이 글에서 설명했듯이 이 지역과 미국 간의 연계성의 앞날은 아직도 불확실성 투성이다. 동남아 국가들은 비록 무기력한 국가는 아니라 하더라도 여러 측면에서 남이 정한 가격을 수용하는 국가들이다. 이를 긍정적이고 희망적으로 종식시키기 위해 나는 다음 세 가지의 소망을 갖는다. 이는 모든 동남아인들이 자신에게 권능을 줄 수 있는 요정(genie)을 만나게 되면 요청하기를 바라는 내용이다.

첫째, 나는 미국과 중국이 서로를 더 잘 이해하기를 소망한다. 현재 양국은 자신들의 차이점을 해소할 가교를 건설하기보다는 자신들의 현 위치를 더 깊이 파들어 가고 있다. 그런 연후에 이해가 신뢰로 이어지길 희망하나 우선은 급한 일부터 해결해야 한다.

둘째, 미·중 양측은 역내 국가들의 정당한 이익을 그들 나름대로 인식해야 한다. 큰 나라들은 흔히 작은 나라들이 필요로 하는 것을 공감하지 못한다. 그런데 역내 모든 국가들은 미국이나 중국에게는 작은 나라로 보일 것이다.

셋째, 나는 동남아 사람들이 역내 공동 이익을 형성하기 위해 더욱 더 함께 행동해 나가기를 소망한다. 50여 년간 아세안 회원국들은 지역 공동체를 만들기 위해 노력해 왔다. 비록 많은 진전이 이루어졌지만 아직도 진보를 제약하는 민족주의적 반발이 너무 강하다. 앞으로 다가올 시대에는 모든 역내 회원국들이 미국과 중국 양측과 친구가 되길 희망하며 친구가 되는 과정에서 함께 결속하는 것만큼 우리의 힘을 강하게 하는 것은 없을 것이다.

초이 싱 퀵(Choi Shing Kwok)은 2018년부터 유소프 이샥 동남아연구소(ISEAS)의 소장 겸 최고경영자로 일하고 있다. 그는 2017년 행정 분야에서 은퇴하기까지 싱가포르 공무원으로 근무했다. 마지막 12년간은 교통부와 환경수자원부(현 지속가능환경부)에서 각각 사무차관으로 근무했다. 그 이전에는 오랫동안 행복하고 환상적인 기간을 국방부와 싱가포르 군에서 근무했다. 그는 캠브리지대학교, 하버드 대학교 및 국제경영개발원(IMD)에서 수학했다.

●● 29

미국과 싱가포르

배리 데스커
(Barry Desker)

　　싱가포르와 미국은 1960년대 후반부터 긴밀한 정치, 경제, 안보적 관계를 유지해왔다. 리콴유 총리는 미국의 정치적 분위기를 계산해보고 동아시아와 국제문제에 대한 미국의 시각 변화에 관한 감을 얻기 위해 1967년부터 미국을 수없이 방문하면서 미국과의 관계를 발전시키기 위한 의식적인 노력을 경주했다. 리 총리는 미국에게 원조를 구했던 것이 아니라 국제적인 성장과 안보를 보장하기 위해 없어서는 안 될 미국의 역할에 초점을 맞추었다. 대신 리 총리는 미국의 대통령, 의회지도자, 여론 지도층으로부터 역내 동향에 대한 그 자신의 판단을 요청받았으며, 중국의 발전과 강대국으로의 복귀에 대한 통찰력을 제공하는 사람으로 인정되었다. 리 총리는 지속적으로 역내 세력균형의 필요성과 미국이 아시아에 계속적으로 존재해야 하는 이유에 대해 초점을 맞추었다. 이 정책은 1991년 12월 소련의 해체로 미국이 유일 초강대국이 된 고촉통 총리 시절에도 계속되었고, 중국의 등장과 향후 중국이 경쟁 동료가 되지 않을까 하고 미국의 우려가 커지고 있는 리센룽 총리 시절에도 계속되었다. 싱가포르의 미국에 대한 접근은 초당파적이었으며 지도자들은 미국의 민주당원과 공화당원 모두에게 다가갔다.

●● 교역과 투자 관계

싱가포르는 1965년 말레이시아에서 분리된 후 미국과 일본의 투자자에게 눈을 돌렸다. 오랫동안 유지되어 왔던 영국 회사들이 아시아에 대한 투자에서 발을 뺐기 때문이다. 텍사스 인스트루먼트나 휴렛 패카드(이들은 미국 및 세계시장을 대상으로 제품을 생산)와 같은 미국 전자회사의 투자, 새로 설립된 싱가포르 공장에서 생산된 섬유와 의복 제품을 개방된 미국 소비시장으로 수출, 베트남전 당시 미국이 싱가포르를 음식물과 물자를 공급하는 중심지이자 환적항으로 활용한 사례들을 통해 싱가포르는 1965년 독립한 직후 강력한 경제 성장을 달성했다. 이것이 싱가포르가 1963~1965년 기간 동안 인도네시아 대치[29]로부터 야기된 불황을 극복하는 데 도움을 주었다. 이는 또한 1971년 싱가포르와 동남아 지역에서 영국군이 철수함에 따른 악영향을 완화시켜주었다. 1968년의 기준으로 볼 때 영국군의 군비지출은 싱가포르 국내총생산의 20%와 고용의 10%를 각각 차지했다.

---

29) 인도네시아 – 말레이시아 대치(Indonesia – Malaysia confrontation)는 1963년부터 1966년까지 말레이시아의 창설에 인도네시아가 반대함으로써 시작된 분쟁이다. 말레이시아 창설은 말라야연방, 싱가포르, 북보르네오/사라와크 영국왕령 식민지가 통합되어 형성된 것으로 1963년 9월 공식 수립되었다. 이를 반대한 인도네시아 스카르노 대통령은 말레이시아에 위치한 지역 군을 이용해 말레이시아를 공격했고 이에 대응해 영국을 주축으로 한 영 연방군이 파견되어 인도네시아와 교전을 벌였다. 1965년 10월 인도네시아 스카르노 대통령이 실권한 이후 분쟁은 평화적으로 끝났다.

이와 같은 무역과 투자의 연대가 지난 50여 년간 강화되어 왔다. 2019년 경제개발청의 자료에 따르면 미국의 싱가포르에 대한 직접투자는 현 시장가격으로 4,277억 달러에 달하며 미국은 싱가포르의 가장 큰 외국투자자이다. 미국의 무역대표부(USTR)와 경제분석국(Bureau of Economic Analysis)의 자료에 따르면 2019년 역사적 비용[30]으로 측정된 미국의 싱가포르에 대한 투자는 2,880억 달러에 달해 미국의 중국에 대한 투자(1,162억 달러)와 일본에 대한 투자(1,318억 달러)를 합친 액수보다 많으며, 미국 전체 해외 직접투자의 4.8%를 차지했다. 싱가포르에 대한 미국의 해외직접투자는 제조업, 금융/보험업, 도매 거래 등에 집중되었다. 역으로 미국에 대한 싱가포르의 해외직접투자도 큰 규모로 증가하고 있다. 2018년 183억 달러에서 2019년 211억 달러로 15.3%가 증가하였다.

고촉통 총리와 빌 클린턴대통령에 의해 개시된 미국-싱가포르 자유무역협정(FTA)은 2004년 1월에 발효되었으며 미국이 아시아 국가와 맺은 최초의 FTA이다. 싱가포르 통계국의 자료에 따르면 2019년 미국이 싱가포르에 수출한 재화의 가치는 597억 달러로서 2003년에 비해 92%가 증가된 규모이다. 싱가포르는 미국의 14번째 재화 수출 시장으로서 항공기, 기계류, 광학 의료장비, 광물연료, 농업제품 등이 수출된다.

---

30) 회계의 역사적 원가(historical cost) 기준은 자산과 부채를 최초 취득 당시의 가치로 기록하는 것이다.

미국이 싱가포르에서 수입하는 재화의 가치는 453억 달러로서 2003년에 비해 35%가 증가했다. 2019년 미국이 싱가포르에 수출한 용역의 가치는 492억 달러이며 싱가포르로부터 수입한 용역은 266억 달러로서 미국이 용역 교역에서 226억 달러의 흑자를 기록했다. 그렇기에 싱가포르는 중국, 일본, 한국과는 달리 미국으로부터 수입품의 가치를 높이라는 압력을 받지 않았다. 미국이 싱가포르와의 재화와 용역의 교역을 통해 이익을 보고 있기 때문이다.

한 가지 관심 있는 분야는 첨단기술제품에서의 교역이다. 기계류, 항공기, 광학/의료 장비가 양국의 상대방에 대한 수출 및 수입 목록에서 상위 위치를 차지한다. 첨단 기술 제품의 부품 및 구성 요소는, 특히 전자제품 부문에서, 동아시아의 여러 다른 장소에서 생산되기에 미국이 중국과의 첨단기술 교역에 제재를 가하는 것은 싱가포르의 첨단 기술 제조업에 부정적 영향을 줄 수 있다.

●● 교육

싱가포르는 기술의 사다리를 오르는 데 있어 미국에서 공부하고 있는 많은 싱가포르 학생들뿐만 아니라 미국 기관들과의 개발연구협력에 힘입은 바 크다. 2019년 기준으로 약 4,600명의 싱가포르 학생들이 미국에서 수학하고 있는데 여기에는 많은 수의 박사후 과정 학생들이 포함되어 있으며, 특히 경영, 의학, 공학 분야 전공 학생들이 포함된다. 싱가포르는 학생들을 미국의 최고

대학에 입학시키는 데 성공해 왔다. 이와 동시에 싱가포르 대학들은 미국의 주요 대학들과의 협력 연구를 발전시켜 왔다. 1998년에 수립된 싱가포르-MIT 동맹(Singapore-MIT Alliance)은 매사추세츠 공과대학(MIT), 싱가포르 국립대학(NUS), 난양공과대학(NTU)을 혁신공학과 생명과학관련 교육 및 연구 협력 분야에서 연결시켰다. 이는 다시 싱가포르 대학들과 미국의 선도적 대학인 하버드 대학교, 스탠포드 대학교, 캘리포니아 공과대학(Caltech)과 연구협력 개발 분야에서 연결시켰다. 예일-NUS 대학은 아시아 내 인문학 교육의 선구자이며, Duke-NUS 의과대학은 싱가포르 유일의 의학전문대학원이다.

●● 국방 및 안보 분야의 동반자관계

싱가포르는 필리핀이나 태국과 같이 미국과 조약을 맺고 있는 국가는 아니지만 독립 이후 미국과 매우 우호적인 관계를 유지해 왔다. 필리핀이 클라크 공군기지와 수빅 해군기지의 임대계약을 연장하지 않을 것으로 예상되자 1990년 싱가포르의 시설을 미 공군기와 해군 함정이 이용할 수 있도록 하는 양해각서(MOU)가 체결되었다. 창이 해군 기지는 2004년 공식 개장되었는데 전 세계에서 미국의 항공모함을 수용할 수 있는 몇 안 되는 시설이며 싱가포르 자체 비용으로 건설되었다. 미국의 서태평양 군수사령부(US Logistics Group Western Pacific)가 1992년 싱가포르에서 창설되었으며 미국은 연안전투함정과 정찰기의 순환배치 체제를 운영하고 있다. 이러한 배치를 통해 미국은 남중국해에 대한 순찰과 다자간 해상 훈련 참가 및 자연 재해에 대한 신속 대응 등이 가능하게 되었다. 2019년 리센룽 총리와 트럼프 대통령은 1990년의 양해각서를 15년간 추가 연장하였다. 국방부는 이 각서 개정이 "아시아 태평양 지역의 평화, 안정, 번영에 핵심적인 미국의 지역 안보를 위한 주둔"을 싱가포르가 강력히 지지한다는 의미라고 밝혔다.

2005년에는 리센룽 총리와 조지 부시 대통령 간에 전략 기본협정(Strategic Framework Agreement: SFA)이 체결되었다. 이 협정은 양자 안보 관계를 공식화 한 것으로 싱가포르를 주요 안보 동반자로 인정한 것이며 미국이 동맹이 아닌 국가와 최초로 맺은 협정이다. SFA는 양국 간 방위 및 안보 관계에 새로운 장을 열었고 협력의 범위를 대테러활동, 대량살상무기 확산방지, 합동 군사훈련, 정책 대화, 국방 기술 분야로까지 확대했다. 2015년 미국과 싱가포르는 "향상된" 국방협력협정(Defence Cooperation Agreement: DCA)을 체결하여 방위협력을 한층 향상시켰고 군사, 정책, 전략, 기술, 비전통 안보적 도전 등 5개 분야에서의 군사 협력을 심화시켰다. 양측은 또한 인도적 지원, 재난구조, 사이버 방위, 바이오안보, 공중통신 등 새로운 분야에서의 협력도 향상시켜 나가기로 합의했다. 이러한 합의들은 탈냉전 시기 미국의 전략인 "기지가 아닌 장소(places not bases)"라는 개념과 일치하는 것이지만 싱가포르 내의 시설들은 싱가포르의 주권적 통제 하에 있어야 한다는 싱가포르의 입장을 반영하는 것이기도 하다.

싱가포르는 또한 국방 조달관계와 합동 군사 훈련을 통해 미국과 긴밀히 연계되어 있다. 싱가포르는 상당히 큰 미국의 군사용품 시장이다. 2021년 미국의 대외군사판매(FMS) 시스템을 통해 85억불 상당의 물품을 구매했고, 이와 별개로 2016년 이후 직접 상업판매(Direct Commercial Sales)를 통해 376억 달러 이상의 방위물품을 조달했다. 싱가포르는 코브라 골드(Cobra Gold)와 같은 미국 주도 다자 지역 군사 훈련뿐만 아니라 연례 수차에 걸쳐 미군과 양자 차원의 훈련을 실시한다. 훈련하기에 부족한 공역(air sapce)으로 인해 싱가포르는 미국 내에 3개의 영구적인 공군 훈련 파견대를 운영하면서 전투준비태세를 유지한다. 2019년 12월에는 괌에 제4파견대를 유지하는 합의서에도 서명했다. 싱가포르는 1992년 이래 미국 내에 최신 전투기 파견대를 운영 중이다.

●● 양자관계에서의 기회와 도전

또한 싱가포르와 미국의 동반자관계에서는 사이버안보, 테러, 초국경 범죄, 대량살상무기의 확산과 같은 새로 부상하는 세계적 위협과 도전에 대해서도 다루고 있다. 연례 전략동반자 대화(Strategic Partnership Dialogue)는 양자 협력을 촉진하고 새로운 분야로의 협력을 확대한다. 광범위한 양자 관계는 상호신뢰와 확신을 형성시켜 주었다.

그러나 양국은 견해의 차이도 있다. 미국은 싱가포르의 예방적 구금법(preventive detention laws), 언론 제약, 집회의 자유에 대한 규제적 제한, 태형(笞刑)이 포함된 사법 판결, 명예훼

손 소송과 명예훼손 법의 활용 등에 대해 비판적이다. 미국의 접근 방식이 개인의 권리와 개인의 이익에 초점을 맞춘 것이라면 싱가포르의 접근 방식은 개인의 권리와 공동체의 권리 간에 균형을 추구하는 것이다.

●● 강대국 간의 균형을 유지하기

향후 몇 년 후 중국이 강대국의 지위로 복귀하는 것이 미국에게는 주요 도전이 될 것이며 싱가포르는 좀 더 복잡한 역내 환경에 직면하게 될 것이다. 냉전 시기 소련은 정치적/전략적 차원에서는 미국과 견줄 수 있는 경쟁자였지만 경제적으로는 난쟁이나 다름없었다. 반면, 중국은 미국에게 정치적, 경제적, 전략적인 경쟁자로 부상하고 있다. 중국은 이미 싱가포르 제1의 교역 대상국이고 싱가포르는 중국에 대한 제1위의 투자 국가이다. 그러나 중국이 21세기에 세계를 지배할 것인가는 불확실하다. 싱가포르 같은 소국은 미국과 중국 모두와 협력관계를 잘 관리해 나가야 할 것이다. 두 강대국의 역내 관심 사항을 환영하고, 그들 사이의 협력 분야를 지원하며, 두 국가와의 양자관계에서 기회를 포착하고 도전을 극복하면서 싱가포르는 변화하는 국제 환경에 대응하는 행동의 자유와 유연함을 간직해야 한다. 싱가포르로서는 이 두 강대국 사이에 균형을 잡는 전략을 통해 도시 국가로서의 정체성을 보강하는 한편, 근린 국가들과의 관계도 강화할 수 있을 것이다.

균형을 잡는 전략은 미국과 중국이 서로를 전략적 경쟁자 및 잠재적인 적으로 인식하는 가운데 양국 간의 긴장이 높아짐에 따라 더욱 어려운 과제가 될 것이다. 그러나 싱가포르 같은 소국이 사나운 바다를 항해함에도 불구하고 전략적 자율성을 유지하는 것은 가능하다.

배리 데스커(Barry Desker)는 라자라트남 국제문제 연구소(RSIS)의 저명 선임연구원이며 난양공과대학의 난양 실행 교수이다. 그는 소수자 권리를 위한 대통령위원회와 리콴유 교환연구원 위원회에서 근무했다. 그는 또한 인권에 관한 아세안의 정부간위원회를 주재했고 국방전략연구소의 소장도 역임했다. RSIS에서는 창립 소장을, 싱가포르 무역발전 위원회에서는 최고경영자의 업무도 수행했다. 주인도네시아 대사와 비상주 교황청 및 스페인 대사도 역임했다. 그는 싱가포르 국립대의 대통령 학자와 런던 대학교 및 코넬 대학교의 포드 선임연구원을 역임했다.

찾아보기

싱가포르 시각에서 바라본 미국

초판발행   2022년 4월 20일

편저자   Tommy Koh · Daljit Singh
옮긴이   안영집
펴낸이   노 현

편 집   배근하
표지디자인   BEN STORY
제 작   고철민 · 조영환

펴낸곳   ㈜ 피와이메이트
              서울특별시 금천구 가산디지털2로 53 한라시그마밸리 210호(가산동)
              등록 2014. 2. 12. 제2018-000080호
전 화   02)733-6771
f a x   02)736-4818
e-mail   pys@pybook.co.kr
homepage   www.pybook.co.kr
ISBN   979-11-6519-281-5   03340

* 파본은 구입하신 곳에서 교환해 드립니다. 본서의 무단복제행위를 금합니다.
* 역자와 협의하여 인지첩부를 생략합니다.

정 가   17,000원

박영스토리는 박영사와 함께하는 브랜드입니다.